Le Management

POUR LES NULS

Le Management
POUR LES NULS

Bob Nelson

Peter Economy

FIRST
Editions

Le Management pour les Nuls
Titre de l'édition américaine : Managing for Dummies, 2nd edition

Publié par
Wiley Publishing, Inc.
111 River Street
Hoboken, NJ 07030 – 5774
USA

ISBN 978-2-87691-952-4
Dépôt légal : 3e trimestre 2004
Traduction : Anne-Carole Grillot
Production : Emmanuelle Clément
Mise en page : KN Conception
Imprimé en Italie par «La Tipografica Varese S.p.A.», Varese

Éditions First-Gründ
60, rue Mazarine
75006 Paris – France
e-mail : firstinfo@efirst.com
www.editionsfirst.fr

Sommaire

Préface

La première fois que j'ai entendu parler du *Management pour les Nuls*, je dois admettre que je n'ai pas été emballé. Tous les managers que je connais sont loin d'être nuls. Ils seraient plutôt bardés de diplômes, bosseurs, intelligents : bref, à des années-lumière de la nullité.

Puis, j'ai eu l'occasion de voir ce livre de plus près. Aussitôt, l'enthousiasme a remplacé les doutes. La pratique du management, ramenée à ses principes de base, y était présentée de façon vivante, drôle et efficace. J'avais entre les mains un condensé de toute la littérature managériale : un guide permettant de trouver facilement ce dont on a besoin, quand on en a besoin. Et je me suis dit : « Enfin un livre sur le management qui ne donne pas l'impression d'être idiot ! »

En fin de compte, cela n'a rien de surprenant. J'ai travaillé avec Bob Nelson pendant plus de dix ans et je suis bien placé pour savoir qu'il est capable de construire une équipe et d'obtenir des résultats. Il a toujours eu un talent incontestable pour parler du management de façon claire et efficace. Ses qualités composent un cocktail détonant pour un écrivain puisqu'il est à la fois un observateur rusé et un homme de terrain qualifié. Le fruit de son travail avec Peter Economy est aussi pertinent qu'accessible. Les deux auteurs ont assimilé toutes les pratiques et activités liées au management pour les restituer sous la forme d'un guide complet et facile à consulter. Résultat : on apprend en s'amusant.

Si la clarté est une vertu, Bob et Peter doivent en être les saints patrons. Ils l'ont largement démontré en dévoilant les secrets du management. Et il était temps, si l'on en juge par la complexité de l'environnement économique mondial et la rapidité avec laquelle il évolue.

Merci pour ce don aux managers du monde entier ! Voilà un livre que je serai heureux d'offrir à ceux que je souhaite voir réussir entre tous.

Ken Blanchard, coauteur.

Le Manager minute

Introduction

Félicitations ! Vous venez de faire un choix judicieux, grâce auquel vous allez découvrir une toute nouvelle approche du management. Si vous avez déjà lu des livres sur ce sujet, vous avez certainement remarqué que la plupart se rangent dans l'une ou l'autre des deux catégories suivantes : 1) pavé mortellement ennuyeux aux vertus soporifiques pouvant servir de presse-papiers ; 2) ramassis de platitudes recyclées derrière un subtil jargon de psy, qui en jette sur le papier mais s'avère d'une vanité abyssale sur le terrain.

Le Management pour les Nuls, 2e édition, est vraiment différent. D'abord, c'est un livre drôle. Notre approche reflète notre conviction que le management n'est pas forcément rébarbatif. Il n'est pas impossible de travailler en s'amusant. Au contraire, nous vous aiderons même à garder le sens de l'humour face aux défis prétendument insurmontables auxquels tous les managers sont confrontés un jour ou l'autre. Bien sûr, il vous arrivera d'être mis à l'épreuve et de devoir repousser vos limites. Cela dit, le plus souvent, les joies du management (développer les compétences d'un employé, contribuer à l'obtention d'un nouveau client, accomplir une mission importante, etc.) vous procureront un sentiment d'accomplissement que vous ne pouvez même pas imaginer.

Les livres sur le management semblent également avoir une durée de vie éphémère. Qu'on le veuille ou non, de nombreux managers sont influencés par la tendance du moment. Or, dans *Le Management pour les Nuls*, nous dépassons les phénomènes de mode pour apporter des solutions éprouvées à des problèmes couramment rencontrés par tous les managers : des solutions qui défient le temps et l'adversité. Pas de jargon obscur – uniquement des réponses pratiques à des problèmes de tous les jours.

Le Management pour les Nuls redéfinit les règles. Ce livre offre un panorama complet des principes fondamentaux du management de façon drôle et intéressante. Il n'est ni soporifique ni vain. Nous savons, pour en avoir fait l'expérience nous-mêmes, que le management peut être une tâche intimidante. Les nouveaux managers, surtout ceux qui sont promus à ce poste pour leur expertise technique, ne savent souvent pas ce qu'ils doivent faire. Ne vous inquiétez pas. Détendez-vous. Vous avez de l'aide à portée de main.

Pourquoi vous avez besoin de ce livre

Le Management pour les Nuls, 2e édition, est parfait pour les managers de tous les niveaux. Si vous débutez dans cette fonction, vous y trouverez tout ce que vous avez besoin de savoir pour réussir. Si vous êtes un manager expérimenté, vous serez amené à porter un regard neuf sur les techniques de management. Même si ce n'est pas à un vieux singe qu'on apprend à faire la grimace, le changement peut non seulement vous rendre plus efficace mais vous faciliter la tâche – et celle de vos employés.

Expérimentés ou pas, les managers se sentent parfois tout petits – et ils n'y peuvent rien.

Pour Bob, ce fut à l'occasion d'une importante présentation devant un groupe de cadres internationaux, dont l'un lui a fait remarquer que sa braguette était ouverte. Bien que Bob ait réussi à attirer l'attention de son auditoire grâce à ce détail vestimentaire, il aurait pu le faire de façon plus conventionnelle.

Pour Peter, ce fut le jour où il réprimanda une employée en retard et découvrit ensuite que celle-ci s'était arrêtée à une pâtisserie afin de lui acheter un gâteau pour son anniversaire. Inutile de dire que l'ambiance n'a pas été aussi festive qu'elle aurait pu l'être !

Autant l'admettre, que vous soyez nouveau à un poste ou confronté à une nouvelle tâche au sein de votre poste, vous ne vous sentez parfois pas à la hauteur. Pour vaincre ce sentiment, essayez de découvrir ce que vous devez améliorer (ou changer) pour obtenir les résultats escomptés. Et lorsque vous faites une erreur, reprenez-vous, faites preuve d'humour et tirez-en la leçon. Si nous avons écrit ce livre, c'est justement pour vous faire profiter de nos erreurs et vous éviter d'en faire à votre tour.

Comment utiliser ce livre

Malgré la ressemblance évidente de ce livre avec l'une des briques jaunes de la route qui mène Dorothée au pays d'Oz, il ne s'agit ni d'un butoir de porte ni d'un presse-papiers de fortune. Voici les deux meilleures façons de l'utiliser :

- Si vous souhaitez vous informer sur un point particulier, comme la délégation ou le recrutement, vous pouvez consulter le chapitre correspondant et obtenir des réponses rapidement – en moins de temps qu'il ne vous en faut pour dire : « Où est le rapport que je vous ai demandé la semaine dernière ? »

- Si vous voulez un cours intensif de management, lisez ce livre de bout en bout. Au lieu de retourner à l'école pour obtenir un diplôme, offrez-vous un voyage aux Bahamas. Tout ce que vous devez savoir est ici. Juré.

Le Management pour les Nuls est adapté aux managers de tous les niveaux. Débutants et futurs managers, vous y trouverez tout ce dont vous avez besoin pour réussir. Et vous, les managers expérimentés, vous serez invités à vous ouvrir de nouvelles perspectives et à porter un regard nouveau sur votre philosophie et vos techniques de management. Même si, selon le proverbe, on n'apprend pas à un vieux singe à faire la grimace, il n'est jamais trop tard pour effectuer des changements qui rendront votre travail – et celui de vos employés – un peu plus facile, un peu plus amusant et beaucoup plus efficace.

Aperçu des différentes parties de ce livre

Le Management pour les Nuls comporte sept parties, décomposées en chapitres consacrés chacun à un sujet précis. Vous pouvez lire chaque chapitre indépendamment des autres, commencer par la fin ou simplement vous promener avec le livre sous le bras pour impressionner vos amis.

Chacune des parties traite d'un grand thème du management. En voici un résumé :

Première partie : Alors vous voulez être manager ?

Les managers qui réussissent ont plusieurs compétences de base. Cette partie s'ouvre sur une présentation des managers et de leurs tâches pour ensuite décrire leurs principales compétences : organisation, délégation et leadership.

Deuxième partie : Diriger les autres

L'essentiel du management se résume à faire faire le travail par les autres. Ce processus commence par le recrutement de personnes talentueuses et consiste ensuite à motiver et à coacher celles-ci afin qu'elles surpassent vos attentes.

Troisième partie : Obtenir des résultats

Autre aspect important du management, l'obtention de résultats suppose que vous sachiez où vous allez et que vous soyez capable de vous rendre compte que vous êtes arrivé. Cette partie est consacrée à la définition d'objectifs, au suivi des performances des salariés et à la réalisation d'évaluations des performances.

Quatrième partie : Travailler avec les autres

Les managers efficaces savent qu'il est important de jeter des ponts entre eux et les autres salariés et managers, à la fois à l'intérieur et à l'extérieur de l'entreprise. Cette partie traite de la communication, de la réalisation de présentations, de la construction d'équipes hautement performantes et du respect de la politique de l'entreprise.

Cinquième partie : Coups durs pour les managers

Comme tout manager peut en témoigner, le management n'est pas toujours une partie de plaisir. Il faut parfois faire face à de réelles difficultés. Dans cette partie, nous passons en revue les tâches les plus ingrates du management : gérer le changement, discipliner et licencier les employés, et ménager le manager.

Sixième partie : Outils et techniques de management

Pour être manager, vous devez apprendre à utiliser un certain nombre d'outils et de techniques. Dans cette partie, vous trouverez quelques conseils en matière de comptabilité, budgétisation et utilisation des technologies actuelles.

La plupart des managers qui ont réussi savent qu'en affaires, l'immobilité est synonyme de recul. Ils sont toujours tournés vers l'avenir et font des projets en fonction des nouvelles tendances. Cette partie traite également de la formation des salariés et de la création d'un environnement d'apprentissage.

Septième partie : La partie des dix

Nous concluons ce livre avec la partie des dix : un ensemble de chapitres divers et variés comportant dix (environ) informations que tout manager doit connaître. Vous pouvez vous y reporter lorsque vous avez besoin de vous rafraîchir rapidement les idées sur les stratégies et les techniques de management.

Icônes utilisées dans cet ouvrage

Dans la marge de gauche, des icônes jalonnent le texte pour attirer votre attention sur des informations importantes. En voici la liste :

Conseil ou astuce pour faciliter le management.

Avertissement à prendre en compte absolument sous peine de voir la situation exploser. Soyez vigilant !

Information à garder en mémoire pour être encore plus efficace.

Sage précepte à conserver comme une perle rare tout au long de votre route vers le perfectionnement.

Encadré grisé, situé à la fin de chaque chapitre, contenant un mini-questionnaire sur le sujet traité. Si vous lisez un chapitre en entier et souhaitez vérifier que vous en avez saisi les principaux points, faites le test.

Anecdote vécue par Bob Nelson, Peter Economy ou tout autre manager, qui montre la meilleure façon – et parfois la pire – d'assumer le rôle de manager.

Par où commencer

Si vous êtes débutant ou souhaitez devenir manager, vous pouvez commencer par le début et lire ce livre comme un roman. Tournez la page et faites votre premier pas dans le monde du management.

Si vous êtes un manager expérimenté et n'avez pas beaucoup de temps devant vous (comme c'est le cas de tous les managers), reportez-vous directement à la page qui répondra à vos besoins ou à vos questions. Le sommaire expose le contenu de tous les chapitres. Vous pouvez aussi rechercher un sujet particulier à l'aide de l'index.

Bonne route !

Première partie

Alors vous voulez être manager ?

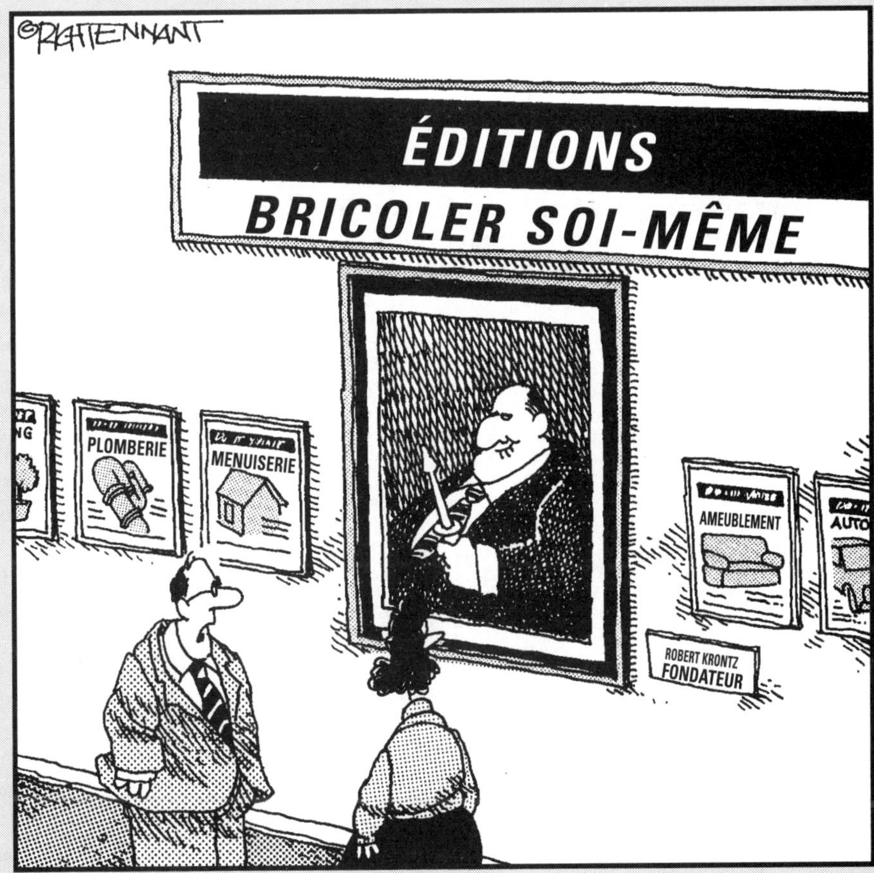

« Il n'avait qu'un seul défaut en tant que manager : il ne savait pas déléguer. »

Dans cette partie…

Pour devenir un manager efficace, vous devez maîtriser certaines techniques de base. Dans cette partie, vous découvrirez les principales compétences du manager, notamment la délégation et le leadership.

Chapitre 1

Vous êtes manager – par où commencer ?

Dans ce chapitre :

- Comprendre ce qu'est le management
- Après avoir été un bon technicien, devenir le manager d'une équipe de techniciens
- Être attentif à l'évolution des salariés
- Définir les principales fonctions du manager
- Faire vos premiers pas dans le rôle de manager

Félicitations ! Si vous lisez ce livre, c'est probablement parce que vous êtes : 1) manager, 2) en passe de devenir manager ou 3) irrésistiblement attiré par les livres à couverture jaune et noire. Bien sûr, si vous êtes simplement curieux et souhaitez connaître les détails les plus intimes des techniques de management qui vous aideront à tirer le meilleur parti de vos employés tous les jours de la semaine, vous êtes le/la bienvenu(e).

Le management est un véritable appel – auquel nous sommes fiers d'avoir répondu. Dans le monde de l'entreprise, aucun autre poste ne pourra vous donner une influence aussi directe, importante et positive sur la vie des autres (à l'exception peut-être du type chargé de l'entretien de la photocopieuse) et sur le succès final de la société.

Les différents styles de management

On peut définir le management comme la capacité à *faire faire le travail par les autres*. Pour être plus précis, on pourrait dire qu'il s'agit de *concrétiser un projet dans un certain domaine en utilisant les ressources disponibles*. Cela paraît assez simple. Alors pourquoi tant de personnes intelligentes et motivées ont-elles des difficultés à s'acquitter de leur fonction de manager ? Et pourquoi tant de sociétés semblent utiliser les programmes de formation comme des Kleenex ? Combien de fois vous a-t-on présenté un tout nouveau concept de management, censé faire tourner la société à lui tout seul et devenu obsolète au bout de quelques mois, si ce n'est pas plus tôt ? Bien sûr, dès qu'un concept se démode, un autre est sur le point de faire son apparition.

Comment ? Vous n'avez pas été emballé par le concept des Cercles de qualité ? Ce n'est pas grave – nous pensons qu'il ne fonctionne pas vraiment de toute façon. En revanche, nous vous demandons d'être très attentif à cette vidéo sur la Science du chaos – c'est très tendance. Le patron a lu un article à ce sujet dans Les Échos *et veut que nous nous en inspirions immédiatement dans toutes nos opérations !*

Malheureusement, le management efficace est un joyau rare – à la fois précieux et éphémère. Malgré la longue évolution de la théorie du management et l'irruption d'innombrables modes en la matière, de nombreux salariés – et managers – ont une vision erronée du management et de son application, les managers ne sachant souvent pas ce qu'ils doivent faire. Et, bien sûr, la confusion des esprits a des répercussions à tous les niveaux de l'entreprise.

Avez-vous déjà entendu les réflexions suivantes au sein de votre société ?

- Nous ne sommes pas compétents pour prendre cette décision.
- C'est elle la responsable du service – c'est à elle de régler ce problème, pas à nous.
- Pourquoi continuent-ils à nous demander notre avis alors qu'ils n'en tiennent jamais compte ?
- Je suis désolé mais c'est notre politique. Nous ne pouvons pas faire d'exception.
- Si mon patron s'en fiche, alors moi aussi.
- Travailler dur ne nous fait pas gravir les échelons plus vite.
- On ne peut pas faire confiance au personnel – il ne pense qu'à tirer au flanc.

Lorsque vous entendez ce genre de réflexions dans le couloir ou dans les toilettes, après une réunion ennuyeuse ou à la fin d'une longue journée, vous devez absolument en tenir compte. Cela signifie que les managers et les salariés ne communiquent pas efficacement et que les salariés n'ont pas confiance en leurs managers. Si vous avez de la chance, on vous fera part de ces problèmes pendant que vous pouvez encore les régler. Sinon, vous n'en saurez jamais rien et vous continuerez à faire toujours les mêmes erreurs.

Les salariés arrivent au bureau avec des attentes et des engagements qui dépendent en grande partie de la façon dont leur manager les traite. Voici les principaux styles de management. Saurez-vous reconnaître le vôtre ?

Le management à la dure

Quelle est la meilleure façon de concrétiser un projet ? Tout le monde semble avoir une réponse différente à cette question. Certaines personnes voient le management comme quelque chose que l'on fait *aux* autres, et non *avec* les autres. Vous avez probablement déjà entendu le cri de ralliement de ce type de manager : « Que ça vous plaise ou non, c'est ce que nous allons faire. Compris ? » Ou peut-être la menace utilisée de tout temps : « Il vaudrait mieux que ce soit sur mon bureau d'ici la fin de la journée. Sinon… » Dans le pire des cas, le manager a recours à l'arme fatale : « Encore un faux pas et vous êtes muté en Sibérie ! »

Ce type de management correspond à la *Théorie X*, qui part du principe que les salariés sont naturellement paresseux et doivent être stimulés pour être performants. Le management par la peur et l'intimidation donne toujours des résultats. Mais s'agit-il des résultats que vous voulez vraiment obtenir ? (***Indice*** : la réponse commence par la lettre N.) Lorsque vous contrôlez de près le travail des salariés, vous n'obtenez qu'une complaisance à court terme. Autrement dit, vous ne tirerez jamais le meilleur parti de vos employés en allumant un feu sous leur chaise – c'est dans leur cœur que vous devez allumer le feu.

Parfois, les managers sont *obligés* de prendre le contrôle de la situation. Si un feu se déclare dans votre immeuble, par exemple, vous n'allez pas faire une réunion pour désigner la personne qui va l'arrêter. Le temps que vous trouviez un créneau dans l'emploi du temps de tout le monde, l'immeuble ne sera plus qu'une carcasse en cendres. De même, si une proposition doit être envoyée en colis express dans un délai d'une heure et si le client vient juste de vous faire part d'importants changements, vous devez prendre la situation en main pour vous assurer que les bonnes personnes s'acquittent de la tâche – du moins, si vous tenez à garder votre client.

Le management laxiste

D'autres se situent à l'autre extrême et sont des adeptes de la *Théorie Y*. Cette théorie consiste à dire que les salariés veulent *a priori* faire du bon travail. Les puristes sont donc sensibles aux sentiments de leurs employés et veillent à ne pas prendre d'initiatives susceptibles de menacer leur tranquillité ou de mettre en doute leur valeur. *Euh, il y a un léger problème dans votre rapport ; tous les chiffres sont incorrects. Ne le prenez pas personnellement, mais nous devons trouver une solution pour que ce genre d'erreur ne se répète pas à l'avenir.* Là encore, cette approche donne des résultats (à moins que le manager finisse par faire le travail lui-même !), mais ce n'est pas la panacée. Les salariés risquent de profiter de la situation.

Le compromis idéal

Le bon manager a compris qu'il n'a pas besoin d'être dur à tous moments – et que les laxistes font rarement carrière. Si vos salariés effectuent leurs tâches avec application et si aucune urgence ne requiert une intervention immédiate de votre part, gardez vos distances. Non seulement vous responsabiliserez vos employés, mais vous pourrez concentrer vos efforts sur ce qui compte le plus pour le succès de la société.

Le *véritable* rôle du manager est de donner aux salariés l'envie de faire de leur mieux et de créer un environnement de travail qui leur permette de faire de leur mieux. Les meilleurs managers font le maximum pour supprimer les obstacles qui empêchent les employés de faire leur travail et pour obtenir les ressources et la formation dont ceux-ci ont besoin pour être efficaces. Tous les autres objectifs – aussi nobles ou urgents soient-ils – doivent rester en retrait.

Les mauvais traitements ainsi que les politiques, procédures ou systèmes défaillants sont des faiblesses que les managers doivent savoir identifier, corriger ou remplacer. Construisez des bases solides pour vos employés. Soutenez-les et ils vous soutiendront. Lorsqu'on leur donne l'opportunité de réussir, les salariés de toutes les entreprises, des usines aux sociétés de capital-risque, confirment toujours cette règle. Si ce n'est pas le cas dans votre société, vous rejetez peut-être la faute sur vos employés. Arrêtez de les harceler et combattez plutôt les systèmes en place. Ils auront davantage envie de réussir et votre société deviendra plus performante.
Et qui sait, peut-être même qu'ils arrêteront de se cacher lorsqu'ils vous verront marcher dans leur direction.

Il est plus facile de s'en prendre aux salariés que de remettre en question des systèmes complexes et de rompre avec les vieilles habitudes bureaucratiques qui se sont installées au sein de votre société. Vous êtes peut-être tenté de hurler : « C'est de votre faute si notre service n'a pas atteint ses objectifs ! » Pourtant, ce genre d'accusation n'a jamais résolu le moindre problème. En mettant la pression, vous pouvez obtenir une réaction rapide et éphémère, mais vous ne vous attaquez pas aux véritables difficultés.

Les rafistolages de dernière minute ne tiennent pas

Contrairement à ce que certains voudraient vous faire croire, le management ne se contente pas de solutions simples et rapides. Être manager *n'est pas* une chose simple. S'il est vrai que les meilleures solutions reposent sur le bon sens, il est difficile de mettre le bon sens *en pratique*.

Le management est une attitude – un mode de vie. C'est un véritable désir de travailler avec les autres et de les aider à réussir et à rendre la société performante. Le management est un processus d'apprentissage, qui ne prend pas fin au bout d'un séminaire d'une heure mais dure toute une vie. C'est comme la vieille histoire de l'heureux propriétaire d'une maison qui a la mauvaise surprise de recevoir une facture de 100 euros pour la réparation d'une fuite de robinet. Lorsqu'il demande des explications au plombier, celui-ci lui répond : « Resserrer l'écrou coûte 5 euros. Savoir lequel il faut resserrer coûte 95 euros ! »

Le management est une affaire de *personnes*. Si vous n'aimez pas travailler avec les autres – les aider, les écouter, les encourager et les guider –, vous ne devriez pas être manager.

Le management est un tel défi que la formation a souvent pour but d'apporter une satisfaction immédiate aux participants, dont la plupart ont dépensé une fortune pour assister à un simple séminaire : « Donnons-leur un maximum d'informations. Comme ça, ce sera de leur faute s'ils ne s'en servent jamais ! »

Un jour, Peter est allé à l'un de ces séminaires si prisés sur le management, censé aider les managers à favoriser le travail en équipe et la communication entre les salariés. Juste après le déjeuner, il restait un grand plateau de légumes, bagels, fruits et autres aliments sur une desserte. Le formateur s'est levé de sa chaise et il a annoncé : « Vous allez maintenant vous séparer en quatre groupes et réaliser un modèle du manager parfait en utilisant uniquement les restes de ce plateau. » Des murmures désapprobateurs ont rempli la pièce. « Je ne veux entendre personne se plaindre, a ajouté le formateur, je ne veux voir que des personnes souriantes s'amuser pendant une demi-heure. »

Les équipes se sont donc fiévreusement consacrées à la réalisation du manager parfait. Certains participants ont à peine résisté à la tentation de faire une bataille d'œufs, mais les modèles ont commencé à prendre forme. Une banane par-ci, un bâtonnet de carotte par-là… et voilà ! Après une brève compétition, les gagnants ont été désignés. Résultat ? On pensait que vous n'alliez jamais nous le demander ! Reportez-vous à la figure 1-1.

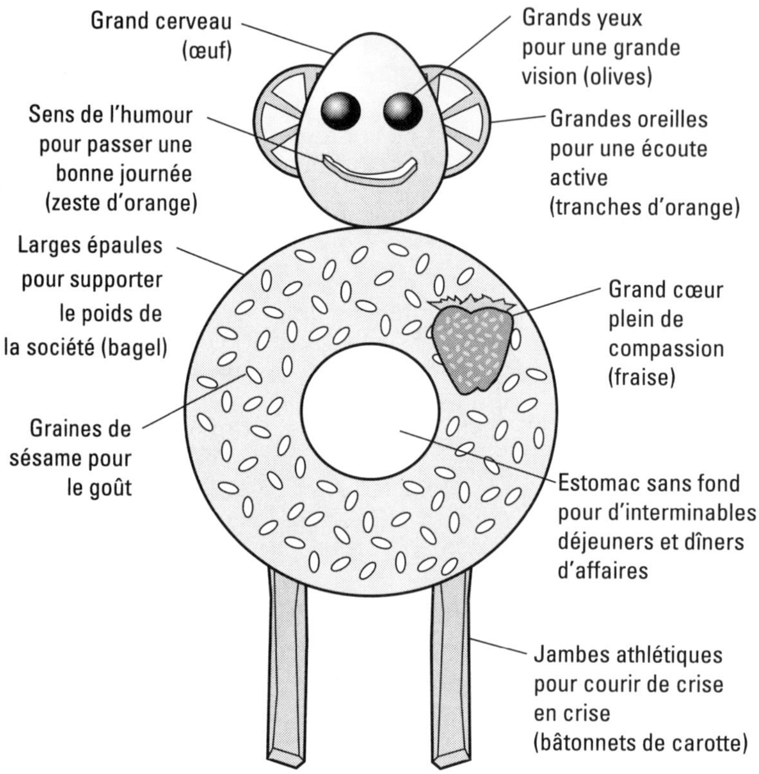

Figure 1-1 : Le manager végétal.

Nous devons admettre que le résultat était assez sympa (et savoureux), mais est-ce que cela a vraiment changé la façon dont les managers ont géré leurs équipes une fois de retour au bureau ? Nous en doutons fortement. Ce fut une rupture agréable avec la routine du bureau, qui n'a cependant eu aucun impact durable.

Le défi du management

En dehors du cadre du management, une tâche peut s'accomplir de façon simple et directe. Les résultats immédiats sont à la hauteur de l'effort fourni. Pour effectuer cette tâche, vous l'examinez, vous identifiez le meilleur moyen de vous en acquitter, puis vous établissez un calendrier. Si vous avez accès aux outils et aux ressources nécessaires pour l'accomplir, vous agissez rapidement et facilement. Vous êtes qualifié, intelligent, dynamique et vous faites ce que vous avez à faire.

En revanche, si vous avez un poste de manager, vous avez probablement été sélectionné pour votre expertise dans le domaine dont vous êtes désormais responsable. John, un ami de Peter, était membre d'une équipe de programmeurs chargée de mettre au point un logiciel pour un ordinateur portable. Tant qu'il a fait partie de l'équipe, tout s'est bien passé. Il venait travailler en jean et en tee-shirt, comme ses collègues, et sortait souvent avec des amis programmeurs après le travail. Mais lorsqu'il a pris la tête de l'équipe, ses rapports avec les autres ont changé.

En tant que manager, John a commencé par changer de bureau. Au lieu de partager un espace ouvert avec d'autres programmeurs, il s'est retrouvé seul dans une pièce fermée. Une secrétaire a été postée devant sa porte. Bien sûr, il n'était plus question de porter des jeans et des tee-shirts – le costume-cravate était de rigueur. Au lieu de s'amuser à inventer de nouveaux programmes, John était désormais préoccupé par des questions plus sérieuses, comme le dépassement budgétaire, le respect des délais et le retour sur investissements. En changeant de rôle, John a changé lui aussi. Et ses relations avec ses collègues s'en sont ressenties. Pour atteindre ses objectifs, il a dû passer rapidement d'expert à manager d'experts.

Vous utilisez un ensemble de compétences complètement différent selon que vous faites la tâche vous-même ou que vous la faites faire par quelqu'un d'autre. Dès lors que vous transmettez la responsabilité d'une tâche à quelqu'un d'autre, vous introduisez un élément *interpersonnel* dans l'équation. *Oh, non ! Vous voulez dire que je dois véritablement travailler avec les autres ?* Être un bon technicien ne suffit pas. Vous devez également avoir des compétences en matière de planification, d'organisation, de leadership et de suivi.

Vous devez non seulement être un bon technicien, mais aussi un bon manager de techniciens.

Les anciennes règles ne s'appliquent plus

Comme si ce défi n'était pas assez grand, les managers d'aujourd'hui doivent en relever un autre, qui a chamboulé les fondements mêmes de l'entreprise moderne : le partenariat des managers et des salariés.

L'ancien modèle sur lequel fonctionnait l'entreprise comportait simplement deux catégories : les managers et les salariés. Le management était donc assez simple. Le rôle du manager consistait à diviser le travail en plusieurs tâches, à confier chaque tâche à un employé et à effectuer un suivi des performances tout en faisant respecter les délais et les impératifs budgétaires. Ce modèle était basé sur la peur, l'intimidation et le pouvoir de contraindre les autres à atteindre des objectifs. Si le plan n'était pas respecté, le manager ordonnait que le problème soit réglé : « Je ne veux pas le savoir – réglez-moi ça. Immédiatement ! » La frontière entre les managers et les salariés était donc bien délimitée.

Le nouvel environnement économique

Ce qui se passe à l'intérieur de l'entreprise est à l'image de ce qui se passe à l'extérieur. Les facteurs suivants favorisent une évolution rapide et constante de l'environnement économique.

- La montée de la globalisation
- L'utilisation de nouvelles technologies et l'innovation
- Le nivellement de la hiérarchie
- La généralisation de la réduction du personnel, de la restructuration et des licenciements
- L'augmentation des PME
- L'évolution des valeurs des salariés
- Les exigences croissantes en matière d'amélioration du service clients

Bien sûr, les managers doivent toujours diviser et répartir le travail, mais les salariés assument davantage de responsabilités. Plus important encore, les managers ont compris qu'ils ne peuvent pas *exiger* des employés qu'ils fassent de leur mieux. Ils doivent créer un environnement qui leur donne *envie* de faire de leur mieux. Le partenariat entre managers et salariés est donc devenu une réalité.

Attention ! Explosion technologique en cours !

Dans le monde nouveau de la technologie de l'information, les modes de travail traditionnels sont en net recul. Avec l'avènement des réseaux informatiques, du courrier électronique et des messageries vocales, les murs qui séparent les individus, les services et les sociétés sont en train de s'effondrer. D'après Frederick Kovac, vice-président de la planification chez Goodyear, célèbre société de pneumatiques : « Avant, si on voulait obtenir des informations, il fallait remonter jusqu'au sommet de la société. Maintenant, on n'a qu'à se servir. Tout le monde peut en savoir autant sur une société que le président du conseil d'administration. »

L'environnement économique a beaucoup changé au cours des vingt dernières années. Si vous ne vous y adaptez pas, vous serez à la traîne. Ne croyez pas que vous pourrez vous en sortir en traitant vos employés comme des pions ou des enfants. Vous échouerez car vos concurrents apprennent à libérer le pouvoir caché de leurs employés. Ils ne se contentent pas d'en parler, ils le font déjà, comme en témoignent les leaders suivants :

- Lorsqu'on lui a demandé comment Chrysler avait réussi à augmenter ses bénéfices de 246 % pour atteindre 3,7 milliards de dollars, le P.-D.G. Robert Eaton a affirmé : « Si je devais répondre par un seul mot, je dirais *empowerment*. Lorsqu'une décision est prise, elle est prise par une personne du bas de la hiérarchie qui en sait bien plus que moi sur la question. »
- Dave Rebholz, vice-président de Federal Express, attribue le succès de sa société à sa volonté d'être attentif aux personnes : « Chaque salarié de Federal Express a l'opportunité de devenir ce qu'il rêve d'être. Federal Express fait le maximum pour que tout le monde en ait conscience. »
- Darryl Hartley Leonard, président de la chaîne d'hôtels Hyatt, exprime cette idée en termes plus simples : « L'*empowerment* consiste à reconnaître que les employés ne sont pas aussi nuls que les employeurs le pensaient. »

Une nouvelle armée

Bob a récemment fait une présentation à un groupe de managers. À la fin de son intervention, il a invité son auditoire à poser des questions. Une main s'est levée : « Avec tous les licenciements qu'il a fallu faire, les salariés devraient s'estimer heureux d'avoir une feuille de paie. Pourquoi faudrait-il les récompenser et les faire bénéficier de l'*empowerment* ? » Avant que Bob n'ait eu le temps de répondre, un autre manager a rétorqué : « Parce que c'est une nouvelle armée. »

Cette réponse résume bien la situation. Les temps changent. Maintenant que les salariés ont goûté au doux nectar de l'*empowerment*, on ne peut plus faire marche arrière. Les sociétés qui s'obstinent à conserver l'ancien modèle – modèle hiérarchique et très centralisé – perdront leurs employés et leurs clients au profit de celles qui institutionnalisent les nouvelles façons de travailler et les intègrent dans leur culture. Les meilleurs salariés quitteront massivement les sociétés réfractaires et rechercheront des employeurs qui les traitent avec respect et leur accordent davantage d'autonomie et de responsabilités.

Si vous ne prenez pas le tournant, vous vous retrouverez avec les salariés qui ne veulent pas prendre de risques ni faire de vagues. Vous serez entouré de béni-oui-oui. Personne n'osera contester vos idées. Vos employés ne vous feront pas de suggestions car ils sauront que, de toute façon, vous ne les écouterez pas. Ils ne feront pas le maximum pour aider un client car vous ne les croirez pas capables de prendre les décisions les plus élémentaires – celles dont dépend la satisfaction de vos précieux clients.

Imaginez la différence entre un employé qui dit à votre principal client : « Désolé, cela ne dépend pas de moi. Je ne peux pas faire d'exception à notre politique » et un autre qui répondrait : « Bien sûr, je vais faire tout ce qui est en mon pouvoir pour que votre commande arrive dans les délais qui vous conviennent. » À votre avis, avec lequel des deux le client préférerait-il traiter ? Avec lequel préféreriez-vous traiter ? (***Indice*** : ne songez même pas à la première option !)

À RETENIR

Autrefois, les managers achetaient de la main-d'œuvre. Désormais, les mains ne suffisent plus. Vous devez trouver un moyen de toucher l'âme de vos employés pour tirer le meilleur d'eux-mêmes jour après jour.

Une confiance totale

PERLE RARE

Les sociétés qui fournissent un service exceptionnel à leurs clients sont celles qui libèrent les employés des contraintes dues à une hiérarchie trop intrusive. Elles permettent aux interlocuteurs directs des clients de leur répondre efficacement. Par exemple, alors que de nombreuses sociétés dévastent des forêts entières pour leur brochure d'accueil, celle de Nordstrom, Inc. comporte très exactement une page (voir figure 1-2).

Nous sommes heureux de vous accueillir au sein de notre société. Notre premier objectif est de fournir un service remarquable à nos clients.
Fixez-vous des objectifs personnels et professionnels élevés.
Les règles de Nordstrom :

Règle n° 1 : faites preuve de bon sens en toutes circonstances.

Il n'existe aucune autre règle. N'hésitez pas à poser des questions à votre chef de service, gérant de succursale ou directeur de division à tout moment.

Figure 1-2 : La brochure d'accueil de Nordstrom témoigne d'une confiance exceptionnelle envers les employés.

Vous vous dites peut-être qu'une *petite* entreprise comportant cinq à dix employés peut adopter ce genre de politique, mais sans doute pas une grande société comme la vôtre. Or, Nordstrom n'est justement pas une petite entreprise. Elle compte environ 42 000 salariés et affiche un chiffre d'affaires de plus de 5 milliards de dollars.

Comment les cadres de Nordstrom peuvent-ils assumer cette politique ? Grâce à la confiance.

Pour commencer, ils recrutent des personnes qualifiées. Ensuite, ils leur fournissent la formation et les outils dont elles ont besoin pour travailler efficacement. Enfin, ils s'éclipsent pour les laisser faire leur travail. Ils savent qu'ils peuvent leur faire confiance parce qu'ils les ont bien recrutées et bien formées.

Nous ne sommes pas en train de dire que Nordstrom n'a jamais de problèmes – toutes les sociétés en ont. Mais les managers ont adopté une position proactive pour créer l'environnement dont les salariés ont besoin.

Pouvez-vous en dire autant de votre société ?

TRUC

Lorsque vous faites confiance à vos employés, ils se montrent dignes de confiance. Lorsque vous leur accordez suffisamment d'autonomie pour traiter directement avec les clients, ils continuent à être autonomes et à prendre des initiatives. Et lorsque vous leur permettez de prendre eux-mêmes des décisions, ils en prennent. Avec un minimum de formation et beaucoup de soutien, ces décisions sont dans l'intérêt de la société car elles sont prises par les bonnes personnes au niveau le plus approprié de la société.

Les nouvelles fonctions du manager

ATTENTION !

Vous vous souvenez des quatre fonctions traditionnelles du manager – planifier, organiser, diriger et contrôler – que vous avez apprises à l'école ? Ces fonctions constituent la base de travail du manager. Mais, bien qu'elles s'appliquent à la plupart des tâches quotidiennes, elles ne reflètent pas la nouvelle réalité qu'est le partenariat managers-salariés. De nouvelles fonctions doivent donc s'ajouter aux quatre fonctions traditionnelles. Vous avez de la chance ! Dans les sections suivantes, nous décrivons justement les fonctions du manager dans l'entreprise du XXIe siècle.

Donner de l'énergie

Les managers d'aujourd'hui jouent un rôle de *catalyseur*. Lorsqu'ils veulent voir quelque chose arriver, ils savent le déclencher. Pensez aux bons managers que vous connaissez. Quelle est la qualité qui les distingue des autres ? L'organisation, l'équité, l'expertise technique ? À moins que ce ne soit leur volonté de déléguer ou de rester au bureau tard le soir.

Si toutes ces qualités sont effectivement décisives dans le succès du manager, elles ne font pas vraiment la différence. La plus importante est sans aucun doute la capacité à inspirer les autres.

Même si vous êtes le meilleur analyste du monde, le cadre le plus organisé et un patron absolument irréprochable, si vous n'êtes pas l'étincelle qui enflamme les esprits, vos efforts pour créer une société vraiment performante seront vains (« Suivez-moi ! » dit le manager, et tout le personnel se rendormit).

Un bon manager crée davantage d'énergie qu'il n'en consomme. Au lieu d'utiliser l'énergie de la société, il la canalise et l'amplifie. Dans toutes ses interactions, il recueille l'énergie naturelle de ses employés et la développe de sorte que ceux-ci en aient davantage qu'au début de l'interaction. Le management devient un processus de transmission de la passion qu'il a pour la société sous une forme que les salariés comprennent et apprécient. Ceux-ci deviennent donc tout aussi passionnés que lui et il lui suffit de laisser leur énergie agir.

On dit qu'une image a autant de poids que mille mots. Ce principe s'applique aussi bien aux images que vous créez dans l'esprit des autres qu'à celles que l'on voit dans les magazines. Imaginez que vous soyez sur le point de partir en vacances en famille ou avec des amis. Au fur et à mesure que le jour du départ approche, vous maintenez l'excitation générale en créant une vision du séjour qui vous attend. En évoquant les plages de sable blanc, les immenses séquoias, les petits lacs isolés ou la cuisine épicée, vous transmettez des images aux futurs vacanciers. Grâce à cette vision commune, tous sont tournés vers le même objectif qui consiste à passer de merveilleuses vacances.

Un manager efficace crée une vision attrayante – l'image d'une société qui donne envie d'être le plus performant possible.

Pratiquer l'empowerment

Avez-vous déjà travaillé avec quelqu'un qui ne vous laisse pas remplir votre tâche sans remettre en question chacune de vos décisions ? Peut-être avez-vous passé tout un week-end à travailler sur un projet pour le voir rejeté en bloc par votre patron. « À quoi pensez-vous ? Nos clients ne seront jamais sensibles à cette approche ! » Peut-être même avez-vous fait de gros efforts pour aider un client, en acceptant de reprendre un article bien que cette pratique soit contraire à la politique de la société. « À quoi ça sert d'avoir une politique ? Vous croyez qu'on l'imprime juste pour le plaisir d'abattre des arbres ! Si on faisait des exceptions pour tout le monde, on ferait faillite! » Qu'avez-vous ressenti lorsque vos initiatives ont été décriées ? Quelle a été votre réaction ? Vous avez probablement arrêté de faire des efforts.

Les véritables fonctions du manager

En croisant les doigts derrière le dos, nous pouvons vous jurer que les cinq principales fonctions du manager sont les suivantes :

- **Manger** : le management a ses bons côtés, dont les notes de frais et tous les déjeuners et dîners que vous pouvez vous offrir aux frais de la princesse. Et si les stressés de la comptabilité osent mettre en doute l'objectif professionnel de vos repas, vous pouvez toujours les menacer de les rayer de votre liste d'invités.
- **Faire des réunions** : les réunions constituent l'un des gros atouts du management. Plus vous gravissez les échelons de la société, plus vous passez de temps en réunions. Au lieu de faire un travail productif, vous passez tout votre temps à assister à des présentations qui n'ont aucun rapport avec votre service, à boire des cafés et à regarder votre montre au fur et à mesure que la réunion montre des signes de dépassement de l'horaire fixé.
- **Sanctionner** : de nombreux salariés n'en faisant qu'à leur tête, vous apprenez à sanctionner rapidement et fréquemment. Quel meilleur moyen de montrer à vos employés l'intérêt que vous leur portez ? La sanction a également l'avantage de montrer à vos supérieurs que vous ne couvrirez pas les aberrations de vos employés.
- **Faire obstruction** : si vous demandez à un manager quelle est la réalisation dont il est le plus fier, il vous apportera probablement une charte aussi épaisse que les Pages jaunes, soigneusement élaborée à l'issue de nombreuses années de réflexion. Une lecture attentive vous révélera tout un ensemble de règles adroitement rédigées, qui entravent davantage la satisfaction des clients qu'elles ne la favorisent.
- **Dissimuler** : les managers sont maîtres dans l'art de la dissimulation. Personne ne sait aussi bien qu'un manager que celui qui a l'information a le pouvoir et que celui qui ne l'a pas est perdu. Avec tous les ennemis qui vous entourent, pourquoi donneriez-vous à quelqu'un d'autre une occasion de prendre l'avantage sur vous ? « Eh ! Cette information ne concerne que ceux qui en ont besoin ! » Et pourquoi diable devriez-vous dévoiler à vos employés les rouages de la société ? Ils ne vous en seraient pas reconnaissants et n'y comprendraient rien de toute façon.

Évidemment, ce ne sont pas les véritables fonctions du manager. Bien que certaines remarques sonnent justes, on vous a fait marcher !

Contrairement à ce que disent certaines rumeurs, l'*empowerment* ne va pas à l'encontre du management. C'est un autre mode de management. Le manager continue à créer une vision, à fixer des objectifs et à déterminer des valeurs communes. Mais il doit établir une infrastructure – formation, équipes, etc. – qui va dans le sens de l'*empowerment*. Même si tous les salariés ne sont pas intéressés par ce concept, il doit fournir un environnement favorable à ceux qui souhaitent mettre leur créativité et leur expertise personnelles au service de la société.

TRUC

Un bon manager *permet* à ses employés de faire du bon travail. C'est une fonction vitale du management, car même les meilleurs managers ne peuvent pas tout faire eux-mêmes. Pour atteindre les objectifs de la société, ils sont tributaires des compétences de leurs employés. Le management efficace consiste donc à optimiser les efforts de tous les membres d'une équipe en les orientant vers un but commun. Si vous faites le travail de vos employés à leur place, non seulement vous perdez le bénéfice de ce qu'ils auraient pu vous apporter, mais vous vous exposez au stress, aux ulcères et à bien d'autres problèmes.

Pire encore, si vous rejetez l'*empowerment*, tout le monde est perdant. Les salariés ne peuvent pas dépasser leurs limites, ni faire preuve de créativité ou d'initiative. La société ne profite pas de toutes les idées de ses membres. Et enfin, les clients sont également perdants parce que les employés n'osent pas leur fournir un service exceptionnel – d'ailleurs, pourquoi le feraient-ils ?

Soutenir

Pendant longtemps, le rôle du manager a consisté à donner des ordres, à s'assurer qu'ils étaient respectés et à rendre les autres responsables de tout manquement. Mais ce rôle a bien évolué. Le manager n'est plus un chien de garde, un officier de police ni un bourreau. Pour les employés, il s'agit davantage d'un coach, d'un collègue ou d'un mentor. La principale préoccupation du manager d'aujourd'hui est de créer un environnement de travail positif, dans lequel chaque employé se sentira valorisé et sera plus productif.

PERLE RARE

En cas de coup dur, soutenez vos employés. Cela ne signifie pas que vous deviez tout faire pour eux ou prendre leurs décisions à leur place, mais que vous leur donniez la formation, les ressources, le pouvoir et l'autonomie dont ils ont besoin pour faire leur travail. Soyez présent en cas d'échec mais sachez que l'échec fait partie de l'apprentissage. Dites-vous que lorsqu'on apprend à faire du roller, on tombe plusieurs fois avant de tenir debout.

TRUC

Pour créer un environnement positif, il faut favoriser l'*esprit d'ouverture* à tous les niveaux de la société. Les employés doivent pouvoir faire part de leurs idées et de leurs préoccupations – ils doivent même y être encouragés. Dans un environnement ouvert, tout individu se sent libre de s'exprimer, sans craindre de sanction. Ainsi, tout ce qui se dit entre collègues après les heures de bureau peut être dit en réunion. Lorsqu'ils voient que leur manager est réceptif aux nouvelles idées, les salariés réfléchissent plus volontiers à la façon dont ils peuvent améliorer les systèmes en place, résoudre les problèmes, réduire les coûts, etc.

Les managers doivent également se soutenir mutuellement. Les fiefs, les rivalités entre services et la rétention d'informations n'ont pas leur place dans la société moderne. Les entreprises ne peuvent plus se permettre d'entretenir ces comportements dysfonctionnels. Tous les membres d'une société – du sommet au bas de l'échelle – doivent comprendre qu'ils jouent dans la même équipe. Pour réussir, ils doivent s'entraider et se communiquer toutes les informations. Et vous, pour quelle équipe êtes-vous ?

Communiquer

La communication est sans aucun doute le moteur de toute société. En football, imaginez qu'un stratège essaie d'emmener les attaquants au but sans leur expliquer sa tactique. Que se passerait-il une fois qu'il aurait dégagé le ballon ? Probablement rien. Ce serait le chaos.

Les managers qui ne communiquent pas efficacement négligent l'un des rôles essentiels du management.

La communication est la fonction clé du manager. L'information est le fondement du pouvoir et, à une époque où tout s'accélère, elle doit être communiquée aux salariés plus rapidement que jamais. L'évolution constante que connaît l'entreprise nécessite une communication immédiate.

Avec la généralisation de l'e-mail, de la messagerie vocale et autres nouveaux modes de communication, les managers n'ont plus d'excuses. Et puis, qu'est-ce qui vous empêche d'utiliser le téléphone ou d'avoir une discussion en tête à tête avec vos employés et vos collègues ?

Pour répondre à vos attentes, vos employés doivent d'abord les connaître. Il ne suffit pas de définir un objectif sur le papier. Si les salariés n'en sont pas informés et si vous ne les tenez pas au courant de leur progression vers cet objectif, comment voulez-vous qu'ils l'atteignent ? C'est comme si des sportifs s'entraînaient pour les jeux Olympiques sans jamais recevoir d'informations sur leurs performances.

Dans le management comme dans la vie, les détails ont beaucoup d'importance : une invitation à une réunion, des félicitations pour un travail bien fait ou des informations sur la santé financière de l'entreprise sont toujours bienvenues. Cette approche favorise le bon fonctionnement de la société, encourage les bonnes volontés et cimente les liens de confiance entre les employés et les managers. Tout concourt à la réalisation des objectifs de l'entreprise.

Les premiers pas vers la fonction de manager

Tout manager a été confronté un jour ou l'autre au problème suivant : comment savoir ce que l'on attend d'un manager ?

Aussi incroyable que cela puisse paraître, de nombreux managers ne reçoivent jamais de formation spécifique. Pour la plupart, le management est juste un élément ajouté au profil de leur poste. Imaginez que vous soyez programmeur et que vous travailliez sur un nouveau navigateur Internet. Du jour au lendemain, vous vous retrouvez à la tête de l'équipe. Alors que vous veniez travailler pour créer un produit, vous devez désormais diriger et motiver un ensemble d'individus ayant un objectif commun. Bien sûr, vous êtes mieux payé, mais vous êtes obligé d'apprendre sur le tas.

Si vous êtes débutant ou futur manager, vous pouvez vous inspirer des recommandations suivantes – mais n'oubliez pas qu'il n'y a pas de bonne ni de mauvaise façon de procéder. Chaque méthode a ses avantages et ses inconvénients.

Observez et écoutez

Si vous avez la chance d'avoir un mentor – une personne qui vous prenne sous son aile –, vous bénéficierez d'une formation en management tout aussi utile (voire plus) que celle d'une école de commerce. Vous apprendrez en contexte ce qu'un manager doit ou ne doit pas faire. Vous saurez comment vous y prendre dans *votre* société et vous comprendrez que la satisfaction du client ne se contente pas de quelques paroles en l'air.

Malheureusement, les mauvais exemples sont encore plus courants que les bons. Vous voyez de qui nous voulons parler ? Il s'agit notamment du manager qui refuse de prendre des décisions et fait attendre inutilement les employés et les clients ; du patron qui ne délègue absolument aucune tâche ; ou du supérieur qui tient à gérer chaque aspect de la vie du service, aussi insignifiant soit-il : « Non, non, non ! Il faut d'abord mettre le timbre sur l'enveloppe et ensuite l'adresse – et pas l'inverse ! »

TRUC

Cependant, vous pouvez tirer les leçons du comportement d'un mauvais manager. Lorsque vous avez affaire à un manager qui refuse de prendre des décisions, par exemple, notez les conséquences de ce style de management pour les salariés, les autres managers et les clients. Pour ne pas vous décourager, mettez dans un coin de votre tête : *Je ne démotiverai jamais personne comme ça.* L'indécision au sommet de la hiérarchie se répercute inévitablement à tous les niveaux de la société – surtout si les employés sont sanctionnés lorsqu'ils remplissent le vide laissé par le manager indécis. Les salariés sont en pleine confusion et les clients pâtissent de la dérive de la société. Il y a sans aucun doute des leçons à tirer de ce type de comportement.

La réunionnite

Selon les experts, les managers assistent à de plus en plus de réunions. Si l'homme d'affaires de base consacre 25 % de son temps aux réunions, les cadres moyens y consacrent 40 % et les cadres supérieurs 80 %. Encore plus choquant, environ la moitié de chaque heure passée en réunion est gaspillée en raison de l'inefficacité des participants.

HISTOIRE VRAIE

Un exemple à l'échelle internationale

Pour de nombreuses raisons, Jack Welch est considéré comme l'un des plus grands P.-D.G. des États-Unis. Patron de General Electric, il a complètement transformé la culture de son entreprise et considérablement amélioré les performances de celle-ci.

Bien que cette transformation repose sur de nombreux facteurs, le plus important a été le rachat du centre de formation de GE à Ossining, dans l'État de New York. Welch a compris qu'il ne suffisait pas d'élaborer une nouvelle culture. Il fallait aussi la faire connaître aux salariés et la concrétiser. En supervisant les programmes de formation à tous les niveaux et en se rendant lui-même au centre de formation environ tous les quinze jours, il s'est assuré non seulement de la pertinence du message communiqué aux salariés, mais aussi de la bonne compréhension de ce message. S'il y avait la moindre confusion, les salariés avaient la possibilité de demander des éclaircissements directement au P.-D.G.

Dans un geste qui se voulait symbolique, Welch a également brûlé au cours d'une cérémonie officielle les « livres bleus » de General Electric. Il s'agissait de manuels de formation en management décrivant le rôle des managers de GE. S'ils n'étaient plus utilisés depuis une quinzaine d'années, ces livres avaient toujours une grande influence. S'appuyant sur la nécessité pour les managers de rédiger leurs propres réponses aux défis actuels du management, Welch a balayé le passé en retirant les « livres bleus » de la culture de l'entreprise une fois pour toutes. Aujourd'hui, GE apprend à ses managers à trouver des solutions eux-mêmes au lieu d'aller les chercher dans un vieux livre poussiéreux.

C'est la même chose avec un manager qui utilise la peur et l'intimidation pour obtenir des résultats. Quels sont les *véritables* résultats de ce style de management ? Les salariés sont-ils impatients de venir travailler le matin ? Sont-ils tous tournés vers un objectif commun ? Font-ils le maximum pour innover et améliorer les systèmes et les procédures en place ? Ou est-ce que leur unique préoccupation se borne à passer une journée au bureau sans se faire incendier ? Réfléchissez à ce que vous changeriez pour obtenir des résultats.

Vous apprendrez *toujours* des autres – qu'ils soient de bons ou de mauvais managers.

Agissez et apprenez

Peut-être connaissez-vous ce vieil adage, attribué à Lao-tseu :

PERLE RARE

Donnez à un homme un poisson, et il aura à manger toute une journée,

Apprenez à un homme à pêcher, et il aura à manger toute sa vie.

Cet adage illustre l'essence même du management. Si vous prenez toutes les décisions, faites ce que vos employés seraient capables de faire s'ils en avaient l'opportunité, et portez le poids de toute la société sur vos épaules, vous faites énormément de tort aux salariés et à l'ensemble de l'entreprise. En effet, les salariés n'apprennent pas à réussir par eux-mêmes et, au bout d'un certain temps, ils n'essaient même plus. Malgré tous vos efforts, vous ralentissez les performances de vos employés et entravez le succès de votre entreprise.

À RETENIR

Ne vous contentez pas de lire un livre sur le management ou d'observer un manager. Pour bénéficier des leçons que vous avez tirées, mettez-les en pratique en procédant par étapes.

- Premièrement, prenez le temps d'évaluer les problèmes de votre société. Vous ne pouvez pas tous les régler à la fois. Identifiez les plus importants et attachez-vous à les résoudre avant de vous consacrer aux autres.
- Deuxièmement, faites votre autoévaluation. Avez-vous tendance à aider ou bien à gêner vos employés dans l'accomplissement de leurs tâches ? Leur donnez-vous la possibilité de prendre des décisions ? Les soutenez-vous lorsqu'ils prennent des risques pour la société ? Analysez vos relations avec les autres. Ont-elles des conséquences positives ou négatives ?
- Troisièmement, utilisez les techniques que vous avez apprises lors de vos lectures ou en observant d'autres managers. Lancez-vous ! Rien ne changera si vous ne changez pas en premier. Souvenez-vous, si vous voulez voir quelque chose arriver, vous devez le déclencher vous-même.

Enfin, prenez du recul et observez ce qui se passe. Vous verrez, votre comportement et l'action des salariés pour répondre aux besoins et atteindre les objectifs de la société auront complètement changé.

Testez vos nouvelles connaissances

Qu'est-ce que le management ?

A. Un prétexte pour faire de nombreux voyages d'affaires aux frais de la princesse dans des contrées reculées et exotiques.

B. Des ennuis à n'en plus finir.

C. Concrétiser un projet.

D. Fermer les yeux et espérer que tout ira pour le mieux.

Quelles sont les nouvelles fonctions du manager ?

A. Se mouiller les cheveux, appliquer le shampooing, masser et rincer, puis recommencer.

B. Donner de l'énergie, pratiquer l'*empowerment*, soutenir et communiquer.

C. Voir jusqu'à quel point on peut dépasser son budget sans que personne ne s'en aperçoive.

D. Ne parler que lorsqu'on nous parle.

Chapitre 2

Déléguer sans difficulté

Dans ce chapitre :

- Apprendre à déléguer
- Détruire les mythes sur la délégation
- Mettre la délégation en pratique
- Identifier les tâches à déléguer
- Effectuer le suivi des tâches déléguées

Un management efficace n'est pas le résultat de vos seuls efforts (désolé d'éclater votre bulle), mais de la somme des efforts de tous les membres de votre équipe. Si vous n'étiez responsable que de quelques employés, avec un effort extraordinaire, peut-être pourriez-vous faire tout le travail de votre équipe si vous le souhaitiez.

En revanche, si vous êtes responsable d'une société beaucoup plus grande, vous ne pouvez pas être efficace sans déléguer. Sinon, vous seriez probablement qualifié de *micromanager* – manager trop impliqué dans les détails – passant davantage de temps à s'occuper du travail des autres qu'à faire le sien. Pire encore, vos employés ne se sentiraient pas responsables de leur travail car vous seriez toujours là pour le faire à leur place.

En tant que manager, vous devez donner à chaque salarié la responsabilité d'un ensemble de tâches en le leur *déléguant*. Comme nous allons l'expliquer dans ce chapitre, il ne vous suffit pas de répartir les tâches. Sinon, vous entendriez sans arrêt : « Eh ! Pierre, qu'est-ce que je fais après ? » Pour que la délégation soit efficace, vous devez vous assurer que vos employés disposent de l'autonomie et des ressources nécessaires pour remplir leurs tâches efficacement. Enfin, vous devez évaluer leur progression vers les objectifs que vous leur avez fixés.

La délégation : l'outil n° 1 du manager

Maintenant que vous êtes manager, vous devez avoir de nombreuses compétences : techniques, analytiques et organisationnelles, mais surtout relationnelles. Parmi les compétences relationnelles, celle qui compte le plus est sans aucun doute la capacité à déléguer efficacement. La délégation est l'outil n° 1 du manager et l'incapacité à déléguer est la principale cause d'échec.

Pourquoi est-il si difficile de déléguer ? Il existe plusieurs raisons :

- Vous êtes trop occupé et vous n'avez tout simplement pas le temps.
- Vous n'avez pas confiance en vos employés et pensez qu'ils ne feront pas leurs tâches correctement ou à temps.
- Vous ne savez pas déléguer efficacement.

Ou peut-être n'êtes-vous pas encore convaincu de l'importance de la délégation. Si c'est le cas, oubliez vos préjugés et vos inhibitions. Voici cinq bonnes raisons de commencer à déléguer dès aujourd'hui :

À RETENIR

- **Votre succès en tant que manager en dépend !** Un manager qui peut diriger une équipe – dont chaque membre a des responsabilités précises concernant un aspect des performances de l'équipe – prouve qu'il est à même de relever des défis toujours plus grands. Cette capacité à relever des défis s'accompagne souvent d'une promotion, d'une augmentation et autres raffinements de la vie professionnelle, comme un bureau avec fenêtre.
- **Vous ne pouvez pas tout faire**. Même si vous êtes un excellent manager, il n'est pas dans votre intérêt de vouloir atteindre seul tous les objectifs de la société, à moins que vous ne souhaitiez creuser vous-même votre tombe. Et d'ailleurs, ne pensez-vous pas qu'il serait agréable de voir à quoi ressemble la vie en dehors des quatre murs de votre bureau ? Au moins une fois de temps en temps ?
- **Votre rôle est de concentrer vos efforts sur ce que vous êtes le seul à pouvoir faire**. Vous êtes payé pour être manager – pas programmeur, comptable ou responsable du service clients. Faites votre travail et laissez vos employés faire le leur.
- **La délégation pousse les salariés à s'investir davantage dans la société**. Lorsque vous donnez des responsabilités à vos employés – individuellement ou en équipe –, ceux-ci s'investissent davantage dans les activités quotidiennes de l'entreprise. Au lieu de se laisser téléguider comme des drones sans autonomie, ils s'impliquent dans le succès de l'équipe et de la société. *Vous voulez dire que, si je réussis, nous réussissons tous ?* Exact.

- **Par la délégation, vous pouvez développer les compétences de vos employés**. Si vous prenez toutes les décisions et apportez toutes les idées, vos employés n'apprendront jamais à prendre des initiatives. Et, s'ils n'en prennent pas, qui devra toujours tout faire ? (***Indice*** : regardez-vous dans un miroir.)

En tant que manager, vous êtes responsable de tout votre service. Mais cela ne veut pas dire que vous deviez effectuer toutes les tâches personnellement pour atteindre les objectifs de votre société.

Imaginez que vous soyez responsable du service de comptabilité dans une société de services en ingénierie informatique. Lorsque la société ne comptait que cinq employés et que le chiffre d'affaires n'excédait pas 500 000 euros par an, vous pouviez facilement envoyer les factures aux clients, régler celles des fournisseurs, éditer les feuilles de paie et vous acquitter tous les ans des impôts. Mais aujourd'hui, votre société emploie 150 salariés et affiche un chiffre d'affaires annuel de 50 millions d'euros. Vous ne pouvez même pas faire semblant de tout faire – vos journées ne seraient pas assez longues (la dernière fois que nous avons vérifié, une journée faisait toujours vingt-quatre heures). Désormais, vous avez une équipe qui se charge des comptes fournisseurs, des comptes clients et des feuilles de paie, et vous sous-traitez le calcul des impôts à un expert-comptable.

Chaque salarié affecté à un poste est spécialisé dans son domaine. Bien sûr, vous sauriez éditer une feuille de paie vous-même, mais pourquoi le feriez-vous ? Votre secrétaire le fait probablement mieux et plus rapidement que vous.

En revanche, vous êtes le seul à être qualifié pour assumer de nombreuses responsabilités au sein de votre société. Ces responsabilités peuvent concerner le budget, l'évaluation des performances, les acquisitions et la marque de la machine à café. Plus loin dans ce chapitre, vous apprendrez à identifier les tâches que vous devez déléguer. Mais commençons par combattre certaines idées préconçues concernant la délégation.

Les mythes à propos de la délégation

Vous avez peut-être de nombreuses raisons de refuser de déléguer. Malheureusement, ces raisons vous empêchent d'être un manager efficace. Vous êtes-vous laissé convaincre par les mythes suivants ? *Soyez honnête !*

Mythe n° 1 : vous ne pouvez pas faire confiance à vos employés

Si vous ne faites pas confiance à vos employés, à qui faites-vous confiance ? Vous avez sans doute recruté personnellement une partie de votre personnel. Vous avez lu de très nombreux CV, puis vous les avez classés par catégories : *intéressant, potentiellement intéressant, inintéressant*. Après des heures de tri et des heures d'entretiens, vous avez sélectionné les meilleurs candidats – ceux qui ont le plus de compétences, de qualifications et d'expérience.

Vous avez sélectionné ces personnes parce que vous les avez jugées compétentes et dignes de confiance. Maintenant, vous devez lâcher les rênes et leur accorder cette confiance.

À RETENIR

On récolte ce qu'on sème. Les membres de votre personnel sont prêts, pleins de bonne volonté et responsables. Il vous suffit de leur donner une chance. Bien sûr, certains ne seront pas capables d'effectuer correctement toutes les tâches que vous leur confierez. Dans ce cas, vous devrez identifier le problème. Un de vos employés aura peut-être besoin d'une formation ou tout simplement de temps et de pratique. Vous devrez peut-être même lui confier une nouvelle tâche, mieux adaptée à son expérience ou à ses prédispositions. Pour que vos employés soient responsables, vous devez leur donner des responsabilités. C'est aussi simple que cela.

Mythe n° 2 : lorsque vous déléguez, vous ne contrôlez plus les résultats

Si vous déléguez correctement, vous exercez encore un contrôle sur les résultats. Ce que vous ne contrôlez plus, c'est la façon dont ces résultats sont obtenus. Prenez une carte du monde. Combien de moyens existe-t-il d'aller de Paris à San Francisco ? Un ? Un million ? Certains sont plus rapides ou plus touristiques que d'autres. Mais ces différences rendent-elles l'un de ces moyens foncièrement mauvais ? Non.

De même, il existe de nombreuses façons d'effectuer une tâche. Vous devez toujours laisser une marge de manœuvre susceptible d'améliorer un processus, même pour les tâches dont les étapes sont clairement définies. « Nous avons toujours fait comme ça », me direz-vous. Mais pourquoi votre méthode serait-elle la seule ? « Parce que je suis le patron ! » Désolé, mauvaise réponse. Votre rôle est de décrire les résultats que vous attendez à vos employés et de laisser ceux-ci décider de la façon dont ils vont les atteindre. Bien sûr, vous devez être à leur disposition pour les guider et les conseiller, afin qu'ils puissent bénéficier de votre expérience s'ils le souhaitent. Mais vous devez rester concentré sur les résultats et les échéances sans vous préoccuper des méthodes.

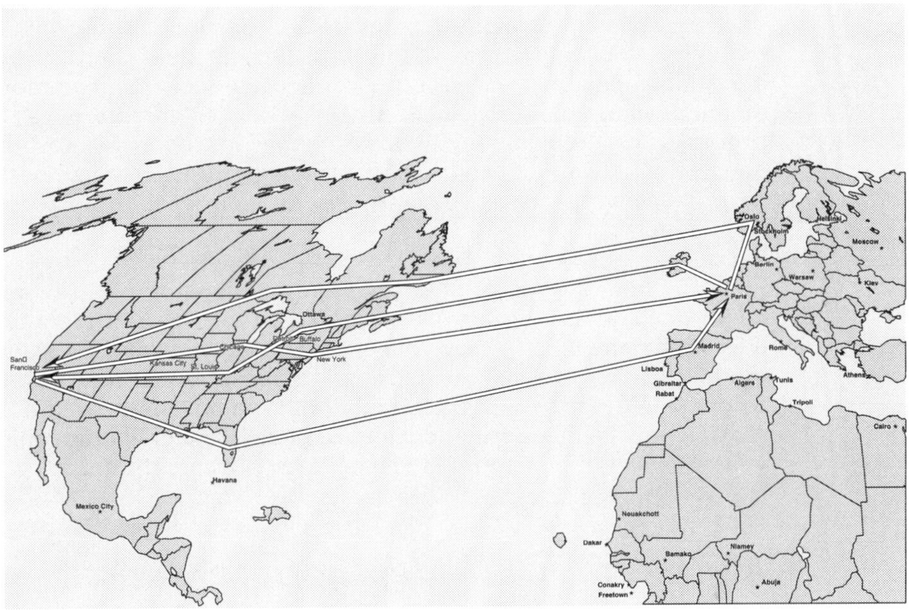

Figure 2-1 : Il y a de nombreuses façons d'aller de Paris à San Francisco.

Mythe n° 3 : vous êtes le seul à détenir toutes les réponses

Vous plaisantez, n'est-ce pas ? Si vous pensez vraiment que vous seul détenez toutes les réponses, nous avons deux ou trois choses à vous dire ! Aussi compétent que vous soyez, à moins que vous ne soyez le seul employé de votre société, c'est tout simplement impossible.

Certains individus font face à des situations très diverses tous les jours. Ils communiquent avec vos clients, avec vos fournisseurs et entre eux. Beaucoup sont là depuis plus longtemps que vous et seront encore là lorsque vous serez parti. Qui sont-ils ? Ce sont vos employés.

À RETENIR

Vos employés sont une source d'expérience et de connaissances. Ils connaissent bien les problèmes et les rouages les plus intimes de la société. De plus, ils sont souvent plus proches des clients que vous. Ignorer leurs suggestions et leurs conseils est non seulement irrespectueux mais contraire aux intérêts de la société. Ne négligez pas ces ressources. Vous les payez déjà – que vous les utilisiez ou non !

Mythe n° 4 : vous travaillez plus rapidement seul

Vous pensez peut-être que vous avancez plus vite lorsque vous effectuez les tâches vous-même que lorsque vous les déléguez. Cette conviction est une simple illusion. Il est vrai que confier une tâche à un employé demande du temps la première fois mais, si vous déléguez correctement, le processus prend beaucoup moins de temps les fois suivantes. En faisant une tâche vous-même, non seulement vous y consacrez une partie de votre temps, mais vous privez vos employés de l'opportunité de développer leurs compétences.

Bien sûr, il faut du temps pour apprendre à un employé à accomplir une tâche, mais que se passe-t-il si vous refusez de déléguer cette tâche ? Vous êtes condamné à l'effectuer vous-même éternellement. En revanche, si vous fournissez à votre employé la formation nécessaire et lui transmettez la responsabilité de la tâche, vous lui donnez la possibilité de s'améliorer. Ainsi, il vous déchargera et deviendra peut-être même plus rapide que vous. Qui sait, il pourrait même *améliorer* votre méthode…

Mythe n° 5 : la délégation réduit votre autorité

En réalité, la délégation a l'effet inverse – elle élargit votre autorité. Vous n'êtes qu'une seule personne et vous avez vos propres limites. Imaginez dix, vingt ou cent individus travaillant ensemble pour atteindre les mêmes objectifs que vous. Vous fixez toujours les objectifs et les échéances, mais chaque employé choisit sa méthode pour les respecter.

Avez-vous moins d'autorité parce que vous déléguez une tâche et en confiez la responsabilité à un employé ? La réponse est claire : non. Que perdez-vous, concrètement ? Rien. Votre autorité est intacte, quel que soit le nombre de personnes auquel vous l'élargissez. Et plus vous l'élargissez, plus votre équipe entière a d'autorité.

La délégation et l'*empowerment* rendent votre équipe efficace, concentrée et unie. De plus, la délégation vous permet de vous consacrer aux tâches qui méritent toute votre attention.

Mythe n° 6 : toute la reconnaissance de vos supérieurs ira à vos employés

Il est très difficile de se débarrasser de ce préjugé lorsqu'on devient manager d'une équipe dont on a fait partie. En tant que membre de l'équipe, vous pouvez être récompensé pour un bon rapport, une bonne étude de marché ou la mise en place d'un code informatique. Lorsque vous devenez manager, la reconnaissance dont vous bénéficiez ne porte plus sur des tâches isolées, mais sur votre capacité à atteindre un objectif en utilisant le potentiel des autres. Même si vous avez été un excellent opérateur de saisie, votre talent n'a soudain plus d'importance. Désormais, vous devez développer et diriger une *équipe* composée d'excellents opérateurs de saisie. Les compétences que l'on attend de vous sont tout à fait différentes et votre succès résulte des efforts indirects des autres et de votre soutien en arrière-plan.

La reconnaissance dont bénéficient vos employés rejaillit sur vous. Or, plus vous déléguez, plus vous donnez aux salariés l'opportunité d'être reconnus. N'hésitez pas à confier des tâches importantes aux membres de votre équipe. Et lorsqu'ils sont performants, faites-le savoir. Rendez-leur hommage publiquement et ils seront pleins de bonne volonté à l'avenir. N'oubliez pas que vous êtes jugé en fonction des performances de votre *équipe* – et non de vos *accomplissements personnels*. Pour en savoir plus sur la motivation et la reconnaissance envers les employés, reportez-vous au chapitre 5.

Mythe n° 7 : la délégation réduit votre flexibilité

Vous pensez que, lorsque vous faites tout vous-même, vous contrôlez toutes les étapes de la réalisation d'une tâche ? *Vous vous trompez.* Comment le pourriez-vous alors que vous gérez plusieurs choses à la fois tout en faisant face à l'inévitable *crise du jour* ? Il est difficile d'être flexible dans ces conditions. Lorsque vous êtes concentré sur une tâche, vous mettez toutes les autres en attente. Votre flexibilité est donc grandement remise en question.

Plus vous déléguez, plus vous êtes flexible. Pendant que vos employés se chargent des tâches quotidiennes, vous êtes disponible pour gérer les problèmes et les défis qui surgissent par surprise.

Mythe n° 8 : vos employés sont trop occupés

Cette conviction est un simple prétexte pour vous défiler ou on ne s'y connaît pas ! Quelles tâches absorbent vos employés à tel point qu'ils n'ont pas le temps d'apprendre quelque chose de nouveau – quelque chose qui vous faciliterait la vie et augmenterait les performances de l'équipe ?

Faites une petite introspection. Qu'est-ce qui vous donne envie de venir travailler chaque matin (à l'exception de votre feuille de paie) ? N'est-ce pas la profonde satisfaction que vous ressentez lorsque vous relevez un nouveau défi ?

Maintenant, pensez à vos employés. Eux aussi recherchent ce genre de satisfaction et veulent se mettre au défi. Mais comment peuvent-ils le faire si vous ne leur déléguez pas de nouvelles tâches ? De nombreux managers ont perdu de bons employés parce qu'ils ne leur ont pas donné la possibilité de se dépasser et d'évoluer dans leur travail. Et de nombreux employés sont devenus de simples automates parce que leur manager n'a pas su encourager leur créativité, ni exploiter leur volonté naturelle d'apprendre. Ne faites pas cette erreur !

Mythe n° 9 : vos employés n'ont pas une vision d'ensemble

Comment vos employés pourraient-ils avoir une vision d'ensemble si vous ne la partagez pas avec eux ? Ils sont généralement spécialisés dans un domaine et développent une vision étroite au fur et à mesure qu'ils accomplissent leurs tâches routinières. Comme nous l'avons vu au chapitre 1, c'est votre rôle de leur donner une vision de la société telle que vous souhaitez la faire évoluer.

Malheureusement, de nombreux managers évitent de communiquer des informations essentielles aux salariés dans l'espoir de mieux tenir les rênes. En maintenant leurs employés à l'écart, ils créent un climat défavorable à la société. Ils paralysent la capacité des salariés à apprendre, évoluer et faire partie intégrante de l'entreprise.

Faites confiance à vos employés

Même si l'on écarte ces préjugés, la délégation peut avoir un côté impressionnant, du moins dans un premier temps. Mais, comme pour tout le reste, plus vous déléguez, plus vous êtes à l'aise. En déléguant, vous accordez votre confiance à quelqu'un d'autre. Si cette personne échoue, vous en êtes responsable. Inutile de dire à votre patron : « Je sais que nous devions envoyer cette proposition au client aujourd'hui, mais Jean n'a pas assuré. » Lorsque vous déléguez une tâche, vous en conservez néanmoins la responsabilité.

Commencer à déléguer, c'est comme faire du saut à l'élastique pour la première fois : vous sautez d'une petite plate-forme à des dizaines de mètres du sol en espérant que l'élastique ne se cassera pas. N'oubliez pas que vos employés peuvent être un peu nerveux, eux aussi. La prise en charge d'une nouvelle tâche peut les rendre anxieux. Vous devez donc les soutenir jusqu'à ce qu'ils soient à l'aise dans leur nouveau rôle.

Les six étapes de la délégation

Comme toutes les autres tâches du manager, la délégation demande une préparation et un suivi sérieux. Elle se décompose en six étapes :

1. **Confier la tâche**. Décrivez en détail le résultat que vous attendez et précisez le délai que vous pouvez accorder.
2. **Exposer le contexte**. Expliquez pourquoi la tâche doit être accomplie, son importance dans le schéma global et les éventuelles complications qui peuvent survenir pendant sa réalisation.
3. **Fixer les critères d'évaluation**. Indiquez les critères selon lesquels vous évaluerez la progression de la tâche. Ces critères doivent être réalistes et accessibles.
4. **Investir d'autorité**. Investissez votre employé de l'autorité nécessaire pour accomplir la tâche sans se heurter au refus ou à l'inertie d'autres employés.
5. **Offrir votre soutien**. Identifiez les ressources nécessaires à l'accomplissement de la tâche et fournissez-les. Une tâche peut requérir un certain budget, une formation, un conseil ou d'autres ressources.
6. **Obtenir un engagement**. Vérifiez que votre employé a pleinement accepté sa mission. Confirmez vos attentes et veillez à ce que votre employé les comprenne et s'engage à les respecter.

La délégation bien comprise bénéficie à la fois aux salariés *et* aux managers. Alors pourquoi ne déléguez-vous pas davantage ? Peut-être ne savez-vous pas *quelles tâches* déléguer. Dans ce cas, reportez-vous à la section suivante.

Déléguer ou ne pas déléguer ?

Théoriquement, toutes les tâches peuvent être déléguées. Bien sûr, si vous déléguez tout ce que vous avez à faire, pourquoi votre société devrait-elle continuer à vous payer ? Concrètement, il existe des tâches à déléguer absolument et d'autres que vous devez prendre en charge vous-même. Si vous êtes manager, il y a une raison.

Commencez par déléguer des tâches simples qui n'ont pas une importance cruciale pour la société, même si le délai ou le budget est dépassé. Au fur et à mesure que vos employés acquièrent de l'assurance et de l'expérience, déléguez des tâches plus complexes. Évaluez avec soin le niveau d'expertise de chaque membre de votre équipe et choisissez des tâches qui correspondent à ce niveau ou l'excèdent légèrement. Fixez des délais et évaluez la capacité de chacun à les respecter. Avec un peu de pratique, vous verrez que vous n'avez absolument rien à craindre de la délégation.

Tâches à déléguer en priorité

Certaines tâches se prêtent naturellement à la délégation. En tant que manager, vous devez saisir toutes les occasions de déléguer les suivantes :

Travail de détail

Les détails font perdre beaucoup de temps. Ne passez pas des heures à vérifier des pages et des pages de chiffres, à localiser une panne sur un ordinateur ou à consulter personnellement les feuilles de présence de vos employés. Environ 20 % des résultats proviennent de 80 % du travail. Bien sûr, vous êtes capable d'effectuer ces tâches et vous l'avez probablement déjà fait auparavant.

Mais maintenant que vous êtes manager, vous êtes payé pour orienter les travaux de toute une équipe vers un objectif commun – et non pour effectuer des tâches indépendantes les unes des autres. Laissez le détail à vos employés. Concentrez vos efforts sur ce qui rendra l'ensemble de l'équipe plus performant.

Recueil d'informations

Si vous naviguez sur le Web à la recherche d'informations sur vos concurrents, si vous lisez en détail tous les articles des *Échos* ou si vous passez des journées entières dans votre bibliothèque locale, vous n'utilisez pas correctement votre temps en tant que manager. Rassurez-vous, de nombreux managers tombent dans ce piège. Non seulement il est agréable de lire les journaux, des livres et des magazines, mais cela permet également de remettre à plus tard les tâches plus difficiles. Mais vous êtes payé pour avoir une vue d'ensemble – comparer plusieurs documents et en faire une analyse. Pour être efficace, demandez à l'un de vos employés de recueillir les informations dont vous avez besoin et consacrez-vous à l'analyse et à la recherche de solutions.

Tâches répétitives

Confiez les tâches routinières à vos employés. *Voilà – cela devrait vous occuper pendant quelques années.* De nombreuses tâches doivent être effectuées régulièrement : la confrontation de votre rapport de dépenses à votre budget ou l'approbation de votre facture de téléphone, par exemple. Votre temps est bien trop précieux pour que vous le consacriez à des tâches routinières que vous maîtrisez depuis des années.

Si vous effectuez des tâches répétitives, faites-en une analyse précise. Combien de fois par mois devez-vous les accomplir ? Pouvez-vous les anticiper suffisamment tôt pour les confier à vos employés ? Quel genre de formation devrez-vous fournir aux employés ? Après avoir répondu à ces questions, faites un planning et répartissez les tâches.

Représentation

Faut-il être partout à la fois ? Non seulement vous ne pouvez pas, mais vous ne devez pas. Vous pouvez vous faire représenter par vos employés en de nombreuses occasions : présentations, conférences, visites aux clients et réunions, par exemple. Dans certains cas, comme la présentation du budget, vous devez vous déplacer personnellement. Mais le plus souvent, vous pouvez envoyer quelqu'un à votre place.

La prochaine fois que vous devez assister à une réunion, faites-vous représenter par l'un de vos employés. Vous gagnerez une heure ou deux dans votre emploi du temps et votre représentant vous résumera les points importants. S'il ne ressort rien de cette réunion, vous n'aurez pas personnellement perdu votre temps. Dans tous les cas, votre employé aura eu l'opportunité d'assumer de nouvelles responsabilités et vous aurez pu vous consacrer à des tâches plus importantes.

Futures responsabilités

En tant que manager, vous devez saisir toutes les occasions de former vos employés à de nouvelles responsabilités. Imaginez que vous deviez dresser le budget annuel de votre service. Si vous permettez à l'un de vos employés de vous assister – en faisant des recherches ou des études de marché, par exemple –, vous lui donnez la possibilité d'en savoir plus sur la préparation d'un budget.

À RETENIR

Ne croyez pas que, pour former vos employés, vous deviez absolument leur offrir un stage onéreux, animé par une personne qui ne connaît rien de votre société. Les opportunités de former les salariés au sein de *votre entreprise* sont nombreuses. On estime à 90 % le taux de formation sur le terrain. Grâce à cette formation gratuite, vos employés apprennent progressivement à effectuer des tâches de plus en plus importantes. Ils acquièrent de l'assurance et amorcent leur progression au sein de la société.

Tâches à ne pas déléguer

Certaines tâches font partie du rôle de manager. Si vous les déléguez, vous manquez fondamentalement à vos devoirs.

Vision et objectifs à long terme

En tant que manager, vous êtes dans une position unique, qui vous donne une vision unique des besoins de la société. Comme nous l'avons vu au chapitre 1, cette vision est indispensable pour un manager. Si vos employés, à tous les niveaux, peuvent vous fournir des informations et vous faire des suggestions, c'est à vous de fixer les objectifs à long terme de la société en fonction de la vision que vous avez forgée. Chaque employé ne peut pas décider en fonction de ses propres critères de la direction que doit prendre l'entreprise. Tout le monde doit évoluer dans la même direction sous votre impulsion.

Évaluation des performances, discipline et conseil

Dans l'entreprise moderne, les rapports entre manager et employés sont parfois réduits au minimum. La plupart des managers doivent s'en tenir à un simple « bonjour » ou « bonne soirée ». Tout le monde est tellement occupé que vous pouvez vous retrouver plusieurs jours sans parler à quelqu'un : « Oh, bonjour. Nous ne nous sommes pas déjà rencontrés quelque part ? Vous me dites quelque chose... »

Pourtant, il est essentiel que vous consacriez du temps à vos employés. Parfois, vous le faites par le biais de la discipline ou du conseil. Vous êtes le seul à pouvoir le faire. Vous fixez des objectifs à tous les membres de votre équipe et définissez des critères d'évaluation, grâce auxquels vous suivez la progression de vos employés. Et vous seul pouvez évaluer les performances de chaque individu en fonction de ces critères. Vous ne pouvez pas déléguer cette tâche – tout le monde y perdrait.

Tâches délicates

Certaines tâches sont trop délicates pour être déléguées. Imaginez que vous soyez chargé de faire un audit pour les dépenses concernant les voyages d'affaires dans le cadre de votre société. S'il en ressort qu'un cadre a fait plusieurs voyages personnels aux frais de la société, vous ne pouvez pas demander à un employé de faire part lui-même de la situation. *Maryse, j'aimerais que vous communiquiez cette information au conseil d'administration – je préfère ne pas être là quand la nouvelle tombera !* Impossible.

Ce genre de situation exige toute votre attention et toute votre expérience de manager. De plus, il serait injuste de mettre un employé en première ligne dans un contexte aussi explosif. Il n'est pas toujours facile d'être manager, mais vous êtes payé pour prendre les décisions difficiles et assumer tous les risques auxquels votre travail vous expose.

Missions personnelles

De temps à autre, votre patron vous confie des tâches qu'il souhaite vous voir accomplir personnellement. Il a sans doute de bonnes raisons pour le faire : vous avez une vision particulière, ou une compétence unique et indispensable pour que la tâche soit effectuée avec précision et rapidité. Dans ce cas, ne déléguez pas. Vous pouvez demander à vos employés de vous aider à rassembler certaines informations, mais vous devez finaliser le projet vous-même.

Confidentialité ou circonstances particulières

En tant que manager, vous avez accès à des informations confidentielles : montant des salaires, droits et brevets, ou évaluation du personnel. Transmettre ces informations aux personnes qui ne sont pas censées les connaître pourrait nuire considérablement à la société. Tout ce qui concerne les salaires, par exemple, doit rester confidentiel. De même, si vos concurrents venaient à découvrir un processus secret que votre société a mis des heures à mettre au point, les conséquences seraient dramatiques. En règle générale, vous devez donc effectuer vous-même les tâches qui ont un lien avec ce genre d'informations.

Effectuez un suivi non intrusif

Une fois la tâche déléguée, le processus se complique. Vous attendez anxieusement de voir comment votre employé s'en tire. Vous avez défini la tâche et fourni à votre employé la formation et les ressources nécessaires pour l'accomplir. Enfin, vous lui avez décrit les résultats que vous attendez et fixé un délai pour les atteindre. Que faire ensuite ?

Voici une possibilité : une heure ou deux après avoir confié la tâche, vous évaluez sa progression. Quelques heures plus tard, vous faites une nouvelle évaluation. Au fur et à mesure que le délai approche, vous augmentez la fréquence de vos interventions de sorte que votre employé finit par passer plus de temps à répondre à vos questions qu'à effectuer la tâche. Chaque fois que vous lui demandez des détails sur sa progression, il se déconcentre et regrette amèrement que vous ne lui fassiez pas confiance. Lorsque l'échéance arrive, il vous soumet à temps le résultat de son travail mais celui-ci est imprécis et incomplet.

ATTENTION !

Lorsque la délégation se passe mal

Il peut arriver que la délégation se passe mal. Comment s'en rendre compte avant qu'il ne soit trop tard et comment corriger le tir ? Effectuez un suivi efficace :

- **Utilisez un système de suivi formel** : suivez la progression de la tâche en fonction des délais grâce à un système formel, sur papier ou sur ordinateur.
- **Effectuez un suivi personnellement** : accompagnez votre système de suivi formel d'un système informel, qui consiste à évaluer vous-même la progression de la tâche auprès de l'employé.
- **Relevez une partie du travail** : relevez périodiquement une partie du travail de votre employé et vérifiez qu'elle correspond à ce que vous avez demandé.
- **Demandez un rapport** : demandez à votre employé de vous fournir régulièrement un rapport pour vous tenir au courant de ses problèmes et de ses accomplissements.

Si vous découvrez que votre employé a des problèmes, remettez-le sur les rails en choisissant l'une des options suivantes :

- **Conseillez** : discutez des problèmes avec votre employé et élaborez un plan avec lui pour les résoudre.
- **Reprenez toute l'autorité** : si les problèmes persistent malgré vos conseils, retirez à votre employé l'autorité dont vous l'avez investi pour qu'il accomplisse la tâche de façon autonome (il continuera à travailler sur la tâche, mais sous votre autorité).
- **Redistribuez les tâches** : ultime option lorsque la délégation se passe mal. Si votre employé ne parvient pas à effectuer la tâche, confiez celle-ci à une personne mieux placée pour l'accomplir avec succès.

Autre possibilité : après avoir délégué la tâche, vous ne faites rien. Oui, vous avez bien entendu : rien. Au lieu d'évaluer la progression de votre employé et de lui proposer votre aide, vous vous concentrez sur vos propres tâches. Lorsque l'échéance arrive, vous découvrez avec étonnement que la tâche est incomplète. Lorsque vous demandez à votre employé pourquoi il n'a pas atteint l'objectif sur lequel vous vous étiez mis d'accord, il vous répond qu'il lui manquait certaines informations et que, plutôt que de vous déranger avec ses problèmes, il a préféré se débrouiller seul. Malheureusement, ses recherches lui ont pris deux jours.

Comme vous le voyez, ces deux approches radicalement opposées ne valent pas mieux l'une que l'autre. Pour être efficace, le suivi doit se situer dans un juste milieu.

Chaque salarié est unique. Par conséquent, vous ne pouvez pas appliquer le même type de suivi à tous vos employés. Les débutants ou les personnes inexpérimentées ont besoin de davantage d'attention et d'encadrement que les autres – qu'ils en soient conscients ou non. Les personnes expérimentées, quant à elles, jugeraient vos tentatives d'encadrement déplacées et pesantes.

Pour effectuer un suivi efficace, procédez de la manière suivante :

- **Adaptez votre approche à votre employé**. Si votre employé est capable d'effectuer sa tâche avec un minimum de supervision de votre part, réduisez votre suivi à quelques vérifications à des étapes cruciales. S'il a besoin de davantage d'attention, établissez un programme de suivi comportant de nombreuses interventions jusqu'à ce que l'objectif soit atteint.
- **Utilisez un système de suivi manuel ou informatique**. Utilisez un agenda, un assistant numérique personnel ou un logiciel de gestion d'informations personnelles pour effectuer un suivi des tâches que vous avez déléguées. Engagez-vous à vous organiser dès maintenant !
- **Laissez la porte ouverte à la communication**. Faites en sorte que votre employé sache qu'il peut et doit vous contacter en cas de problème. Essayez de savoir s'il a besoin d'un complément de formation ou de ressources plus adaptées. Mieux vaut intervenir trop tôt – lorsque vous pouvez encore faire quelque chose – que trop tard.
- **Veillez au respect des accords passés avec votre employé**. Si votre employé vous rend un rapport en retard, vous devez savoir pourquoi. Ne cédez pas à la tentation d'ignorer ces manquements (*le pauvre, il a eu des problèmes personnels dernièrement*). Cette attitude ne vous rendrait pas service, ni à vous ni à votre employé. Chacun de vos employés doit comprendre qu'il doit assumer la responsabilité de son travail et respecter ses engagements afin que l'ensemble de l'équipe atteigne ses objectifs.
- **Récompensez les performances qui comblent ou surpassent vos attentes et fournissez des conseils pour relever les performances insuffisantes**. Si vous ne dites pas à votre employé qu'il n'a pas répondu à vos attentes, il continuera à vous décevoir. Dans l'intérêt des salariés, de votre société et dans le vôtre, soyez attentif aux échecs comme aux succès. Pour apprendre à bien conseiller vos employés, reportez-vous aux chapitres 6 et 9.

Testez vos nouvelles connaissances

Quels sont les principaux avantages de la délégation ?

A. Les employés sont plus motivés et l'équipe est plus performante.

B. Vous pouvez prendre une plus grande pause déjeuner.

C. Vous pouvez accuser vos employés en cas d'échec et vous attribuer tous les mérites en cas de succès.

D. Vous pouvez prendre votre retraite sans quitter la société et en conservant votre salaire.

Devez-vous utiliser un système formel de suivi des tâches ?

A. Non, vous pouvez vous souvenir des tâches que vous avez déléguées et des délais que vous avez fixés.

B. Non, vos employés ne doivent pas croire que vous êtes autocratique.

C. Oui, un système formel de suivi des tâches vous permet de vous assurer que toutes les tâches seront accomplies à temps.

D. Non, une fois que vous avez délégué une tâche, vous pouvez considérer que votre employé en assume l'entière responsabilité.

Chapitre 3

Devenir un leader

Dans ce chapitre :

- Distinguer le leadership du management
- Devenir un leader
- Identifier les principales caractéristiques du leadership
- Pratiquer le leadership partagé

Qu'est-ce qu'un leader ? Les livres, vidéos et séminaires sur le leadership sont très nombreux. Pourtant, c'est une qualité qui manque à beaucoup de cadres.

Des études ont montré que les principales caractéristiques du leader sont l'optimisme et la confiance. Autrement dit, le leader a une attitude positive. Il est sûr de lui et de sa capacité à influencer les autres et l'avenir en général. Bien qu'ils aient des points communs, le leadership et le management sont deux notions différentes. Le leadership va bien au-delà du management. Un manager peut être organisé et efficace sans pour autant être un leader – une personne qui incite les autres à faire de leur mieux. Le leadership est la ressource la plus importante et la plus rare d'une entreprise.

Tout le monde souhaite travailler pour un leader. Les salariés veulent que la personne pour laquelle ils travaillent fasse preuve de leadership. *J'aimerais que mon patron prenne enfin une décision – je perds mon temps à attendre qu'il me donne le feu vert. J'espère qu'il va finir par me dire ce qu'il attend de moi.* L'attente est parfois longue et le patron ne réagit que lorsque le projet a deux mois de retard. Les cadres souhaitent eux aussi que les personnes qui travaillent pour eux fassent preuve de leadership. *Prenez vos responsabilités : votre service ne devra plus être dans le rouge d'ici la fin de l'exercice !* Enfin, les salariés en attendent autant de leurs collègues. *S'il ne remet pas de l'ordre dans le processus de facturation, je vais être obligé de le faire moi-même !*

Un leader peut prendre plusieurs visages selon les personnes. Dans ce chapitre, vous allez découvrir les principales qualités qui font d'un bon manager un grand leader. Comme nous le verrons, le leadership requiert l'application d'un grand nombre de compétences – aucune d'entre elles, même bien maîtrisée, ne suffira à vous donner l'étoffe d'un leader. *Vous voulez dire que je ne peux pas devenir un grand leader juste en regardant cette vidéo ?* Exactement. Cependant, vous remarquerez sans doute que certaines des qualités que nous décrivons ci-après font également partie de celles du manager d'aujourd'hui (voir chapitre 1). Ce n'est pas une coïncidence...

Les différences entre le management et le leadership

Être un bon manager est un accomplissement en soi. Le management n'est pas une tâche facile et il faut parfois de nombreuses années pour acquérir toutes les compétences requises. Les meilleurs managers font leur travail de façon discrète et efficace. Comme toute personne qui travaille dans l'ombre, ce sont souvent ceux que l'on remarque le moins.

Ils savent optimiser le potentiel de leur entreprise pour atteindre leurs objectifs. Ils restent concentrés sur le présent sans faire de conjectures hasardeuses sur l'avenir. Ils veulent du concret, ici et maintenant. *Ne me parlez pas de ce que vous comptez faire pour moi l'année prochaine et les années suivantes ! Je veux des résultats et je les veux maintenant !* Toutefois, dans une entreprise, un bon manager ne suffit pas.

À RETENIR

Les grandes entreprises ont besoin d'un bon management. Cela dit, un bon management ne fait pas nécessairement une grande entreprise. Ce qui compte, c'est surtout le *leadership*.

Les leaders ont une vision. Ils regardent plus loin qu'ici et maintenant pour voir le vaste potentiel de leur société. Et s'ils savent également obtenir des résultats, ils n'atteignent pas leurs objectifs de la même façon que les managers.

Les managers utilisent des procédures, des politiques, des plannings, des délais, des facteurs de motivation, de la discipline et autres mécanismes pour pousser leurs employés à atteindre les objectifs de la société. *Comment ? Vous ne serez pas prêt en mars ? Vous savez que nous ne pouvons pas nous permettre d'être en retard – la campagne de marketing a déjà commencé. Revoyez votre planning et posez sur mon bureau demain matin, à la première heure, un rapport détaillé de ce que vous allez faire pour rattraper ce retard.* Et si une autre échéance n'est pas respectée, les managers ont d'autres outils à leur disposition, comme les mesures disciplinaires ou la menace de renvoi.

Les leaders, quant à eux, lancent des défis aux salariés. Ils leur donnent une image attrayante de l'avenir et libèrent leur potentiel pour leur permettre d'atteindre les objectifs de la société. Pensez aux grands leaders de notre temps. Le président américain John F. Kennedy a défié son peuple de faire marcher un homme sur la Lune. Et il l'a fait. Lee Iacocca a défié les cadres et les salariés de Chrysler Corporation de sortir leur société des affres d'un désastre financier et d'en faire le numéro un de l'innovation et de la rentabilité. Et ils l'ont fait. Jack Welch, de General Electric, défie ses équipes de placer la société au premier ou au second rang dans tous ses secteurs d'activité. Et elles le font.

Tous ces leaders ont un point commun : ils ont tous eu une vision de la société qui a nourri l'imagination de leurs équipes et incité celles-ci à la concrétiser. Sans cette vision des leaders et sans le travail, l'énergie et l'esprit d'innovation de ceux qui les ont suivis, les États-Unis n'auraient jamais fait marcher un homme sur la Lune, le nom de Chrysler ferait aujourd'hui partie de l'histoire, et General Electric ne serait pas la société ultra-performante qu'elle est devenue.

Le rôle du leader

Les compétences du leader n'ont rien de secret. Il se trouve simplement que certains managers les ont acquises et d'autres non. Et si certains individus semblent être nés pour être leaders, tout le monde peut apprendre ce rôle et développer les compétences nécessaires.

Inciter à l'action

Contrairement à ce que certains managers pensent, la plupart des salariés veulent pouvoir être fiers de leur société et, s'ils en avaient l'opportunité, donneraient tout pour une cause à laquelle ils croient. Toute entreprise abrite un immense puits de créativité et d'énergie qui ne demande qu'à être exploité. Les leaders le savent et incitent les salariés à agir pour réaliser de grandes choses.

Les leaders connaissent la valeur des employés et leur rôle dans la réalisation des objectifs de la société. Les managers de *votre* société se rendent-ils compte de l'importance de leurs employés ? Voici ce qu'en pensent quelques grands leaders américains :

- Le P.-D.G. de Ford, Harold A. Poling, a déclaré : « Pour réussir une opération d'envergure mondiale, il faut mettre à profit la créativité et l'intelligence de chaque employé. »
- Selon Paul M. Cook, fondateur et P.-D.G. de Raychem, « la plupart des membres d'une entreprise, qu'ils soient ingénieurs, cadres ou opérateurs, veulent être créatifs. Ils veulent s'identifier au succès de leur profession et de leur entreprise. Ils veulent contribuer au développement d'une société plus confortable, plus riche [et] plus exaltante ».
- Bill Hewlett, leader et cofondateur de Hewlett-Packard a déclaré : « Les hommes et les femmes veulent faire du bon travail, un travail créatif, et, si on leur fournit un environnement favorable, ils le feront. »

Malheureusement, peu de managers récompensent leurs employés pour avoir été créatifs ou pour avoir fait davantage que ce que l'on attendait d'eux. D'ailleurs, trop de managers recherchent des personnes qui font exactement ce qu'on leur dit de faire – et pas grand-chose d'autre. La créativité et les idées des salariés sont ainsi gâchées et leur motivation en pâtit.

Utilisez votre influence en tant que manager pour aider vos employés à puiser de l'énergie en eux-mêmes au lieu de se cantonner dans la bureaucratie, la paperasserie, les politiques et l'espoir de ne pas commettre d'erreurs.

Les leaders savent libérer l'énergie naturelle des salariés. Pour y parvenir, ils suppriment tous les obstacles à la créativité et créent une vision qui ne demande qu'à être concrétisée. Ils aident leurs employés à prendre des initiatives qu'ils n'auraient jamais cru pouvoir prendre.

Créez une vision attrayante et laissez libre cours à la créativité et à la fierté. Cette vision doit représenter un défi mais rester accessible.

Communiquer

Les leaders s'engagent à communiquer avec leurs salariés pour leur fournir toutes les informations concernant la société. Les salariés tiennent à faire partie intégrante de la société et souhaitent que leurs opinions et leurs suggestions soient entendues. Ainsi, les grands leaders obtiennent leur engagement en établissant des voies de communication au sein de la société – du sommet à la base, de la base au sommet et à l'intérieur de chaque niveau.

Comment établir des voies de communication dans *votre* société ? Les leaders suivants nous ont fait part de leur expérience :

- Donald Petersen, président de Ford, a confié : « Lorsque j'ai commencé à visiter les usines, j'ai été rassuré par l'énergie positive des salariés. L'un d'eux m'a dit qu'il travaillait pour Ford depuis vingt-cinq ans et qu'il avait détesté chaque minute jusqu'à ce qu'on lui demande son opinion. Il a ajouté que cette question a transformé sa vie professionnelle. »
- Andrea Nieman, assistante administrative de Rolm, résume ainsi l'engagement de sa société à communiquer avec les salariés : « Rolm a compris que les salariés représentent son plus grand atout. Il n'y a pas de barrière entre les cadres et les employés. Chaque individu a son importance. Les cadres supérieurs sont disponibles et accessibles. Ils ont toujours le temps de parler, de trouver des solutions et d'effectuer des changements. »
- Robert Hauptfuhrer, P.-D.G. de Oryx Energy, affirme : « Donnez à un individu l'opportunité de ne pas simplement travailler mais d'avoir un véritable impact et il chaussera ses rollers pour venir concrétiser au plus vite cet impact. »

Lorsque Bob est devenu chef de service chez Blanchard Training and Development, il s'est engagé à communiquer avec son équipe. Pour concrétiser cet engagement, il a pris des mesures précises : il a promis qu'il ferait un compte-rendu de toutes ses réunions avec les cadres dans les vingt-quatre heures. Grâce à cette démarche très appréciée, il a montré qu'il considérait tous les membres de son équipe comme ses collègues et non comme des subalternes.

Le leadership ne fonctionne pas que dans un sens. C'est un échangeur d'idées à deux voies, dans lequel les leaders créent une vision et les salariés développent et communiquent des idées en vue de concrétiser cette vision. L'ancien modèle de management à une seule voie ne fonctionne plus. Le commandement est peut-être adéquat dans l'armée, mais pas dans une société. Les salariés ne sont pas là pour obéir aux ordres. Si c'est ce que vous pensez, vous vous trompez.

Soutenir et encourager

Les grands leaders créent un environnement dans lequel les salariés se sentent libres de parler, de dire la vérité et de prendre des risques. De nombreux managers sanctionnent leurs employés pour avoir mis le doigt sur un problème, montré leur désaccord à propos d'un style de management conventionnel ou tout simplement dit ce qu'ils avaient en tête. Pire, certains les punissent pour avoir pris des risques et échoué, au lieu de les aider à réussir la prochaine fois.

Un bon leader soutient les salariés et encourage leur volonté de faire du bon travail. Le patron d'une société pour laquelle Peter a travaillé faisait exactement le contraire. Au lieu d'inspirer ses employés grâce à une vision, il les poussait à travailler en ayant recours à la peur et à l'intimidation. Les managers redoutaient constamment sa colère, qui explosait sans prévenir et sans raison apparente. Beaucoup d'entre eux étaient psychologiquement marqués par ses coups d'éclat, qui avaient souvent lieu en public. Au lieu de penser au bien de la société, certains se retiraient dans leur coquille et parlaient le moins possible en la présence de leur patron. Voici quelques témoignages de managers :

- Catherine Meek, consultante, a déclaré : « En vingt ans de métier, après avoir rencontré des milliers d'employés dans des centaines de sociétés, si je devais retenir une seule chose, ce serait que les entreprises ne reconnaissent pas la contribution de leurs salariés. Voici la première chose que me disent les employés : "Ce n'est même pas l'argent qui m'intéresse. Tout ce que je demande, c'est que mon patron reconnaisse mon existence. Je ne l'entends que lorsque je fais une erreur. Jamais quand je fais du bon travail." »
- Selon Lonnie Blittle, ouvrière chez Nissan : « L'atmosphère est détendue. Les managers ne sont pas enfermés dans leur bureau pendant que nous attendons que leurs foudres s'abattent sur nous. Ils travaillent avec nous. Ils ne sont pas postés autour de nous les mains sur les hanches. »
- James Berdahl, vice-président du marketing chez Business Incentives, affirme : « Les salariés veulent avoir la liberté de trouver des méthodes de travail plus efficaces et d'assumer la responsabilité de leur propre environnement. Après leur avoir accordé cette liberté, nous avons remarqué un grand changement dans leur façon de travailler et leur satisfaction sur leur lieu de travail. »

Loin d'abandonner leurs employés aux requins, les grands leaders leur lancent un gilet de sauvetage lorsqu'ils sont en difficulté. S'ils leur laissent la liberté d'atteindre les objectifs de la société à leur façon, ils n'en restent pas moins présents, prêts à les assister en cas de besoin. Se sentant en sécurité, les salariés n'hésitent pas à prendre des risques pour l'avenir de leur société.

Les principales qualités du leader

L'environnement économique actuel est en constante évolution. Il n'y a plus qu'une seule chose dont on puisse être sûr, c'est que *tout* changera. Et changera encore.

Vous feriez mieux de vous y habituer car ce sera la *seule* tendance dans un avenir prévisible. Cependant, dans ce contexte fluctuant, le leadership demeure inébranlable, tel un arbre robuste dans la tempête du changement. Les principales qualités du leader sont restées les mêmes au fil des ans et restent très appréciées aujourd'hui.

Tendances à suivre de près

Selon Stanley Bing, chroniqueur incroyablement perspicace du magazine américain *Fortune*, de nombreuses tendances composent le paysage économique. Parmi ces tendances, on remarque la nécessité pour les managers d'avoir des propos et un comportement cohérents. Autrement dit, les managers doivent donner l'impression de savoir ce qu'ils font, à la fois par leurs propos et par leur comportement – qu'ils le sachent ou non.

Comme l'illustre le graphique ci-dessous, le pourcentage de cadres qui ont des propos ou un comportement cohérents a augmenté depuis 1970. Cependant, la capacité des managers à cumuler les deux a régulièrement diminué depuis 1975. Voici les conseils de Stanley Bing :

- « Premièrement, tenez toujours des propos cohérents, même lorsque les autres ne semblent pas comprendre ce que vous dites. C'est une question d'harmonisation – soyez à la hauteur !
- Deuxièmement, si vous n'êtes pas en position de tenir des propos cohérents, soit parce que votre supérieur vous en empêche, soit parce que vous avez la bouche pleine, renoncez à avoir uniquement un comportement cohérent car vous plongeriez les qualités essentielles du manager dans le silence.
- Troisièmement, n'essayez pas de faire les deux à la fois tant que vous n'êtes pas absolument sûr de vous. Il n'y a rien de plus pathétique qu'un manager qui veut briller par ses propos et son comportement et se discrédite devant des employés irrévérencieux. Alors entraînez-vous ! »

(Source : *Fortune*)

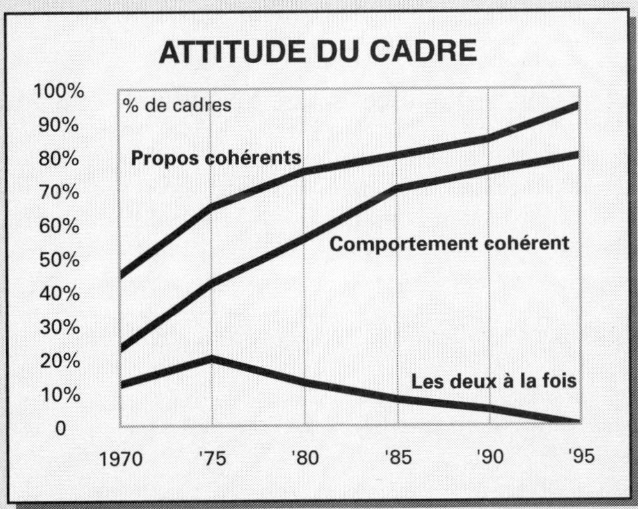

Optimisme

Pour les grands leaders, l'avenir est toujours plein de promesses. Même s'ils doivent faire face à l'adversité et se heurter à de nombreux obstacles avant d'atteindre leurs objectifs, ils regardent l'avenir avec optimisme. Et cet optimisme rejaillit sur tous ceux qui sont en contact avec eux.

Les salariés aiment travailler pour des gagnants. Par conséquent, ils sont naturellement attirés par des personnes optimistes plutôt que pessimistes. Qui voudrait travailler pour quelqu'un qui voit l'avenir de sa société tout en noir ? Ce genre de patron ne fait que démotiver les salariés, qui passent davantage de temps à peaufiner leur CV qu'à se concentrer sur le développement de leur société.

L'optimisme est contagieux. Un grand leader peut créer rapidement un climat d'exaltation au sein d'une société. Portés par cette dynamique positive, les salariés deviennent plus productifs et plus satisfaits. La société est donc plus performante.

TRUC

Soyez optimiste. Laissez votre enthousiasme gagner votre entourage.

Confiance

Les grands leaders ne doutent pas de pouvoir atteindre tous les objectifs qu'ils se fixent – du moins pas en public. Comment ? Une montagne de 1 000 mètres est sur notre chemin ? Pas de problème – nous allons l'escalader. Un vaste océan nous sépare de notre objectif ? Pas de panique – nous le traverserons à la nage. Oh, une crevasse sans fond nous bloque le passage ? Bien – nous allons la franchir. Quel que soit le problème, il y a toujours un moyen de le surmonter.

Les leaders confiants font des salariés confiants – ce qui explique pourquoi les sociétés dirigées par des leaders confiants sont impossibles à arrêter. Les salariés reproduisent le comportement de leur leader. Si celui-ci manque d'assurance, ils en manquent eux aussi et la société en pâtit. S'il est sûr de lui, les salariés marchent dans son sillage et produisent des résultats exceptionnels.

TRUC

Soyez confiant. Vous obtiendrez de vos employés le meilleur d'eux-mêmes en leur donnant confiance en leurs propres capacités.

Intégrité

La qualité qui permet de distinguer un grand leader du reste du lot est sans aucun doute l'intégrité : une éthique, des valeurs et le sens de l'équité. Les personnes honnêtes veulent être au service d'un leader honnête. Lorsque le leader d'une société se conduit de façon intègre, la société peut apporter beaucoup aux employés, aux clients et à ses partenaires.

Les salariés passent un tiers de leur journée à travailler. Que leur société fabrique des luminaires, traite les déchets radioactifs, mette au point un logiciel de réalité virtuelle ou livre des pizzas, ils veulent qu'elle apporte quelque chose de positif dans leur vie. Bien sûr, l'argent n'est pas un facteur négligeable – ils doivent pouvoir rembourser leurs emprunts et acheter des chaussures à leurs enfants –, mais la plupart placent cette satisfaction extrinsèque après les satisfactions intrinsèques qu'ils retirent de leur travail.

PERLE RARE

Les cinq principes de l'éthique

Dans leur livre intitulé *Éthique et Management*, Ken Blanchard et Norman Vincent Peale présentent cinq principes pour établir une éthique au sein d'une société. Dès l'introduction, ils expliquent que l'éthique est « la première étape vers le succès » et que les managers qui ont cette qualité seront des « gagnants ».

Voici les cinq principes que les managers doivent appliquer pour établir une éthique :

- **But** : notre société a une mission qui provient du sommet. Elle est guidée par des valeurs, des espoirs et une vision qui nous aide à déterminer ce qui est acceptable de ce qui ne l'est pas.
- **Fierté** : nous sommes fiers de nous et de notre société. Grâce à ce sentiment, nous pouvons résister à la tentation d'avoir un comportement contraire à l'éthique.
- **Patience** : nous croyons qu'en respectant nos valeurs, nous serons gagnants sur le long terme. Par conséquent, nous maintenons un équilibre entre l'obtention de résultats et la façon dont nous les obtenons.
- **Constance** : nous nous sommes engagés à vivre selon une éthique. Nous respectons cet engagement. Nous veillons à ce que nos actes soient cohérents avec notre but.
- **Perspective** : nous prenons le temps de faire une pause et de réfléchir, de faire le point, d'analyser notre objectif et de déterminer la façon dont nous allons l'atteindre.

Esprit de décision

Les meilleurs leaders ont l'esprit de décision. Si les salariés se plaignent toujours de la même chose, c'est que leur patron n'a pas pris la décision nécessaire. Bien qu'ils soient précisément recrutés pour prendre des décisions, certains managers ne veulent pas risquer de prendre une *mauvaise* décision – et d'avoir à en subir les conséquences. Ils préfèrent repousser l'échéance indéfiniment plutôt que de rechercher des informations, des solutions et des suggestions. Ils espèrent que les choses finiront par se régler d'elles-mêmes ou que quelqu'un prendra la décision à leur place.

Les grands leaders prennent des décisions en toutes circonstances. Ils ne le font pas pour autant de façon inconsidérée. Au contraire, ils prennent tout le temps nécessaire pour rassembler les informations, les personnes ou les ressources dont ils ont besoin pour prendre une décision éclairée dans un délai raisonnable. S'ils ont tous les atouts en main, la décision est immédiate. Sinon, ils agissent en fonction des données dont ils disposent et de l'importance de prendre une décision.

TRUC

Prenez des décisions. N'attendez pas que le cours des événements décide à votre place. Parfois, il vaut mieux prendre une décision, même mauvaise, que de ne pas en prendre du tout.

Le leadership partagé

Il existe un nouveau type de leadership, que pratiquent de plus en plus d'entreprises : le *leadership partagé*. Les leaders dirigent en collaboration avec les autres membres de la société. Ils partagent le leadership non seulement avec les autres cadres et managers, mais avec les employés de tous les niveaux, de la base au sommet de la hiérarchie.

Comment le leadership partagé se pratique-t-il concrètement dans l'entreprise ? Voici quelques exemples :

- Pour encourager le leadership partagé, le groupe bancaire américain JP Morgan Chase a réduit la hiérarchisation à quatre niveaux : P.-D.G., vice-président, associés et analystes. Cette version minimaliste de la hiérarchie donne à chaque employé l'opportunité – et la responsabilité – de jouer un rôle beaucoup plus important en termes de leadership et de prise de décision.
- W.L. Gore and Associates, société américaine très diversifiée qui fabrique notamment les produits Gore-Tex, est renommée pour sa structure organisationnelle en treillis, qui favorise le leadership partagé. W.L. Gore and Associates n'a pas de hiérarchie formelle –

il n'existe ni titres ni niveaux hiérarchiques. La société ne compte que des sponsors et des associés. Les sponsors doivent attirer les associés dont ils ont besoin pour concrétiser leurs projets.

- Pour respecter son engagement envers ses clients et leur offrir un maximum d'attention et de confort, la direction de la Ritz-Carlton Hotel Company a choisi de promouvoir le service latéral – une philosophie qui incite chaque employé à gérer tous les problèmes qu'il rencontre sans consulter ses supérieurs, quel que soit son rang dans la hiérarchie.
- À l'exception de la présidente, Carol Sturman, les membres de la société du Woodland Park, au Colorado, n'ont pas de titre. La société est non hiérarchisée. Tous les employés sont encouragés à jouer un rôle actif dans le processus de prise de décision. Même les grandes lignes de la politique de l'entreprise, en matière de recrutement, par exemple, font l'objet de débats virulents entre tous les employés avant d'être adoptées.

Orpheus, orchestre de chambre de New York, est l'un des meilleurs orchestres du monde et l'un des rares à jouer sans chef d'orchestre. L'immense majorité des orchestres sont renommés non pas pour les musiciens qui les composent mais pour leurs chefs d'orchestre, qui sont souvent des leaders visionnaires, charismatiques et… autocratiques. Traditionnellement, c'est le chef d'orchestre qui est félicité de la façon dont les musiciens jouent une œuvre.

En passant outre le modèle classique d'orchestre dirigé – avec un maître et beaucoup de disciples –, Orpheus favorise une politique de collaboration dans laquelle chaque musicien peut être leader et doit jouer un rôle actif dans l'élaboration du produit fini : la musique. Ce système fonctionne-t-il ? Oui. Les performances d'Orpheus ont été acclamées dans le monde entier et l'orchestre a reçu de nombreuses récompenses.

Le processus de leadership partagé, qui fait le succès d'Orpheus depuis plus de trente ans, repose sur les huit principes suivants :

- **Donner des responsabilités à toutes les personnes qui travaillent**. Les employés les plus proches des clients sont les mieux placés pour connaître les besoins et prendre les décisions susceptibles de répondre à ces besoins.
- **Encourager la responsabilité individuelle en termes de qualité**. Donner des responsabilités, c'est inciter les employés à assumer la responsabilité de la qualité de leur travail. Lorsque les employés jouent un rôle actif dans le leadership de leur société, ils réagissent à cette marque de confiance en s'intéressant personnellement à la qualité de leur travail.

- **Clarifier les rôles**. Pour que les employés puissent partager entre eux les tâches relatives au leadership, chacun doit avoir un rôle bien défini et savoir avec précision de quoi il est responsable et de quoi les autres sont responsables.
- **Favoriser le travail en équipe horizontale**. Personne n'a toutes les réponses à toutes les questions. Pour être performante, une entreprise doit donc se composer d'équipes horizontales, qui rassemblent des personnes de services et de niveaux hiérarchiques différents. Ces équipes disposent des moyens nécessaires pour résoudre les problèmes, profiter des opportunités et prendre des décisions.
- **Partager le leadership par roulement**. En faisant un roulement des positions au sein du leadership, selon les compétences et les centres d'intérêt des individus, l'entreprise peut bénéficier du potentiel de chacun des employés, y compris ceux qui ne font pas partie du leadership hiérarchique formel.
- **Apprendre à écouter et à parler**. Un bon leader ne se contente pas d'écouter. Il parle et sait reconnaître le bon moment pour faire part de son opinion. Une entreprise performante encourage ses employés à dire ce qu'ils pensent et à faire part de leurs idées et de leurs opinions – que les autres les partagent ou non.
- **Établir un consensus (et mettre en place des systèmes créatifs pour favoriser ce consensus)**. Le meilleur moyen d'impliquer les autres dans le processus de leadership consiste à les inciter à jouer un rôle important dans les discussions visant à prendre des décisions essentielles pour la société. La recherche d'un consensus, qui requiert une grande participation et repose sur la confiance, donne naissance à une entreprise plus démocratique.
- **S'investir pleinement dans sa mission**. Lorsque les individus s'investissent pleinement dans la société pour laquelle ils travaillent, ils s'intéressent davantage à elle et à leurs propres performances. Cet intérêt s'exprime sous la forme d'une participation et d'un leadership accrus de la part des employés.

Le leadership partagé a de plus en plus d'adeptes dans tous les types d'entreprises. Comment expliquer ce phénomène ? C'est très simple : les entreprises ne peuvent plus se permettre de restreindre leur leadership à quelques individus placés au sommet de la hiérarchie. Pour survivre et prospérer, elles doivent optimiser le potentiel de chacun de leurs employés. Chaque individu doit assumer sa part de leadership, c'est-à-dire prendre des décisions, servir les clients, collaborer avec ses collègues et améliorer les systèmes et les procédures. Les employés – et les leaders – qui ne sauront pas relever ce défi seront sans aucun doute à la traîne.

Testez vos nouvelles connaissances

Quel est le rôle du leader ?

A. Faire des réunions et des déjeuners d'affaires.

B. Payer la note aux déjeuners d'affaires, faire des déclarations importantes, garder un œil sur les présences.

C. Inciter à l'action, communiquer, soutenir et encourager.

D. Bien s'habiller, fréquenter les bonnes écoles et gravir les échelons de la hiérarchie.

Deuxième partie

Diriger les autres

« Pour une approche plus agressive, nous avons ajouté "sinon…" à nos affiches de motivation. »

Dans cette partie…

Le management est avant tout une affaire de *personnes*. Un bon manager sait travailler avec *toutes* les personnes. Dans cette partie, vous allez apprendre à recruter de bons employés, à motiver vos équipes et à devenir un bon coach.

Chapitre 4

Recruter : une décision lourde de conséquences

Dans ce chapitre :

- Identifier vos besoins
- Recruter de nouveaux employés
- Faire passer un entretien
- Évaluer les candidats
- Prendre la bonne décision

Les bons employés ne sont pas faciles à trouver. Si vous avez eu récemment le privilège de diffuser une offre d'emploi, vous en savez quelque chose. Voici généralement ce qui se passe : vous passez une annonce et vous attendez que les CV des meilleurs candidats se fraient un chemin jusqu'à vous. Quelques jours plus tard, vous êtes comblé au-delà de vos espérances : une pile de cent ou deux cents CV vous attend sur votre bureau. Vous n'en croyez pas vos yeux.

Malheureusement, votre jubilation tourne rapidement à la déception. Au fur et à mesure de votre lecture, vous vous dites : « Pourquoi ce type a-t-il posé sa candidature ? Il n'a pas la moitié des années d'expérience requises ! », « Comment ? Elle n'a jamais travaillé dans ce domaine ! », « Est-ce que c'est une plaisanterie ? Il ne doit pas avoir répondu à la bonne annonce ! »

Il n'a jamais été facile de trouver de bons candidats. Et avec toutes les réductions de personnel qui ont eu lieu ces dernières années, les demandeurs d'emploi sont très nombreux. Vous devez trouver un moyen de pêcher les meilleurs candidats dans une mer couverte d'épaves issues de la restructuration. Le recrutement est donc une opération délicate.

Votre mission, si vous l'acceptez, consiste à identifier les candidats les plus qualifiés pour le poste. Vous aurez de nombreux outils à votre disposition, mais un budget limité. Vous devrez faire preuve de finesse et d'ingéniosité mais, surtout, être attentif à tout instant. Une fois que vous aurez identifié les candidats, vous devrez en sélectionner un et lui faire une offre pour le recruter. Vous devez réussir cette mission – nous n'avons pas le choix. Bonne chance. Ce message s'autodétruira dans cinq secondes.

Définir le profil de vos nouveaux employés

Les employeurs recherchent de nombreuses qualités chez les candidats. Et vous, que recherchez-vous lors d'un entretien ? La liste suivante donne un aperçu des qualités les plus appréciées par les employeurs. Il en existe évidemment d'autres, comme des talents de golfeur ou une vie privée restreinte !

- **Motivation** : la motivation compense souvent un manque d'expérience ou de formation. Recrutez des personnes prêtes à faire des efforts pour réussir. Car, à l'inverse, aucune compétence ne remplace le manque d'initiative et d'engagement. Bien que vous ne puissiez être sûr de rien avant le recrutement, certaines questions vous permettront d'évaluer la motivation des candidats.
- **Comportement convenable** : ce qui constitue un comportement « convenable » dépend des personnes. Cela dit, l'optimisme, la sympathie et le dévouement rendent la vie au bureau beaucoup plus agréable et facilitent le travail de *tout le monde*. Lorsque vous rencontrez un candidat, demandez-vous comment ce sera de travailler avec lui pendant les cinq à dix prochaines années.
- **Expérience** : lorsque Peter a eu son diplôme de l'université de Stanford, il a naïvement cru qu'il serait immédiatement recruté grâce à sa formation. Cependant, il lui manquait un élément absolument crucial dans le processus de recrutement : l'expérience. Pendant un entretien, posez des questions précises qui vous permettront de voir si le candidat est qualifié pour le poste.
- **Stabilité** : vous ne devez pas recruter une personne qui, dès qu'elle aura un emploi, en recherchera un autre. Pour évaluer la stabilité d'un candidat, demandez-lui combien de temps il a travaillé pour son précédent employeur et pourquoi il a quitté son poste. Essayez de savoir s'il est prêt à s'engager pour le long terme.
- **Intelligence** : les personnes intelligentes peuvent trouver rapidement des solutions aux problèmes qu'elles rencontrent. Dans le monde de l'entreprise, l'intelligence compte davantage que la culture.
- **Responsabilité** : vous devez recruter des personnes prêtes à prendre des responsabilités. Demandez aux candidats quel genre de projets ils ont géré et quel a été leur rôle pour déterminer leur sens des responsabilités. Certains détails, comme des chaussettes dépareillées, peuvent aussi vous permettre de vous faire une idée.

Le recrutement est une tâche particulièrement importante. Malheureusement, certains managers la négligent en consacrant le moins de temps possible à la préparation des entretiens. N'oubliez pas que les résultats du processus de recrutement dépendent bien souvent du temps que vous lui avez consacré. Si vous vous donnez la peine de chercher les meilleurs candidats, vous les trouverez. Mais si vous attendez que le hasard les amène jusqu'à vous, vous serez probablement déçu.

Définir le profil du poste

Le poste que vous souhaitez pourvoir vient-il d'être créé ou existait-il déjà auparavant ? Dans les deux cas, avant de démarrer le processus de recrutement, vous devez fixer les critères sur lesquels vous allez évaluer les candidats. Plus vos besoins seront clairement définis, moins le processus de sélection sera arbitraire.

Si le poste vient d'être créé, identifiez les caractéristiques du candidat idéal. Définissez le profil du poste en détaillant toutes les tâches et responsabilités que celui-ci implique ainsi que les qualifications et l'expérience nécessaires. Si le poste requiert des compétences en matière de programmation C++, dites-le. Ne soyez pas timide ! Vous ne trouverez pas d'expert en C++ si vous ne faites pas de cette compétence un élément clé du profil du poste. Plus vous êtes précis, moins vous aurez de surprises après le recrutement.

Si vous souhaitez pourvoir un poste déjà existant, revoyez soigneusement le profil actuel de ce poste et effectuez les modifications nécessaires. Décrivez avec précision les tâches et les qualifications requises. Lorsque vous recrutez un nouvel employé pour un poste existant, vous avez la possibilité de repartir sur de bonnes bases. Imaginez que vous ayez des difficultés à faire accepter de nouvelles tâches à un employé (rédiger le compte-rendu des réunions du personnel, par exemple). En ajoutant ces tâches au profil du poste avant de démarrer le processus de recrutement, vous indiquez clairement vos attentes et vous n'aurez pas à essuyer un nouveau refus.

Enfin, avant de diffuser votre offre d'emploi, précisez les principales qualités que vous recherchez chez votre nouvelle recrue. Gardez-les en tête pendant les entretiens. Si vous vous conformez au profil du poste tel que vous l'avez défini, vous serez sûr de recruter le genre d'employé que vous recherchez.

TRUC

Plus vous êtes précis, plus vous avez d'arguments pour justifier le rejet de candidats qui n'ont pas le profil du poste. Ne négligez aucun détail. Si vous êtes poursuivi en justice par un candidat mécontent, vous ne regretterez pas d'avoir pris le temps de peaufiner les étapes préliminaires du processus de recrutement.

Trouver des candidats intéressants

Les employés sont au cœur même de l'entreprise. Plus ils sont performants, plus l'entreprise est performante. Certains sont parfaitement à leur place. Vous connaissez peut-être une réceptionniste qui semble être née pour accueillir les autres ou un vendeur qui a la vente dans le sang. Imaginez-vous à quel point votre société serait florissante si chaque poste était aussi bien pourvu ?

À l'inverse, un mauvais recrutement peut se transformer en une expérience malheureuse. Les effets négatifs d'un choix inapproprié peuvent se répercuter à tous les niveaux de l'entreprise pendant des années. Si, en tant que manager, vous ignorez le problème, vous prenez le risque de perdre de bons employés. Le recrutement est donc lourd de conséquences. Êtes-vous prêt à faire quelques heures supplémentaires pour trouver les meilleurs candidats ou préférez-vous être confronté pendant des années aux problèmes causés par une mauvaise recrue ?

Bien sûr, pour sélectionner les meilleurs candidats, encore faut-il recevoir des candidatures intéressantes. Où trouver de bons candidats ?

La réponse est simple : *partout*. Bien sûr, certains endroits sont plus appropriés que d'autres. Vous ne trouverez certainement personne pour plancher sur votre projet de réacteur à fusion en mettant une annonce au dos d'une série de boîtes d'allumettes. Cela dit, qui sait où se trouve votre prochain programmeur ou votre prochaine journaliste… Chez vos concurrents peut-être !

Vous trouverez ci-après quelques idées pour commencer votre recherche de candidats. Votre rôle est de mettre au point une campagne de recrutement qui attire le genre de personnes que vous souhaitez recruter. Ne comptez pas uniquement sur votre service des ressources humaines pour élaborer cette campagne ; vous êtes probablement le mieux placé pour savoir où trouver les candidats que vous recherchez (soit dit sans offenser les services des ressources humaines !). Veillez à ce que vos indications soient prises en compte.

- **Recrutement interne** : votre société est sans doute le premier endroit où vous devez chercher. Si vous êtes responsable de formation, vous aurez même l'embarras du choix. Ce n'est que lorsque vous aurez fait le tour de tous les candidats internes que vous pourrez commencer à regarder en dehors de l'entreprise. Le recrutement interne est plus facile et moins coûteux. De plus, les employés sont motivés par l'intérêt que vous leur portez et les « nouvelles recrues » connaissent déjà l'entreprise.

- **Références personnelles** : vous pouvez trouver de bons candidats par l'intermédiaire de collègues, d'amis, de parents ou de voisins. Les candidats qui vous sont présentés par des personnes que vous appréciez et en qui vous avez confiance vous intéresseront probablement. Vous obtiendrez beaucoup plus d'informations sur leurs points forts et leurs points faibles qu'en lisant simplement leur CV. Lorsque vous cherchez à pourvoir un poste, faites-le savoir autour de vous.
- **Agences d'intérim** : de nombreuses sociétés recrutent du personnel intérimaire. Lorsque vous devez pourvoir rapidement un poste pour une courte période, pensez à cette option. Elle présente un avantage non négligeable : vous pouvez mettre les employés à l'épreuve avant de les recruter définitivement. Il vous suffit de contacter une agence d'intérim, qui se chargera de trouver des candidats ayant le profil du poste.
- **Associations corporatives** : la plupart des corporations ont une association au service de leurs intérêts. Que vous recherchiez un médecin ou un routier, vous trouverez probablement une association qui vous renseignera. Pensez à mettre une annonce dans le bulletin, le journal ou le magazine des associations qui vous intéressent. Les personnes qui la liront seront déjà présélectionnées.
- **Cabinets de recrutement** : si vous cherchez à pourvoir un poste dans un domaine précis, si vous recrutez au sein d'un marché restreint ou si vous préférez tout simplement sous-traiter le processus de recrutement et de présélection, faites appel à un cabinet de recrutement. Si vous souhaitez pourvoir un poste haut placé, contactez un cabinet de conseil en recherche de cadres. Sinon, vous pouvez également vous adresser à l'ANPE.
- **Internet** : tous les jours, de plus en plus d'entreprises découvrent l'efficacité d'Internet en tant qu'outil de recrutement. Si les universitaires et les scientifiques utilisent depuis longtemps les forums pour diffuser des offres et des demandes d'emploi dans leur domaine, les entreprises sont désormais dans la course. La prolifération des pages Web de sociétés a donné une tout autre dimension au recrutement. Chaque site offre une quantité presque illimitée d'informations sur la société et les postes à pourvoir au moyen de supports divers : texte, image, son et vidéo. Ces pages travaillent pour vous 24 heures/24, 7 jours/7.
- **Annonces** : les annonces ne coûtent pas très cher et permettent de cibler un grand nombre de candidats potentiels. Vous pouvez passer une annonce dans votre journal local ou dans un journal national, comme *Le Figaro*. En revanche, vous serez peut-être amené à trier des centaines voire des milliers de candidatures, dont seules quelques-unes seront intéressantes. Mais c'est pour cela que vous avez un service des ressources humaines, non ?

Faire passer des entretiens

Quel genre d'interviewer êtes-vous ? Passez-vous des heures à préparer vos entretiens en relisant les CV, en revoyant le profil du poste et en réécrivant vos questions jusqu'à ce qu'elles soient le plus pointues possible ? Ou bien commencez-vous à vous préparer une fois que votre réceptionniste vous annonce que les candidats sont arrivés ?

Pour être efficace, vous devez passer un *maximum* de temps à préparer vos entretiens. Vous souvenez-vous de tous les efforts que vous avez faits afin de réussir celui que vous avez passé pour décrocher votre emploi actuel ? Vous ne vous êtes sans doute pas contenté de franchir la porte, de vous asseoir et d'attendre que l'on vous offre le poste ? Vous avez passé des heures à faire des recherches sur la société, ses produits et ses services, sa santé financière, son marché et autres informations de ce genre. Vous vous êtes préparé à l'entretien, peut-être même en vous entraînant avec un ami ou devant un miroir. En tant que manager, vous devez passer au moins autant de temps à vous préparer à un entretien que le candidat.

Poser les bonnes questions

Tout l'entretien repose sur les questions que vous posez et les réponses que vous obtenez. Pour obtenir les meilleures réponses, vous devez donc poser de bonnes questions. Les questions mal formulées entraînent généralement des réponses vagues qui ne permettent pas de déterminer si le candidat est vraiment qualifié pour le poste.

Qu'est-ce qu'une bonne question ? Selon Richard Bolles, auteur du célèbre *Chercheurs d'emploi, n'oubliez pas votre parachute*, toutes les questions posées à un entretien peuvent être ramenées à l'une des quatre suivantes :

- **Pourquoi êtes-vous ici ?** Pourquoi la personne assise en face de vous se donne-t-elle la peine de passer un entretien avec vous aujourd'hui ? Vous n'avez qu'un seul moyen de le savoir : le lui demander. Vous partez peut-être du principe qu'elle veut un emploi dans votre société, mais rien n'est jamais sûr…

  Bruce Hatz, responsable du recrutement chez Hewlett-Packard, en témoigne : un de ses candidats a oublié qu'il passait un entretien chez Hewlett-Packard. Pendant toute la durée de l'entretien, il a fait référence à la société en lui donnant le nom d'un de ses concurrents.

- **Que pouvez-vous faire pour nous ?** C'est toujours bon à savoir ! Bien sûr, vos candidats vont tous vous éblouir avec leur incroyable personnalité, leur expérience, leur éthique et leur passion pour le travail en équipe – cela va sans dire. Mais, contrairement à ce que beaucoup de demandeurs d'emploi semblent croire, la question n'est pas : « Qu'est-ce que notre société peut faire pour vous ? », du moins pas en ce qui vous concerne.

Martha Stoodley, ancien recruteur au service de la société Advanced Micro Devices, raconte l'histoire d'un demandeur d'emploi qui a frappé du poing sur le bureau et demandé une prime d'engagement avant même que l'entretien ait commencé ! Inutile de dire que ce candidat n'a obtenu ni la prime ni le poste !

- **Quel genre de personne êtes-vous ?** Aucun candidat n'est absolument parfait ni véritablement redoutable, mais n'oubliez pas que vous allez passer beaucoup de temps avec votre nouvelle recrue. Choisissez une personne avec laquelle vous aimerez travailler pendant les années à venir. Essayez également d'éclaircir certains aspects importants : le candidat est-il honnête et intègre ? Partage-t-il votre point de vue sur les horaires de travail, l'autonomie, etc. ? Est-il responsable ? Peut-on compter sur lui ?
- **Avons-nous les moyens de vous recruter ?** Il vous serait très désagréable de trouver le candidat idéal et de découvrir, à la fin de l'entretien, que votre offre est à mille lieues de ses prétentions salariales. Cela dit, n'oubliez pas que le salaire n'est qu'une partie de la rétribution. Si vous ne pouvez pas augmenter votre chiffre, peut-être avez-vous la possibilité d'obtenir des avantages plus intéressants pour un excellent candidat, comme un bureau plus grand, un titre plus impressionnant ou une clé donnant accès au sauna.

Ce qu'il faut faire

Comment bien vous préparer à une série d'entretiens ? Voici quelques idées pour commencer :

- **Revoyez le CV de chaque candidat en début de journée**. Il est incorrect de lire le CV d'un candidat pendant l'entretien. De plus, vous avez besoin de temps pour réfléchir aux questions que vous pouvez poser pour éclaircir les points qui attirent votre attention dans le CV.
- **Familiarisez-vous avec le profil du poste**. Connaissez-vous toutes les responsabilités et qualifications requises ? Il serait dommage de décourager un candidat en raison d'une responsabilité qui ne fait en réalité pas partie du poste. Mais il serait encore pire de confronter une nouvelle recrue à une tâche que vous n'avez pas mentionnée lors de l'entretien – surtout si cette tâche est importante.
- **Rédigez vos questions à l'avance**. Faites une liste des compétences, années d'expérience et qualités que vous recherchez et utilisez-la pour élaborer vos questions. Bien sûr, certaines questions en amèneront

d'autres, que vous n'aurez pas préparées. Suivez le fil de vos idées tant que vous obtenez des informations intéressantes sur le candidat.

- **Choisissez un environnement confortable pour les candidats et vous**. Les candidats ne seront probablement pas très à l'aise quoi que vous fassiez. Mais vous, vous n'avez aucune raison de vous priver d'un environnement agréable. Choisissez une pièce privée, bien ventilée, dans laquelle vous ne risquez pas d'être interrompu. Vous ne devez pas être dérangé par la sonnerie du téléphone ni par l'irruption intempestive d'un employé. Pour que vos candidats soient concentrés, faites le maximum pour leur éviter les distractions.
- **Évitez tout abus de pouvoir**. Oubliez les vieilles méthodes qui consistent à diriger une lampe dans les yeux de vos candidats, d'augmenter le chauffage ou de couper les pieds de leur chaise (oui, certains managers en sont encore là !) pour avoir un avantage artificiel sur vos interlocuteurs. Soyez authentique – nous sommes au XXIe siècle, tout de même !
- **Prenez beaucoup de notes**. Ne comptez pas sur votre mémoire. Si vous faites passer plus de deux entretiens, vous oublierez rapidement qui a dit quoi et quelles ont été vos premières impressions. De plus, vos notes vous aideront à comparer les candidats au moment où vous évaluerez leurs performances. Enfin, elles feront bonne impression auprès de votre patron lorsque vous les lui transmettrez !

La meilleure façon de savoir si un candidat convient au poste à pourvoir consiste donc à lui poser des questions précises. Cela dit, vous pouvez toujours dire quelques mots pour détendre l'atmosphère (alors que la sueur coule sur le front de votre candidat, demandez-lui en le regardant droit dans les yeux : « Vous n'avez pas froid ? »). Ensuite, essayez d'obtenir les réponses à toutes les questions que vous avez préparées. Ne vous découragez pas. Interrogez le candidat jusqu'à ce que vous ayez toutes les informations dont vous avez besoin pour prendre votre décision.

Lorsque vous prenez des notes, résistez à la tentation de dessiner la nouvelle voiture que vous convoitez. Résumez en quelques points clés les réponses des candidats et leurs réactions à vos questions. Par exemple, lorsque vous demandez à un candidat pourquoi il a quitté son emploi précédent, s'il commence à devenir vraiment nerveux, notez cette réaction. Enfin, notez vos impressions sur les candidats :

- Excellent candidat – premier de la classe.
- Grande expérience dans le développement d'applications dans un environnement client-serveur.
- Celui-là vient-il de tomber d'un camion rempli de navets ?

Ce qu'il ne faut pas faire

Ce qu'il ne faut pas faire lors d'un entretien mériterait tout un chapitre. Si vous avez déjà été manager, vous savez que vous pouvez vous trouver dans des situations délicates et que certaines questions peuvent vous poser de *gros* problèmes si vous commettez l'imprudence de les poser.

Parfois, il s'agit d'une simple question de bon sens. Par exemple, ce n'est probablement pas une bonne idée d'accepter un rendez-vous galant avec un(e) candidat(e). Après un entretien qui s'est éternisé, une responsable du recrutement de Hewlett-Packard a été invitée à boire un verre chez un candidat. Après avoir sérieusement réfléchi à la question, la responsable a décliné l'invitation – et oublié de retenir la candidature du prince charmant.

Il existe en outre des interdictions d'ordre légal. Si vous les transgressez, elles vous mèneront droit devant les tribunaux. L'entretien est une étape très délicate du processus de recrutement car il laisse la voie libre à la discrimination. Par exemple, si vous pouvez demander à un candidat s'il est capable de remplir certaines fonctions, vous ne pouvez pas lui demander s'il est handicapé. Étant donné la nature épineuse de l'entretien, vous devez connaître les questions à éviter absolument. Voici les principaux sujets qui *pourraient*, selon les circonstances, vous attirer des problèmes :

- Race ou couleur de peau
- Origines
- Sexe
- Situation de famille
- Religion (ou absence de religion)
- Arrestations et casier judiciaire
- Taille et poids
- Endettement
- Handicap

Aucune question portant sur l'un des sujets précédents n'est nécessaire pour déterminer la capacité d'un candidat à remplir les fonctions d'un poste. Or, toutes vos questions doivent être directement liées à cette capacité. Si vous vous éloignez du véritable objectif de l'entretien, vous prenez de gros risques.

Évaluer les candidats

Si vous avez travaillé correctement, vous avez déjà franchi plusieurs étapes du processus de recrutement : vous avez trié un grand nombre de candidatures, sélectionné les candidats ayant le meilleur potentiel, et fait passer un entretien à chacun d'eux pour savoir s'ils étaient à la hauteur des promesses qu'ils avaient faites dans leur CV. Avant de prendre une décision définitive, vous devez encore obtenir quelques informations supplémentaires.

Vérifier les références des candidats

Waoh ! Quel CV ! Quel entretien ! Quel candidat ! Vous seriez sans doute surpris de découvrir que ce futur employé hors pair n'a en réalité jamais mis les pieds dans une école de commerce. Ou qu'il n'était pas le responsable de budget de cette campagne de marketing nationale. Ou encore que son précédent patron n'était pas particulièrement impressionné par ses compétences analytiques.

TRUC

Les cinq étapes d'un entretien réussi

Ne négligez aucune des cinq étapes suivantes :

1. **Accueillez le candidat**

   Accueillez le candidat chaleureusement et discutez avec lui de façon informelle pour l'aider à se détendre. Parlez-lui du temps ou bien demandez-lui s'il a eu des difficultés à trouver votre société ou comment il a eu connaissance de votre offre d'emploi.

2. **Résumez le profil du poste**

   Décrivez brièvement le poste, le genre de personne que vous recherchez et la façon dont va se dérouler l'entretien.

3. **Posez vos questions**

   Vos questions (sur l'expérience du candidat, sa formation, etc.) doivent être liées au poste exclusivement.

4. **Identifiez les points forts et les points faibles du candidat**

   N'hésitez pas à demander directement au candidat quels sont ses points forts et ses points faibles. Sa réponse sera sans doute très révélatrice.

5. **Concluez l'entretien**

   Donnez au candidat la possibilité de vous fournir toute information qu'il juge nécessaire à votre prise de décision. Remerciez-le de l'intérêt qu'il porte à votre société et dites-lui à quel moment il sera informé de votre décision.

Le CV et l'entretien sont des outils indispensables, mais la vérification des références est probablement le seul moyen dont vous disposez pour savoir si le candidat est bien celui qu'il prétend être. Vous pouvez assumer cette tâche vous-même ou la confier au service des ressources humaines. Quoi qu'il en soit, ne recrutez jamais un candidat avant d'avoir procédé à une vérification *exhaustive* de ses antécédents.

À RETENIR

La vérification des références a un double objectif : vérifier les informations fournies par le candidat et avoir un aperçu authentique de la personnalité du candidat et de la façon dont il se comporte sur son lieu de travail. Comme à l'entretien, posez des questions liées au poste. Ne vous aventurez pas sur un terrain potentiellement discriminatoire.

- **Vérifiez les références universitaires**. Aussi surprenant que cela puisse paraître, de nombreux candidats exagèrent ou mentent à propos de leur formation. Commencez donc par vérifier la formation. Si le candidat n'a pas dit la vérité, le reste du CV est probablement suspect également et vous pouvez rejeter la candidature sans chercher à aller plus loin.
- **Téléphonez aux employeurs précédents**. Il est de plus en plus difficile d'obtenir des informations auprès des employeurs précédents. Ceux-ci craignent d'être poursuivis pour diffamation s'ils disent quelque chose de négatif. Cela dit, vous pouvez toujours essayer. Vous vous ferez une bien meilleure idée en interrogeant l'ancien supérieur direct du candidat qu'en vous adressant au service des ressources humaines – surtout si le supérieur a quitté la société. Le service des ressources humaines ne fera que confirmer que le candidat a travaillé dans la société à une certaine période.
- **Faites appel à vos relations**. Si vous êtes membre d'une association corporative, d'un syndicat ou d'un groupement similaire, renseignez-vous sur vos candidats auprès des autres membres. Par exemple, si vous êtes expert-comptable et souhaitez obtenir des informations sur quelques candidats ayant postulé pour un poste de comptable, vous pouvez contacter des membres de votre association de comptables pour voir si quelqu'un les connaît.
- **Surfez**. Sur le Web, bien sûr ! Saisissez le nom de votre candidat dans un moteur de recherche comme Google (www.google.fr), éventuellement avec le nom de la société dans laquelle il a travaillé précédemment ou de la ville dans laquelle il habite. On ne sait jamais ce qu'on peut trouver !
- **Engagez un médium professionnel**. C'est une blague ! Cela dit, si l'on en croit les témoignages délirants de certains voyants, on ne devrait jamais faire un pas sans consulter un médium ou un astrologue.

Revoir vos notes

Vous avez pris des notes pendant les entretiens, n'est-ce pas ? Il est temps de les ressortir et de les relire. Revoyez toutes les informations dont vous disposez sur chaque candidat et évaluez chaque profil en fonction des critères que vous avez fixés. Relisez les CV et les résultats de vos vérifications de références. Certains candidats sortent-ils du lot à ce stade ? D'autres sont-ils déjà hors course ? Classez les dossiers de candidatures en trois catégories :

- **Gagnants** : ces candidats sont ceux qui conviennent le mieux au poste. Vous n'hésiteriez pas à recruter n'importe lequel d'entre eux.
- **Gagnants potentiels** : pour une raison ou une autre, ces candidats n'ont pas un profil pleinement satisfaisant. Peut-être n'ont-ils pas autant d'expérience que les autres ou n'avez-vous pas été particulièrement impressionné par leur prestation à l'entretien. Vous envisagerez le recrutement de ces candidats ni gagnants ni perdants uniquement si vous ne pouvez en recruter aucun dans votre pool de gagnants.
- **Perdants** : ces candidats ne conviennent pas pour le poste. Leur recrutement est absolument exclu.

Faire passer un deuxième (ou un troisième) entretien

En tant que manager, vous n'avez pas de temps à perdre et devez travailler le plus rapidement possible. Vous ne pouvez jamais consacrer autant de temps que vous le souhaitez à vos tâches. Le temps est précieux lorsque dix autres projets réclament votre attention. Il l'est encore plus lorsque vous devez pourvoir d'urgence un poste vacant. Par conséquent, vous êtes parfois tenté de prendre quelques raccourcis.

Le recrutement ne souffre aucun raccourci. Si vous voulez vraiment trouver les meilleurs candidats, il demande au contraire beaucoup de temps et de ressources. C'est l'avenir de votre société qui est en jeu.

Si la politique ou la culture de votre société l'exige, ou si vous ne parvenez pas à identifier le meilleur candidat, vous serez amené à faire passer plusieurs entretiens. Dans certains cas, une première série d'entretiens de sélection est menée à bien par des cadres moyens ou un panel d'interviewers. Les candidats retenus sont ensuite invités à passer un autre entretien avec un cadre supérieur. Enfin, les deux ou trois meilleurs candidats passent un dernier entretien avec le directeur de la société.

Le nombre d'entretiens nécessaires dépend de la nature du poste à pourvoir. S'il s'agit d'un poste simple ou à faibles responsabilités, un seul entretien par téléphone peut suffire pour identifier le meilleur candidat. En revanche, s'il s'agit d'un poste complexe ou à grandes responsabilités, toute une série de tests et d'entretiens en personne doit être effectuée.

Recruter le meilleur (et abandonner les autres)

Avant de prendre une décision, reprenez les dossiers de candidature que vous avez répartis en trois catégories au cours de la phase d'évaluation du processus de recrutement. Classez les dossiers à l'intérieur des catégories « gagnants » et « gagnants potentiels ». Inutile de classer les « perdants » puisque vous ne les recruterez pas de toute façon. Le meilleur candidat parmi les « gagnants » sera le premier, le suivant sera le deuxième, etc. Si vous avez fait votre travail correctement, vous repérerez facilement les meilleurs candidats pour le poste à ce stade.

L'étape suivante consiste à décrocher le téléphone et à offrir le poste à votre premier candidat. Ne perdez pas de temps – celui-ci a peut-être passé des entretiens avec d'autres employeurs. Il serait dommage d'avoir consacré autant de temps au processus de recrutement pour découvrir que votre favori vient d'accepter un poste chez l'un de vos concurrents. Si vous ne parvenez pas à un accord avec votre premier candidat dans un délai raisonnable, passez au deuxième. Contactez tous les candidats de votre pool de « gagnants » jusqu'à ce que vous puissiez recruter ou que vous arriviez à la fin de la liste.

Voici quelques conseils à suivre au moment où vous classez les candidats et prenez votre décision finale.

Soyez objectif

Il peut arriver que vous soyez séduit par certains candidats en raison de leur personnalité ou de leur charisme – indépendamment de leurs compétences ou de leur expérience. Votre attirance pour ces candidats peut masquer leurs défauts, alors que d'autres candidats, mieux qualifiés mais plus discrets, ne retiennent pas votre attention.

Soyez objectif. Réfléchissez aux exigences du poste et gardez à l'esprit les compétences et les qualifications requises. Demandez-vous en toute honnêteté si les candidats sont pleinement qualifiés pour le poste.

Ne vous laissez pas influencer par l'apparence, la personnalité pétillante, la coiffure élaborée ou le parfum enivrant d'un(e) candidat(e). Il y a peu de chances pour que ces détails vous renseignent sur sa capacité à remplir les fonctions requises. Tenez-vous-en au CV, à l'entretien et à la vérification des références. Vous y trouverez toutes les informations dont vous avez besoin et vous ne pourrez pas vous tromper.

Faites confiance à votre instinct

Parfois, vous pouvez vous trouver en présence de deux candidats aussi qualifiés l'un que l'autre ou d'un candidat moyen mais prometteur. Vous avez étudié toutes les données objectives et laissé libre cours à vos compétences analytiques, mais vous n'avez toujours pas de favori. Que faire dans ce genre de situation ?

Suivez votre instinct. Soyez à l'écoute de vos sentiments et de votre intuition. Que ressentez-vous exactement ? Bien que deux de vos candidats semblent avoir les mêmes compétences, avez-vous l'impression que l'un conviendra mieux que l'autre ? Si c'est le cas, sélectionnez-le. Même si le processus de recrutement doit être le plus objectif possible, dès lors que l'on introduit un facteur humain au moment de la prise de décision, une certaine subjectivité est inévitable.

Si, malgré tout, vous ne parvenez pas à sortir de ce dilemme, tirez à pile ou face. Si le résultat vous convient, c'est que vous avez pris la bonne décision. Sinon, c'est que vous avez déjà pris sans le savoir la décision de sélectionner l'autre candidat.

Après l'offre

Que faire si, Dieu vous en préserve, vous ne pouvez recruter aucun des candidats de votre pool de « gagnants » ? C'est un coup dur, mais personne n'a dit que le management était une tâche facile. Replongez-vous dans votre pile de « gagnants potentiels ». Que manque-t-il au premier de vos « gagnants potentiels » pour devenir un « gagnant » ? S'il s'agit simplement d'une formation, rien ne vous empêche de prendre sa candidature en considération. Vous la lui ferez suivre immédiatement après l'avoir recruté. S'il s'agit d'un léger manque d'expérience, peut-être son expérience actuelle lui permettra-t-elle de s'en sortir jusqu'à ce qu'il en acquière suffisamment. Si aucun candidat ne vous satisfait, continuez à chercher. N'hésitez pas à attendre de trouver la bonne personne.

Ne recrutez pas n'importe qui sous prétexte de pourvoir le poste le plus rapidement possible. Sinon, vous commettrez probablement une *grosse* erreur. Il est beaucoup plus facile de recruter un employé que de le licencier. Les conséquences d'un mauvais recrutement pour les collègues, les clients et la société peuvent durer pendant des années et coûter très cher. Essayez plutôt de redéfinir le poste, de réévaluer les compétences de vos employés actuels, ou de recruter un intérimaire pour voir s'il peut faire l'affaire.

TEST

Testez vos nouvelles connaissances

Lorsque vous souhaitez pourvoir un poste vacant, où devez-vous commencer à chercher des candidats ?

A. Dans les annonces d'un journal national.

B. Dans votre société.

C. Chez vos concurrents.

D. Partout en placardant une annonce sur un dirigeable.

Chapitre 5

Motiver les salariés

Dans ce chapitre :

- Assimiler le plus universel des principes de management
- Déterminer ce qui motive les salariés
- Identifier les comportements à récompenser
- Commencer par les points positifs
- Récompenser les petits détails
- Offrir des récompenses non monétaires

La question de la motivation du personnel hante les managers depuis l'invention du management (des preuves anthropologiques irréfutables indiquent que celui-ci date de l'époque de Fred Flintstone et Barney Rubble). Aujourd'hui, l'aspect humain du management consiste essentiellement à motiver les salariés pour les rendre plus productifs et les amener à s'investir dans leur travail plus que dans toute autre activité. Bon, d'accord, disons s'y investir le plus possible sans trop se plaindre.

Il existe deux moyens de motiver le personnel : la récompense et la sanction. Si vos employés font ce que vous attendez d'eux, vous les récompensez en leur offrant ce qu'ils désirent : une augmentation, votre reconnaissance, une promotion, etc. S'ils ne font pas ce que vous attendez d'eux, vous les sanctionnez en leur imposant ce qu'ils redoutent : un avertissement, des réprimandes, une rétrogradation, un licenciement, etc. Par nature (humaine, s'entend), les salariés sont attirés par ce qui est plaisant et fuient ce qui leur nuit. Les théories sur la motivation sont nombreuses mais, dans la pratique, on en revient toujours à ces deux stratégies de base.

Ce chapitre traite de l'aspect positif de la motivation du personnel : la récompense. Vous étiez davantage intéressé par la sanction ? Désolé, nous n'abordons le sujet qu'au chapitre 15. De plus, deux siècles de recherches en science comportementale ont montré que, à long terme, les performances des salariés sont bien meilleures lorsque les managers utilisent des techniques de motivation positives. Comme dit le proverbe : *On ne prend pas les mouches avec du vinaigre.*

Bien sûr, la sanction a sa place dans les techniques de motivation. Parfois, vous n'avez pas d'autre choix que de punir, réprimander, voire licencier. Cependant, avant d'y avoir recours, vous devez faire le maximum pour encourager les comportements que vous attendez par la reconnaissance, l'éloge et la récompense. Les salariés doivent aimer travailler dans leur société.

Les techniques de motivation *positives* incitent les salariés à faire ce que vous attendez d'eux. De plus, elles les rendent plus heureux et donc plus productifs – un cocktail infaillible.

Le plus universel des principes de management

Le principe de management que nous allons vous dévoiler va vous épargner de nombreuses déceptions et heures supplémentaires. De plus, il va réduire considérablement les dépenses de votre société. Intéressant, non ? Vous êtes prêt ? D'accord, le voici :

On obtient ce que l'on mérite.

Ce n'est pas aussi simple qu'il y paraît

Ne vous laissez pas abuser par la simplicité apparente de ce principe. Cette page en deux dimensions a en réalité une grande profondeur ! Vous pensez sans doute que vous récompensez vos employés en fonction de leurs mérites. Mais est-ce vraiment le cas ?

Prenons un exemple : vous avez deux employés. L'employé A est incroyablement doué et l'employé B est plutôt moyen. Vous leur confiez des tâches similaires. L'employé A achève la tâche avant l'expiration du délai et ne commet aucune erreur. Étant donné qu'il est disponible plus tôt que prévu, vous lui confiez deux autres tâches. L'employé B, quant à lui, vous rend un travail rempli d'inexactitudes avec deux jours de retard. Pris par le temps, vous acceptez le travail de l'employé B et le corrigez vous-même.

Qu'est-ce qui ne va pas dans ce scénario ? Qui est finalement récompensé : l'employé A ou l'employé B ?

Si vous avez répondu l'employé B, vous avez raison. Cet employé a compris qu'il peut rendre un travail insatisfaisant avec du retard sans être inquiété. De plus, il voit que vous le finalisez vous-même. C'est une belle récompense pour quelqu'un qui n'en mérite pas. L'employé B vous mène par le bout du nez !

Quant à l'employé A, vous le sanctionnez en lui donnant davantage de travail pour avoir fait preuve de zèle et d'efficacité. Lorsqu'il comprendra qu'en se montrant performant il ne fait qu'obtenir *davantage* de travail (alors que l'employé B s'en sort en en faisant *moins*), il sera profondément déçu. Et si, au bout d'un certain temps, vous accordez aux deux la même augmentation de salaire, vous aggraverez considérablement le problème.

Si vous continuez dans ce sens, tous vos meilleurs employés finiront par se dire qu'il n'est pas dans leur intérêt de travailler au maximum de leurs capacités. Par conséquent, ils quitteront leur poste pour trouver une société qui reconnaisse la valeur de leur contribution ou ils lèveront le pied. Pourquoi faire des efforts ? Tout le monde (c'est-à-dire vous, le manager) s'en fiche de toute façon !

La motivation neutre

La motivation neutre consiste à donner à chaque salarié la même récompense, en termes de salaire, d'augmentation, de reconnaissance ou de délai. Bien que cette pratique semble équitable, elle ne l'est pas.

Rien n'est plus inéquitable que le traitement égal d'employés inégaux.

Un jour, à la période de Noël, une grande société aérospatiale a décidé de remercier *tous* ses employés en leur offrant une dinde à emporter. Plutôt sympa, non ? Mais voici le problème : certains employés ont remarqué que leur dinde était plus petite que celles de leurs collègues. Les plaintes sont rapidement remontées jusqu'à la direction. Les employés ayant une petite dinde pensaient qu'ils étaient sanctionnés en raison de performances insuffisantes.

Bien sûr, la direction a dû dissiper ce malentendu. L'année suivante, le fournisseur a été prié de livrer des dindes de même poids. Malheureusement, il a répondu à la société que, malgré la rumeur, les dindes n'étaient pas nées égales et qu'il était impossible d'en fournir des milliers de poids identique. Confrontée à ce dilemme, la direction a ajouté à chaque dinde une petite note indiquant : « Le poids de votre dinde ne reflète pas nécessairement vos performances de l'année. » Hmmm.

Les plaintes se sont poursuivies et la situation n'a fait qu'empirer. Certains employés estimaient qu'ils devaient avoir le choix entre une dinde ou un jambon ; d'autres voulaient une corbeille de fruits ; etc. Quelques années plus tard, la direction a jugé utile de recruter à plein-temps un gérant des dindes de Noël ! Finalement, ce programme a été subitement interrompu lorsqu'il s'est avéré que certains employés désabusés jetaient leur dinde, remplissaient l'emballage d'outils appartenant à la société et sortaient avec leur butin sans se faire pincer par la sécurité.

Cette société n'a donc pas atteint son objectif d'équité. Malgré son coût élevé, ce programme n'a pas augmenté la motivation ni les performances des employés. Au contraire, il a posé de nombreux problèmes.

Souvenez-vous : on obtient ce que l'on mérite. Avant de mettre au point un système de récompense, identifiez avec précision les comportements que vous souhaitez récompenser et adaptez vos récompenses à chaque comportement.

Après avoir mis en place votre système de récompense, vérifiez régulièrement qu'il produit les résultats escomptés. Dans le cas contraire, modifiez-le !

Qu'est-ce qui motive les salariés ?

Qu'est-ce qui motive les salariés et leur donne envie de faire ce que vous attendez d'eux ? Inutile de participer à un séminaire de toute une journée ni de regarder une vidéo sur le management pour le savoir. Nous allons vous le dire ici et maintenant, sans aucune participation financière de votre part !

Ce qui motive certains employés ne motive pas nécessairement les autres.

Autrement dit, il n'existe aucune potion magique qui motive tous vos employés. Chacun a ses propres facteurs de motivation et votre rôle est de les identifier. Ce n'est pas une tâche facile car il y a peu de chances pour que vos employés entrent dans votre bureau demain, s'assoient en face de vous et vous disent ce qui les motive. Vous devez donc préparer le terrain pour le découvrir.

Le moyen le plus simple de découvrir ce qui motive vos employés consiste à le leur demander. De nombreux managers partent du principe que les salariés ne veulent que de l'argent. Ils sont surpris d'apprendre que certains attendent autre chose : de la reconnaissance, davantage d'autonomie ou des horaires plus flexibles.

Pour savoir ce qui motive vos employés et comment les récompenser, procédez de la manière suivante :

- Créez un environnement positif pour vos employés.
- Élaborez un plan pour concevoir et mettre en œuvre votre programme de récompense.
- Soyez prêt à modifier votre plan si nécessaire.

Créer un environnement positif

L'entreprise du XXIe siècle implique la nécessité de trouver de nouveaux moyens de motiver le personnel. La motivation n'est plus axée autour d'une proposition unique. L'incroyable accélération de l'évolution de l'entreprise et de la technologie s'accompagne en outre de l'essor de la globalisation. Soumis à toutes ces forces, les managers ont parfois des difficultés à rester à la page. De plus en plus souvent, ils se trouvent contraints de faire faire à leurs équipes un travail qu'ils n'ont jamais effectué eux-mêmes. (Heureusement, avec un peu de temps et d'assurance, la plupart des employés finissent par savoir ce qu'ils ont à faire.)

Les managers doivent faire face aux forces de l'évolution et aux nouvelles tendances du management. Au lieu d'utiliser leur *position* pour motiver le personnel, ils doivent utiliser leurs *idées*. Au lieu d'avoir recours à la menace et à l'intimidation, ils doivent créer un environnement dans lequel les salariés se sentent soutenus et libres d'exprimer leur créativité.

Voici quelques conseils pour vous aider à créer cet environnement :

- **Mettez vos employés à l'aise**. Vos employés sont-ils aussi à l'aise lorsqu'ils vous annoncent une mauvaise nouvelle que lorsqu'ils vous annoncent une bonne nouvelle ? Si ce n'est pas le cas, vous n'avez pas su créer un environnement positif. Tout le monde fait des erreurs. C'est ainsi que nous apprenons. Si vous voulez que vos employés soient motivés, faites en sorte qu'ils aient envie de prendre des risques sans craindre les conséquences en cas d'échec. Évitez de les sanctionner chaque fois qu'ils commettent une erreur. Soyez-leur au moins reconnaissant d'avoir fait quelque chose !
- **Laissez la voie libre à la communication**. La possibilité pour tous les employés de communiquer ouvertement et en toute franchise les uns avec les autres est essentielle au succès de l'entreprise et à la motivation du personnel. Une communication rapide et efficace peut vous donner une longueur d'avance sur vos concurrents. Encouragez vos employés à parler librement, à faire des suggestions et à briser les barrières hiérarchiques qui les séparent les uns des autres. Favorisez le décloisonnement entre les services.
- **Établissez des relations de confiance et de respect**. Les employés qui bénéficient de la confiance et du respect de leur manager ont envie de faire de leur mieux. En les incluant dans le processus de décision, vous pouvez obtenir de meilleures idées (plus faciles à mettre en œuvre) tout en développant leur motivation, leur loyauté et leur engagement. *Je suis sûr que nos vendeurs sauront trouver le meilleur moyen de résoudre ce problème.*

- **Développez votre meilleur atout** : vos employés. En aidant vos employés à satisfaire leurs besoins, vous répondez également aux besoins de l'entreprise. Permettez-leur de développer leurs compétences et leurs connaissances en leur fournissant l'assistance et la formation nécessaires. Concentrez-vous sur leur progression, reconnaissez leur travail et récompensez leurs efforts.

Élaborer un plan

Les salariés ne sont pas motivés par accident. Vous devez élaborer un plan qui vous permette de favoriser le comportement que vous espérez. En règle générale, les employés sont davantage motivés par la possibilité d'une récompense que par la crainte d'une sanction. Voici donc quelques conseils pour mettre en place un système de récompense au sein de votre société :

- **Choisissez vos récompenses en fonction des objectifs de votre société**. Pour être efficaces, les récompenses doivent favoriser les comportements qui permettent d'atteindre les objectifs de la société. Elles doivent même être structurées de façon à augmenter la fréquence de ces comportements.
- **Fixez des critères et des procédures**. Après avoir identifié les comportements que vous souhaitez encourager, fixez des critères et des règles faciles à comprendre par tous les employés. Faites en sorte que les cibles soient accessibles et que tous les employés aient la possibilité d'être récompensés.
- **Impliquez les salariés dans le processus**. Bien sûr, vous devez communiquer votre programme de récompense à vos employés. De nombreuses sociétés présentent le leur au cours d'une réunion en expliquant en quoi il sera bénéfique à la fois aux salariés et à la société. Pour obtenir les meilleurs résultats, élaborez votre programme de récompense en collaboration directe avec vos employés.
- **Évaluez l'efficacité de votre programme**. Votre système donne-t-il les résultats escomptés ? Si ce n'est pas le cas, revoyez les comportements que vous souhaitez encourager et assurez-vous de l'adéquation de vos récompenses. Sachez que même les meilleurs programmes finissent par perdre de leur efficacité au fur et à mesure que les employés considèrent les récompenses comme un dû. Renouvelez régulièrement votre programme en supprimant les récompenses dépassées et en en instituant d'autres.

Que faut-il récompenser ?

La plupart des managers ne récompensent pas les efforts qui méritent de l'être – si toutefois ils offrent une récompense.

ATTENTION !

Par exemple, aussi incroyable que cela puisse paraître, beaucoup de salariés ne sont pas récompensés lorsqu'ils augmentent leur productivité et leurs performances. Alors, quand le sont-ils ? Comme dans le cas de la dinde de Noël, ils sont souvent récompensés uniquement pour leur présence au travail. Mais est-ce pour cela que vous les payez ?

PERLE RARE

Pour qu'un programme de récompense soit pertinent et pour qu'il ait des effets durables, il doit être axé autour des *performances*. Rien d'autre.

« Mais attendez une seconde, êtes-vous déjà en train de dire, ce n'est pas juste pour les employés qui ne sont pas aussi doués que les autres. » Si c'est ce que vous pensez, dissipons sans plus attendre ce malentendu. *Tous* les employés, quels que soient leurs talents, leur intelligence et leur productivité, peuvent améliorer leurs performances.

Imaginez que l'employé A puisse produire 100 pièces par heure et reste toute l'année à ce niveau de performance. L'employé B, quant à lui, produit 75 pièces par heure mais améliore son rendement à 85 pièces. Qui devez-vous récompenser ? L'employé B ! Cet exemple illustre bien ce que vous devez récompenser : les efforts que font vos employés pour *améliorer* leurs performances au lieu de les *maintenir* à un certain niveau (même si ce niveau est élevé).

Voici quelques critères axés autour des performances, sur lesquels vous pouvez baser votre système de récompense. Demandez-vous ce que vous pouvez évaluer et récompenser dans votre société. Souvenez-vous : il ne suffit pas de se présenter au travail !

- Les défauts diminuent de 25 ‰ à 10 ‰.
- Le chiffre d'affaires annuel augmente de 20 %.
- Le système d'archivage du service est réorganisé en fonction d'un code basé sur des couleurs pour faciliter le classement et la récupération des documents.
- Les dépenses administratives sont maintenues à 90 % du budget autorisé.
- Le courrier de la société est distribué en une heure au lieu d'une heure et demie.

Commencez par les aspects positifs

À RETENIR

Comme nous l'avons montré au début de ce chapitre, vous motiverez davantage vos employés en vous concentrant sur les aspects positifs qu'en sanctionnant les résultats négatifs. Malgré tout, de nombreux managers commencent par corriger les erreurs de leurs employés au lieu de féliciter ceux-ci pour leurs succès.

D'après une étude récente, 58 % des salariés affirment que leur manager les remercie rarement en personne pour avoir fait du bon travail, bien qu'ils placent ce type de reconnaissance en tête de leurs facteurs de motivation. En deuxième position, se trouvent les remerciements écrits, dont bénéficient rarement 76 % des salariés. Ces statistiques montrent bien pourquoi le manque de reconnaissance est l'une des principales raisons pour lesquelles les salariés quittent leur poste.

Des années de recherches psychologiques ont prouvé que la motivation positive fonctionne mieux que la motivation négative. Sans trop entrer dans les détails, on peut dire que la motivation positive augmente la fréquence du comportement souhaité et assure l'épanouissement personnel des employés.

La motivation négative, en revanche, peut réduire la fréquence du comportement non désiré mais n'entraîne pas nécessairement l'émergence du comportement souhaité. Au lieu d'essayer de faire de leur mieux, les salariés qui ne reçoivent que des critiques finissent par éviter leur manager autant que possible. De plus, la motivation négative (surtout lorsqu'elle se manifeste d'une façon dégradante pour les salariés) mine le moral des équipes. Les salariés qui n'ont pas de bons rapports avec leur employeur ont beaucoup de difficultés à faire du bon travail.

TRUC

Voici quelques conseils pour vous concentrer sur le côté positif de chacun de vos employés et favoriser le comportement que vous attendez :

- **Accordez le bénéfice du doute à vos employés**. Pensez-vous vraiment que vos employés *veulent* faire du mauvais travail ? Il y a peu de risques – à moins qu'ils tentent consciemment de saboter votre société. Votre rôle consiste à les aider à faire du bon travail. Offrez-leur une formation, des encouragements et votre soutien avant de les réprimander et de les sanctionner.

- **Faites-vous une idée élevée des capacités de vos employés**. Si vous êtes convaincu de la valeur de vos employés, ils le seront également. Lorsque Peter était enfant, ses parents avaient rarement besoin de le punir lorsqu'il se comportait mal. Il leur suffisait de dire : « Nous savons que tu peux faire mieux » pour le remettre sur les rails.

- **Faites des remarques positives à vos employés**. Bien que la plupart des salariés fassent généralement du bon travail, les managers ont une tendance naturelle à faire une fixation sur leurs erreurs. Au lieu de toujours prendre vos employés en faute, surprenez-les lorsqu'ils font du bon travail et faites-leur des remarques positives. Vous favoriserez ainsi le comportement que vous recherchez et ils se réjouiront de travailler pour vous et pour votre société.

Attachez de l'importance aux détails

Devez-vous récompenser vos employés pour leurs petits succès de tous les jours ou devez-vous attendre qu'ils accomplissent quelque chose d'important ? La réponse dépend de la façon dont ils travaillent au quotidien.

Or, dans 99,9 % des cas, leurs tâches ne leur donnent pas la possibilité d'aller de prouesse en prouesse. Au contraire, leur travail se compose d'activités routinières, qu'ils pratiquent discrètement sans attirer l'attention sur eux. Imaginez la journée type d'un manager : il passe une heure ou deux à lire des mémos et des e-mails, à écouter les messages de sa messagerie vocale, et à communiquer par téléphone. Il passe deux autres heures en réunion et peut-être encore une à discuter en tête à tête avec des membres du personnel et des collègues. Si l'on compte les heures qu'il passe à préparer des rapports ou à remplir des papiers, cela lui laisse peu de temps pour la prise de décision – l'activité qui a le plus d'impact sur la société.

Performances exceptionnelles : American Express exprime sa reconnaissance

Si le revenu net de votre société augmentait de 500 % en dix ans, prendriez-vous le temps de remercier les employés qui ont réalisé une performance exceptionnelle ? American Express l'a fait en créant un programme de récompense destiné à toutes les personnes qui se sont distinguées par leurs performances. Ce programme concernait aussi bien les employés que les cadres et même les clients. Outre un voyage pour deux tous frais payés à New York, les gagnants ont reçu 4 000 dollars en traveller's checks American Express, un pin's en platine et un certificat.

Pour une personne qui travaille à la chaîne, les opportunités de remporter un succès éblouissant sont encore plus rares. S'il s'agit d'un employé dont le rôle consiste à assembler des moteurs de tondeuses à gazon à longueur de journée (ce qu'il fait à la perfection), quand aura-t-il la possibilité de briller aux yeux de son supérieur ?

Les grands accomplissements sont rares, quelle que soit la place que l'on occupe dans la société. Le travail se compose d'une série de petits accomplissements qui finissent par produire de grands succès. Si vous attendez que vos employés fassent des exploits pour les récompenser, vous pouvez attendre encore longtemps !

À RETENIR

Il est absolument essentiel que vous récompensiez vos employés aussi bien pour leurs petits succès que pour leurs brillantes réussites. Fixez-leur des objectifs élevés pour les inciter à dépasser leurs limites, mais ne vous contentez pas de les féliciter lorsqu'ils les atteignent. Encouragez-les tout au long de leur progression vers ces objectifs.

L'argent n'est pas le principal facteur de motivation

Vous pensez peut-être que l'argent représente le meilleur moyen de motiver vos employés. Qui ne se réjouirait pas de recevoir une prime ou une augmentation ? *Lorsque l'idée de devenir plus riche que dans ses rêves les plus fous lui traversa l'esprit, il jura un dévouement éternel à la société.* Pourtant, l'argent n'est vraiment pas le principal facteur de motivation des salariés – du moins pas comme la plupart des managers l'entendent.

La rémunération est un droit

Bien sûr, l'argent compte beaucoup pour les salariés. Ils en ont besoin pour payer leurs factures, acheter de quoi se nourrir et se vêtir, louer une cassette vidéo le vendredi soir, mettre de l'essence dans leur voiture, etc. Ils sont motivés pour gagner de quoi satisfaire leurs besoins fondamentaux. Cela dit, une fois ces besoins satisfaits, l'argent n'est plus aussi motivant. D'autres facteurs de motivation deviennent plus importants.

La plupart des salariés considèrent l'argent (qu'il s'agisse de leur salaire ou de primes) comme la compensation normale du travail qu'ils fournissent. La rémunération est un droit. La reconnaissance, en revanche, est un don. Pour que vos employés fassent de leur mieux, faites-leur ce don.

Lorsque la récompense devient un dû

Les salariés qui reçoivent des primes annuelles et autres récompenses financières régulières finissent rapidement par les considérer comme une part de leur salaire de base. Peter a travaillé dans une société où il recevait une prime annuelle correspondant approximativement à 10 % de son salaire annuel. La première fois qu'il a touché la prime, très motivé, il a juré une loyauté éternelle à la société.

Cela dit, lorsqu'il s'est rendu compte que cette prime allait tomber tous les ans, il l'a rapidement considérée comme un dû. Dans son esprit, la récompense (pour un travail dépassant ses attributions) était devenue une part de sa rémunération de base. En ce qui le concernait, sa rémunération correspondait véritablement à son salaire de base *plus* la prime. Il prévoyait même ses vacances en fonction de la date à laquelle il allait toucher la prime.

Bien sûr, si une année la prime n'était pas versée, la déception et l'hostilité étaient de mise.

Peter Drucker, expert américain en management, a compris le risque que représentent les récompenses financières : « Les récompenses financières deviennent des droits. Les primes de rendement doivent être accordées pour des performances exceptionnelles. Il ne s'agit en aucun cas d'un droit. Or, la suppression ou la réduction d'une prime est aujourd'hui considérée comme une sanction. La demande croissante de récompenses matérielles détruit rapidement leur efficacité en tant que facteurs de motivation. »

L'inefficacité de l'argent en tant que facteur de motivation est à la fois une bonne et une mauvaise nouvelle. Commençons par la mauvaise : de nombreux managers ont investi de grosses sommes dans l'élaboration de programmes de récompense basés sur l'argent. Dans la plupart des cas, ces programmes n'ont pas eu d'effet sur la motivation des salariés.
Nous n'irons pas jusqu'à dire que ces managers ont gaspillé leur argent, mais nous pensons qu'ils auraient pu l'utiliser de manière plus efficace. Des programmes moins coûteux auraient pu aboutir à de meilleurs résultats.

Et maintenant, la bonne nouvelle ! Puisque vous savez désormais que l'argent n'est pas un facteur de motivation efficace, vous pouvez avoir recours à d'autres types de récompense, plus efficaces et moins onéreux – voire gratuits !

Qu'est-ce qui motive les salariés d'aujourd'hui ?

D'après des études réalisées auprès des salariés, les principaux facteurs de motivation répondent à deux critères :

- **Ils proviennent du manager** : la reconnaissance la plus appréciée provient du supérieur direct plutôt que d'une vague commission temporaire, appartenant à la société ou tombée d'on ne sait où.
- **Ils sont basés sur les performances** : les salariés veulent être reconnus pour *le travail pour lequel ils ont été recrutés*. Les facteurs de motivation les plus efficaces sont donc basés sur les performances et non sur l'assiduité, la tenue vestimentaire ou le nombre que l'on a tiré d'un chapeau à la dernière réunion du personnel.

Les récompenses financières sont pratiques car il vous suffit de remplir une demande de paiement une fois par an pour vous acquitter de votre devoir de motivation envers vos employés. En revanche, cette histoire de récompense basée sur les performances semble demander beaucoup de travail ! Il est vrai qu'appliquer un programme efficace demande davantage d'efforts que d'en appliquer un plus simple mais inefficace. Cela dit, les meilleures récompenses sont souvent les plus simples. De plus, une fois que vous aurez l'habitude de les utiliser, vous les intégrerez naturellement dans vos activités quotidiennes. Cela fait partie de votre rôle de manager.

À RETENIR

N'oubliez pas que la reconnaissance ne s'impose pas uniquement pour une occasion spéciale. Vos employés font du bon travail – ce que vous attendez d'eux – tous les jours. Surprenez-les en train d'effectuer une tâche valorisante et reconnaissez leurs succès régulièrement.

Voici quelques récompenses simples, qui ne prennent pas beaucoup de temps et motivent les salariés :

- Félicitations en personne ou par écrit pour un travail bien fait.
- Reconnaissance exprimée en public pour les performances réalisées.
- Réunions valorisantes pour célébrer les succès.
- Jours de congé.
- Implication des employés dans les processus de décision.

TRUC

Dix moyens de motiver les salariés

1. Remerciez personnellement vos employés pour le travail accompli – en tête à tête, par écrit, ou les deux. Faites-le à bon escient, fréquemment et avec sincérité.
2. Prenez le temps de rencontrer et d'écouter vos employés – aussi souvent que nécessaire.
3. Fournissez fréquemment à vos employés des informations précises sur leurs performances. Aidez-les à améliorer ces performances.
4. Reconnaissez, récompensez et promouvez les employés les plus performants. Aidez les employés moyens à améliorer leurs performances.
5. Fournissez à vos employés des informations sur la santé financière de l'entreprise, les nouveaux produits et services, et les stratégies appliquées pour faire face à la concurrence. Expliquez-leur leur rôle dans ce schéma global.
6. Impliquez vos employés dans les décisions, notamment si celles-ci les concernent. La participation équivaut à l'engagement.
7. Donnez à vos employés la possibilité d'évoluer et de développer leurs compétences. Encouragez-les à être ce qu'ils peuvent devenir. Montrez-leur en quoi vous pouvez les aider à atteindre leurs objectifs tout en atteignant ceux de la société. Traitez chaque employé comme un partenaire.
8. Donnez à vos employés le sentiment d'appartenir pleinement à la société. Par exemple, offrez-leur à tous des cartes de visite, qu'ils en aient besoin dans leur travail ou non.
9. Créez un environnement de travail ouvert et agréable, qui repose sur la confiance. Encouragez les nouvelles idées, les suggestions et les initiatives. Tirez les leçons des erreurs commises plutôt que de les sanctionner.
10. Célébrez les succès de la société, du service et de chaque individu qui y travaille. Prenez le temps de faire des réunions et des activités qui entretiennent le moral et l'esprit d'équipe. Soyez créatif et dynamique.

Vous détenez la clé de la motivation de vos employés

La plupart des managers pensent que la motivation de leurs employés dépend de leur caractère. Ils croient que les salariés ont naturellement une attitude positive ou négative et que, en tant que managers, ils ne peuvent pas changer cette attitude. *J'en ai vraiment assez de votre comportement. Si vous ne faites pas d'effort, vous n'irez pas loin dans cette société !*

Il est facile d'accuser les employés, mais peut-être feriez-vous mieux de vous regarder dans un miroir. Des études montrent que ce sont les managers qui ont le plus d'influence sur la motivation des salariés. Exprimez-vous votre reconnaissance à vos employés lorsqu'ils font du bon travail ? Avez-vous créé un environnement agréable et positif ? Avez-vous favorisé l'esprit d'équipe et le sentiment d'avoir une mission commune ? Traitez-vous vos employés comme vos égaux ? Évitez-vous le favoritisme ? Prenez-vous le temps d'écouter vos employés lorsqu'ils ont besoin de parler ?

La motivation de vos employés dépend essentiellement de vous. Et vous êtes le mieux placé pour exprimer votre reconnaissance à chaque membre de votre équipe – faites-le de façon juste et équitable.

Lorsque vous offrez une récompense, n'oubliez pas que les salariés détestent le favoritisme. Vos marques de reconnaissance doivent être justifiées. Sinon, vous les dévalorisez auprès de ceux qui les reçoivent et vous perdez de la crédibilité aux yeux des autres employés. Or, la *crédibilité* est votre meilleur atout. Si vous le perdez, vous risquez de tout perdre.

Testez vos nouvelles connaissances

Quels sont les deux meilleurs moyens de motiver les salariés ?

A. La récompense et la sanction.

B. La peur et l'intimidation.

C. L'argent et encore l'argent.

D. La raillerie et l'humiliation en public.

Quel est le plus universel des principes de management ?

A. Après l'effort, le réconfort.

B. Diviser et conquérir.

C. On obtient ce que l'on mérite.

D. Acheter à bas prix ; vendre à prix d'or.

Chapitre 6

Être un bon coach

Dans ce chapitre :

- Qu'est-ce qu'un coach ?
- Acquérir les compétences de base du coach
- Être attentif aux étapes décisives
- Comprendre les liens entre le sport et le management

En feuilletant ce livre, vous avez peut-être remarqué qu'il comporte des thèmes récurrents, qui constituent l'essentiel du management d'aujourd'hui.

L'un de ces thèmes est le nouveau rôle du manager, qui consiste à soutenir et à encourager les salariés au lieu de leur dire ce qu'ils doivent faire. Les meilleurs managers sont des coachs – c'est-à-dire des individus qui guident, conseillent et encouragent les autres tout au long de leur parcours. Avec l'aide d'un coach, les salariés peuvent être très performants.

Le *coaching* est un élément essentiel du processus d'apprentissage des salariés qui ont besoin de développer leurs compétences, leurs connaissances et leur assurance. Si vous vous contentez de dire à vos employés ce qu'ils doivent faire, ils n'apprendront jamais rien.

> Dites-moi… J'oublie
>
> Montrez-moi… Je me souviens
>
> Impliquez-moi… Je comprends

Vos employés n'apprendront pas non plus si vous leur confiez des tâches sans leur donner la moindre instruction. Bien sûr, les meilleurs d'entre eux finiront par se faire une idée de ce qu'ils doivent faire mais ils perdront beaucoup de temps et d'énergie. *Qu'est-ce que c'est que tout ça ? Je suppose que je finirai par y comprendre quelque chose un jour ou l'autre…*

Entre ces deux extrêmes – l'excès de directives et l'absence de soutien – se trouve un juste milieu où les employés peuvent évoluer et la société prospérer. Ce juste milieu, où tout est en harmonie, est le résultat du *coaching*.

Qu'est-ce qu'un coach ?

Vous savez certainement ce qu'est un manager, mais savez-vous ce qu'est un coach ? Un coach est à la fois un collègue, un conseiller et un meneur. D'après cette définition, êtes-vous un coach ? Et votre patron ? Et le patron de votre patron ? Pourquoi ?

Vous connaissez sans doute le rôle d'un coach dans le domaine du sport. Généralement, le coach est lui-même un sportif accompli. Il entraîne les joueurs, puis il les soutient et les encourage jusqu'au jour de la compétition. Ce rôle n'est pas si différent de celui d'un manager, n'est-ce pas ?

Diriger une équipe n'est pas une tâche facile et certains managers sont de meilleurs coachs que d'autres. Heureusement, comme dans tous les domaines, vous pouvez développer vos compétences, vous entraîner et même améliorer les caractéristiques d'un bon coach. Il y a toujours moyen de progresser. Les meilleurs coachs sont les premiers à l'admettre. Voici leurs principales caractéristiques :

- **Le coach fixe des objectifs**. Si la société projette de devenir le plus grand fournisseur de cartes logiques du monde, d'augmenter le chiffre d'affaires annuel de 20 %, ou simplement de faire repeindre les murs des espaces communs, le coach fixe des objectifs et des délais en collaboration avec ses employés pour concrétiser ce projet. Ensuite, il laisse les employés libres de choisir la façon dont ils vont atteindre ces objectifs.
- **Le coach soutient et encourage**. Il arrive aux employés – même aux plus expérimentés – de se décourager. Lorsqu'ils apprennent à effectuer de nouvelles tâches, lorsqu'ils perdent un client important ou quand les affaires marchent mal, le coach est là pour les aider. *Ce n'est pas grave, Carine, vous avez tiré les leçons de votre erreur et je sais que vous vous en sortirez bien la prochaine fois.*
- **Le coach fait passer le succès de l'équipe avant le succès des individus**. Les performances de l'équipe dans son ensemble ont davantage d'importance que les aptitudes d'un de ses membres, aussi exceptionnelles soient-elles. Le coach sait qu'aucun individu ne peut garantir à lui seul le succès de toute l'équipe. Pour réussir, celle-ci a besoin des efforts de tous ses membres. Le développement de l'esprit d'équipe est une étape essentielle dans la progression d'un employé au sein de la société.
- **Le coach sait évaluer rapidement les points forts et les points faibles de ses employés**. Le coach évalue les aptitudes de chaque membre de son équipe et adapte son approche en fonction. Par exemple, si un employé a une grande faculté d'analyse mais de mauvaises habitudes de présentation, il concentrera ses efforts sur le développement des

compétences de l'employé en matière de présentation. *Marc, j'aimerais passer un peu de temps avec vous pour que l'on travaille ensemble sur vos graphiques.*

- **Le coach motive les membres de son équipe**. Par son soutien et ses conseils, le coach sait motiver les membres de son équipe afin qu'ils donnent le meilleur d'eux-mêmes. Une équipe composée d'individus motivés est prête à tout pour atteindre les objectifs de sa société.
- **Le coach crée un environnement favorable au succès des individus**. Le coach crée un environnement structuré de façon à ce que les membres de son équipe puissent prendre des risques et dépasser leurs limites sans craindre de sanction en cas d'échec.

  Le coach est toujours disponible pour conseiller ses employés ou simplement les écouter en cas de problème. *Carole, avez-vous une minute pour discuter d'un problème personnel ?*
- **Le coach communique avec les membres de son équipe**. La communication entre le coach et ses employés est un élément essentiel du processus de coaching. Les employés doivent savoir où ils en sont – ce qui va et ce qui ne va pas. De même, lorsqu'ils ont besoin d'aide, ils doivent le faire savoir au coach. Ce dialogue doit s'instaurer naturellement et avoir lieu régulièrement – et non une fois par an à l'occasion de l'évaluation des performances.

Les lettres de licenciement ne constituent pas un mode de communication efficace ! Si vous en envoyez sans avertissement préalable, elles pourraient même vous porter préjudice. *Je suppose que cela signifie que vous n'avez pas apprécié mon travail. Rendez-vous au tribunal !*

La transformation de la culture de Kodak

Longtemps leader mondial dans le domaine de la photographie traditionnelle, Kodak a été menacée par l'apparition d'appareils photo numériques, lancés par Sony, Hewlett-Packard et Casio. Malgré les milliards de dollars dépensés en recherche-développement et de nombreuses restructurations, son chiffre d'affaires a chuté. Pour redresser la barre, la société a recruté George Fisher, ancien P.-D.G. de Motorola.

Dès son arrivée, Fisher a décidé de transformer la culture de Kodak. « Cette société souffre de plusieurs maux classiques, a-t-il déclaré. Les processus de décision sont trop lents. Les employés ne prennent pas de risques. » Alors que l'ancien P.-D.G. de Kodak avait tendance à être autocratique et très attaché à la hiérarchie, il a favorisé un environnement plus informel, dans lequel les employés sont incités à communiquer les uns avec les autres et à prendre des risques. Fisher, que l'on peut voir presque tous les matins prendre son petit déjeuner avec ses employés à la cafétéria de la société, élève rarement la voix et encourage les salariés à lui envoyer des e-mails. Chaque jour, il lit la trentaine de messages qu'il reçoit et y répond personnellement.

La version courte du coaching

Outre le soutien et les encouragements qu'il fournit aux salariés pour les aider à atteindre les objectifs de la société, le coach apporte également un enseignement. Fort de son expérience, il dirige ses employés étape par étape tout au long de leur parcours. Une fois qu'ils ont appris à effectuer une tâche, il leur en laisse l'entière responsabilité en leur déléguant l'autorité nécessaire.

Le meilleur moyen de transmettre des compétences précises consiste à montrer et à dire ce que l'on fait. Cette méthode, mise au point au lendemain de la Seconde Guerre mondiale pour former rapidement les nouvelles recrues, est aussi simple qu'efficace.

Elle se décompose en trois étapes :

1. ***Vous faites, vous commentez.*** **Asseyez-vous avec vos employés et effectuez la tâche en leur expliquant la procédure dans des termes simples.**

   Aujourd'hui, l'ordinateur est un outil indispensable. Lorsque vous devez apprendre à un nouvel employé l'utilisation d'un traitement de texte ou d'un tableur, commencez par lui expliquer la procédure tout en la lui montrant : « Je clique à l'aide du bouton gauche de la souris sur la commande Insertion de la barre d'outils pour dérouler le menu. Je place la flèche de la souris sur Caractères spéciaux et je clique à nouveau. Je clique sur le caractère de mon choix pour le sélectionner. Ensuite, je clique sur Insérer pour placer le caractère dans le document. Enfin, je clique sur Fermer. »

2. ***Ils font, vous commentez.*** **Maintenant, faites faire la tâche à vos employés selon la même procédure et expliquez-en chaque étape.**

   « Cliquez à l'aide du bouton gauche de la souris sur la commande Insertion de la barre d'outils pour dérouler le menu. Bien. Maintenant, placez la flèche de la souris sur Caractères spéciaux et cliquez à nouveau. Super ! Cliquez sur le caractère de votre choix pour le sélectionner. D'accord. Cliquez sur Insérer pour placer le caractère dans le document. Bien, vous y êtes presque. Cliquez sur Fermer. Et voilà ! »

3. ***Ils font, ils commentent.*** **Enfin, faites faire la tâche à vos employés et demandez-leur de vous expliquer ce qu'ils font pendant que vous les observez.**

   « Voilà, Paul, maintenant c'est votre tour. Insérez un caractère spécial dans votre document et expliquez-moi ce que vous faites. »

   « D'accord. D'abord, je clique à l'aide du bouton gauche de la souris sur la commande Insertion de la barre d'outils pour dérouler le menu. Ensuite, je place la flèche de la souris sur Caractères spéciaux et je clique à nouveau. Je clique sur le caractère pour le sélectionner. Ensuite, je clique sur Insérer pour placer le caractère dans le document. Et pour terminer, je clique sur Fermer. J'ai réussi ! »

TRUC

Vous pouvez aussi demander à vos employés de prendre des notes auxquelles ils pourront se référer jusqu'à ce que la nouveauté devienne une habitude.

Le coaching : métaphore sportive

Lorsqu'il est question de *coaching* et de travail en équipe, une entreprise s'apparente vraiment à une équipe de sportifs. Certains P.-D.G. n'hésitent pas à demander à des athlètes professionnels et à des coachs de venir donner à leurs employés des conférences sur l'importance du travail en équipe.

On peut donc faire facilement le parallèle entre le coaching sportif et le coaching d'entreprise. C'est ce que nous allons faire une fois pour toutes en vous rapportant les propos de quelques coachs sportifs :

- Je ne crois pas que l'on puisse forcer quelqu'un à faire quelque chose par la discipline. C'est en lui montrant comment faire qu'on peut l'aider à long terme.
- Le bon sens vient de l'expérience et l'expérience de l'absence de bon sens.
- Il y a deux sortes de joueurs qui ne valent rien : ceux qui ne font jamais ce qu'on leur dit et ceux qui ne font que ce qu'on leur dit.
- Si vous ne faites pas d'erreurs, c'est que vous ne faites rien. Même les meilleurs font des erreurs.
- Je ne veux pas d'un jeu exceptionnel une fois de temps en temps. Je veux un jeu solide à chaque fois.

Le rôle du coach dans les étapes décisives

Contrairement à ce que l'on pourrait croire, 90 % du management se compose d'activités banales, qui n'ont rien à voir avec la création d'un nouveau marché, une négociation aboutissant à une coopération sans précédent avec les syndicats, ou un coup de maître qui catapulte la société parmi les leaders. Il s'agit de petites tâches quotidiennes destinées à résoudre les problèmes et à forger les talents.

À RETENIR

Un bon coach est toujours à l'affût d'opportunités susceptibles d'assurer le succès de la société.

Transformer les étapes décisives en succès

Les grands succès – les victoires remportées sur les concurrents, la montée en flèche du chiffre d'affaires ou des bénéfices, l'accueil favorable de nouveaux produits – sont la somme de toute une série de petits succès. Tous les jours, vos employés et vous franchissez des étapes décisives : la mise au point d'une messagerie vocale répondant mieux aux besoins de vos clients, la participation à un séminaire sur la gestion du temps, la conclusion d'une vente importante, la réalisation pertinente d'une évaluation des performances, un déjeuner avec un client potentiel. Bien que ces événements ne soient pas particulièrement spectaculaires, au bout du compte, ils s'ajoutent pour donner un résultat exceptionnel.

Au lieu d'utiliser de la dynamite pour transformer d'un seul coup sa société (et de mettre les employés en péril), le coach imite les maçons qui ont bâti les grandes pyramides d'Égypte. Le placement de chaque pierre n'a peut-être pas été impressionnant en soi, mais chaque étape a contribué à l'obtention d'un résultat fantastique : l'édification de structures grandioses qui ont résisté à des milliers d'années de guerre, d'intempéries et de tourisme.

Aider vos employés à franchir des étapes décisives

Le coach passe du temps avec ses employés pour évaluer leurs progrès et les aider à franchir les étapes décisives qui se présentent à eux chaque jour. Il complète leur expérience en les faisant bénéficier de la sienne. Il récompense leurs succès et les aide à tirer les leçons de leurs erreurs pour qu'ils améliorent leurs performances.

Imaginez que vous ayez au sein de votre équipe un jeune vendeur inexpérimenté mais intelligent et dynamique. Il a contacté des clients et fait du bon travail mais il n'a encore conclu aucune vente. Lorsque vous lui en touchez un mot, il avoue qu'il est très nerveux et craint de tout gâcher à la dernière minute. Il a besoin de vous en tant que coach.

Voici quelques conseils pour vous aider à gérer les problèmes de vos employés :

- **Rencontrez l'employé**. Prenez rendez-vous avec votre employé dès que possible pour discuter tranquillement de son problème avec lui. Trouvez un endroit où vous ne serez pas dérangés et mettez votre téléphone en attente ou activez votre messagerie vocale.
- **Soyez à l'écoute**. Évitez d'apporter une solution toute faite ou de vous lancer dans un long monologue. Avant de parler, demandez à votre

employé de vous décrire la situation dans laquelle il se trouve, les problèmes qu'il rencontre, et les solutions auxquelles il a éventuellement pensé. Laissez-le parler et écoutez-le.

- **Commentez les aspects positifs**. Commencez par montrer à votre employé ce qu'il a fait de bien dans cette situation précise. Aidez-le à voir les points positifs de sa démarche et félicitez-le pour ses performances.
- **Montrez ce qui peut être amélioré**. Indiquez à votre employé les aspects sur lesquels il doit travailler et dites-lui ce que vous pouvez faire pour l'aider. Identifiez avec lui les ressources dont il a besoin : formation, augmentation du budget ou des délais, etc. Montrez-lui que vous croyez en ses compétences.
- **Effectuez un suivi**. Après avoir identifié avec votre employé ce que vous pouvez faire pour lui, faites-le ! Évaluez régulièrement ses progrès et offrez-lui votre soutien aussi souvent que nécessaire.

Avant tout, soyez patient. N'oubliez pas que nous sommes tous différents. Certaines personnes comprennent plus vite que d'autres. Les différences d'aptitudes ne rendent pas un employé meilleur qu'un autre mais simplement… différent. Vous avez besoin de temps pour établir des relations de confiance avec vos partenaires et vos employés en ont besoin pour développer leurs compétences et acquérir de l'expérience.

Lorsque le coach a besoin d'un coach

Même les coachs ont parfois besoin de *coaching*. Grâce à son énergie, à sa passion et à quelques contrôles financiers stricts, Scott McNealy, P.-D.G. de Sun Microsystems, a considérablement augmenté le chiffre d'affaires de la société. D'après lui, un ordinateur seul sur un bureau ne présente aucun intérêt. Bien avant que l'utilisation d'Internet se généralise, il a misé sur la mise en réseau des outils informatiques. Aujourd'hui, Sun contrôle 35 % du marché mondial des serveurs Internet et de plus en plus de sociétés utilisent ses réseaux internes.

Malgré ce succès, Scott McNealy a recruté un coach pour apprendre à devenir encore plus efficace. Ce coach, Chuck Raben, du groupe Delta Consulting, a demandé aux cadres de la société de lui indiquer les domaines dans lesquels, selon eux, leur patron pouvait s'améliorer. Après avoir compilé et analysé toutes les réponses, Raben en a déduit que McNealy devait développer ses qualités d'écoute. Depuis, le P.-D.G. note tous les points soulevés en réunions par son équipe d'encadrement pour penser à y répondre ultérieurement.

Les outils du coach

Le *coaching* n'est pas une activité unidimensionnelle. Chaque individu étant différent, le coach adapte son approche aux besoins de chaque membre de son équipe. Il connaît le niveau de compétences de ses employés. Si l'un d'eux est indépendant et n'a besoin de conseils qu'occasionnellement, il se montre discret. Par exemple, il évalue ses progrès de temps à autre, de façon informelle, lorsqu'il passe à côté de son bureau. Si un autre employé manque d'assurance et sollicite de nombreux conseils, il l'assiste autant que nécessaire. Dans ce cas, il organise fréquemment des réunions formelles avec lui pour évaluer ses progrès et lui fournir les conseils et les directives dont il a besoin.

À RETENIR

Bien que chaque coach ait son propre style, vous pouvez utiliser certaines techniques pour inciter les membres de votre équipe à travailler au maximum de leurs performances :

- **Consacrez du temps à vos employés**. Le management est essentiellement une affaire de personnes. Pour être un bon manager et un bon coach, vous devez être disponible pour vos employés lorsqu'ils ont besoin de votre aide. Si vous ne l'êtes pas, ils chercheront peut-être d'autres façons de satisfaire leurs besoins ou arrêteront tout simplement d'essayer de travailler avec vous. Laissez toujours la porte ouverte à la communication et n'oubliez pas que les membres de votre équipe constituent votre priorité n° 1. Sortez régulièrement de votre bureau et rendez visite à vos employés à l'endroit où *ils* travaillent. *Avez-vous une minute, Pierre ? – Bien sûr, j'ai toujours du temps pour vous et tous les autres membres du personnel.*
- **Fournissez un contexte et une vision**. Ne vous contentez pas de dire à vos employés ce qu'ils doivent faire et ne pas faire ; expliquez-leur le pourquoi du comment. Donnez-leur une vision d'ensemble. Montrez-leur comment fonctionnent les systèmes et les procédures utilisés au sein de l'entreprise et définissez leur rôle dans le schéma global. *Marc, vous jouez un rôle très important pour la santé financière et le dynamisme de notre entreprise. Si nos clients payent leurs factures dans les trente jours qui suivent la livraison, nous dégageons une marge d'autofinancement suffisante et nous pouvons régler nos propres factures et vous verser votre salaire à temps.*
- **Faites bénéficier vos employés de votre expérience**. Grâce au *coaching*, les employés ont la possibilité de bénéficier de l'expérience d'une personne qui a davantage de recul qu'eux. Répondez aux besoins de chaque membre de votre équipe en leur faisant part de votre expérience personnelle. *Nous avons été confrontés à la même situation il y a environ cinq ans. Je vais vous dire ce que nous avons fait à l'époque et vous me direz si vous pensez que cette méthode est toujours valable aujourd'hui.*

- **Proposez-vous comme cobaye**. Lorsque vous discutez avec vos employés de nouvelles idées pour résoudre certains problèmes, vous pouvez jouer le rôle du client pour tester ces idées. Grâce à une écoute active, vous aiderez vos employés à trouver eux-mêmes les meilleures solutions. *Vous dites que votre client n'achètera pas après une augmentation de 20 % du prix. Comment pouvez-vous présenter cette augmentation ? Certaines méthodes sont-elles plus acceptables que d'autres ?*
- **Obtenez les ressources nécessaires**. Parfois, pour aider vos employés à améliorer leurs performances, il vous suffit de leur fournir les ressources nécessaires. Il peut s'agir d'argent, de temps, de personnel, d'équipements ou autres choses bien tangibles. *Alors vous pensez que nous pouvons augmenter notre marge d'autofinancement en recrutant d'autres agents de recouvrement ? D'accord, nous pouvons essayer.*
- **Offrez votre aide**. Un employé qui apprend une nouvelle tâche tout en assumant la responsabilité de ses activités habituelles est surchargé de travail. Vous pouvez l'aider à traverser cette phase de transition en confiant ses tâches habituelles à d'autres employés, en lui accordant des délais plus longs, ou en prenant d'autres mesures susceptibles de réduire la pression qui pèse sur lui. *Jean, pendant que vous essayez de réparer ce nouveau serveur de réseau, je vais confier vos travaux de maintenance à Rachel. Nous nous reverrons à la fin de la semaine pour voir où vous en êtes.*

TEST

Testez vos nouvelles connaissances

Quelles sont les principales fonctions du coach ?

A. Fixer des objectifs, soutenir et communiquer.

B. Motiver, intimider et accuser.

C. Sanctionner, remettre au lendemain et faire du favoritisme.

D. Autres.

Quelles sont les trois étapes de la version courte du coaching ?

A. Je montre ; vous commentez ; nous faisons.

B. Ils font ; je commente ; nous apprenons.

C. Ainsi font, font, font.

D. Vous faites, vous commentez ; ils font, vous commentez ; ils font, ils commentent.

Troisième partie

Obtenir des résultats

« *En tant qu'équipe, vous avez fait un excellent travail pour rassembler des parties du corps humain. Seulement, et peut-être n'ai-je pas été assez clair à ce sujet, vous m'avez tous rapporté la mêêême partie !* »

Dans cette partie...

Les employés qui n'ont pas d'objectifs ne savent pas où aller. Vous devez non seulement leur en fixer mais être capable d'évaluer leurs progrès par rapport à ces objectifs. Cette partie dévoile tous les secrets de la définition d'objectifs, du suivi des performances et de la réalisation d'évaluations des performances.

Chapitre 7

Fixer des objectifs facilement

Dans ce chapitre :

- Rattacher vos objectifs à votre projet
- Définir des objectifs SMART
- Vous concentrer sur un petit nombre d'objectifs
- Faire connaître vos objectifs
- Effectuer un suivi
- Déterminer les sources de pouvoir

Quel est le premier devoir d'un manager ? N'importe quelle équipe répondra : fixer des objectifs. Dans la plupart des sociétés, les cadres supérieurs déterminent l'orientation globale de l'entreprise. Les cadres moyens (ceux qui restent) fixent des objectifs généraux et élaborent des plans conformes à l'orientation définie. Les managers et les salariés travaillent ensemble pour fixer des objectifs précis et mettre au point un calendrier pour les atteindre.

En tant que manager, vous vous êtes probablement fixé de nombreux objectifs, mais vous en avez également donné à vos employés, à votre service et à votre société. Évaluer l'importance relative de chacun n'est pas une tâche facile. *Dois-je d'abord atteindre l'objectif de mon service, qui consiste à réduire le temps d'exécution des commandes, ou celui de mon patron, à savoir finaliser le budget ? Peut-être l'objectif de la société – améliorer le service clients – est-il encore plus important. Bon, je pense que je vais déjà en finir avec l'objectif de la division : mettre en place un nouveau système de contrôle qualité.*

Il est aussi dangereux d'avoir trop d'objectifs que de ne pas en avoir du tout.

Les objectifs donnent une orientation et un but. Sans vision, vous ne pouvez pas atteindre votre but. Les objectifs vous aident à voir où vous allez et comment vous pouvez y arriver.

Si vous ne savez pas où vous allez, comment saurez-vous que vous y êtes arrivé ?

Vous êtes-vous déjà rendu compte que l'histoire d'*Alice au pays des merveilles*, de Lewis Carroll, peut s'appliquer à la vie en entreprise ? Si vous avez lu ce livre lorsque vous étiez enfant, vous vous souvenez peut-être du dialogue entre Alice et le Chat du Cheshire sur l'importance d'avoir des objectifs. Voici un extrait, dans lequel Alice demande au Chat du Cheshire quelle direction elle doit prendre :

> « Pourriez-vous me dire où je dois aller maintenant ?
>
> – Cela dépend : où voulez-vous aller ?
>
> – Cela m'est égal.
>
> – Dans ce cas, vous pouvez aller n'importe où.
>
> – Du moment que j'arrive quelque part…
>
> – Oh, vous y arriverez certainement. Il vous suffit de marcher assez longtemps. »

Il n'est pas difficile d'arriver *quelque part*. Vous ne faites rien et, à un moment donné, vous y êtes. En revanche, si vous voulez aller à un endroit intéressant, vous devez d'abord savoir où aller puis élaborer un plan pour savoir comment y aller. Cette réalité s'applique aussi bien dans le cadre de l'entreprise que dans la vie quotidienne.

Imaginez que vous souhaitiez ouvrir une succursale à Bordeaux pour offrir un meilleur service à vos clients implantés dans le Sud-Ouest. Comment concrétiser ce projet ? Vous avez trois possibilités : 1) une approche non planifiée axée autour d'aucun objectif ; 2) une approche planifiée axée autour d'un objectif ; 3) l'espoir et la prière. À votre avis, laquelle de ces trois démarches sera la plus efficace ? Allez-y, tentez une réponse !

Si vous avez choisi la réponse numéro 1, honte à vous ! Vous êtes collé. Vous écrirez 500 fois : *Un objectif est un rêve avec une échéance*. Et qu'on ne vous voie plus discuter avec vos camarades de classe ni tirer au flanc. À partir de maintenant, on vous a à l'œil !

Si vous avez choisi la réponse numéro 2, vous êtes reçu avec les félicitations du jury du *Management pour les Nuls*. Bravo !

Voici cinq bonnes raisons de vous fixer des objectifs pour concrétiser un projet :

- **Les objectifs donnent une orientation**. Reprenons l'exemple de la succursale à Bordeaux. Pour offrir un meilleur service à vos clients du quart sud-ouest, vous avez le choix entre de nombreuses solutions. Cela dit, il faut bien choisir pour faire avancer les choses. Vous avez besoin d'une cible vers laquelle diriger vos efforts et ceux de votre société. Vous ébauchez donc un projet et définissez des objectifs pour le concrétiser. Sans objectif, vous perdez votre temps et n'arrivez jamais nulle part. Avec des objectifs, vous pouvez concentrer vos efforts et ceux de votre équipe sur les activités qui vous permettront de concrétiser votre projet – dans ce cas, l'ouverture d'une succursale à Bordeaux.
- **Les objectifs permettent d'évaluer la progression**. Les objectifs donnent des repères tout au long du chemin qui mène à la réalisation du projet. Imaginez que vous vous soyez fixé sept objectifs pour concrétiser votre projet. Si vous en avez atteint trois, vous savez qu'il vous en reste quatre. Autrement dit, vous savez où vous en êtes et ce qu'il vous reste à faire.
- **Les objectifs rendent le projet réalisable**. Vous ne pouvez pas concrétiser votre projet d'un seul coup. Vous devez franchir de nombreuses étapes. Si vous souhaitez ouvrir une succursale à Bordeaux, vous ne pouvez pas annoncer votre projet le vendredi et vous attendre à entrer dans une succursale pourvue en personnel et opérationnelle le lundi. Vous devez d'abord atteindre beaucoup d'objectifs : louer des bureaux, recruter et transférer du personnel, faire imprimer de nouvelles cartes de visite, etc. En vous fixant des objectifs, vous répartissez vos efforts en petites tâches qui, une fois accomplies individuellement, s'ajoutent pour concrétiser le projet.
- **Les objectifs clarifient le rôle de chacun**. Lorsque vous annoncez votre projet à vos employés, ceux-ci savent plus ou moins ce que vous voulez mais n'ont peut-être aucune idée de la façon dont ils peuvent l'obtenir. Sans s'en rendre compte, certains feront la même chose alors que d'autres tâches seront négligées, et d'autres feront carrément autre chose en espérant que vous ne vous en rendrez pas compte ! En fixant des objectifs aux membres de votre équipe, vous définissez clairement qui fait quoi : quelles sont les tâches à accomplir, qui se charge de l'une ou de l'autre et quel est le rôle de chaque employé.
- **Les objectifs donnent un sens à la vie professionnelle de chacun**. Sans entrer dans une discussion hautement philosophique ou théologique, disons que les employés sont plus motivés lorsqu'ils doivent atteindre un objectif qui les pousse à dépasser leurs limites. Les objectifs leur donnent un but et les préservent de l'ennui que suscite parfois une activité routinière.

Pour être utiles, les objectifs doivent être directement liés au projet. Dans un premier temps, les sociétés créent une vision attrayante qui leur permet de rester compétitives ou tout simplement de survivre. Ensuite, les managers et les salariés travaillent ensemble pour fixer et atteindre des objectifs destinés à concrétiser cette vision. Voici quelques exemples de sociétés dont le projet a donné un but à tous leurs employés :

- Les employés de Samsung, société coréenne, travaillent chaque jour avec ferveur pour un projet clair et particulièrement attrayant : Samsung doit devenir l'un des dix plus grands « groupes technologiques » du monde.
- La société Motorola, connue depuis longtemps pour son obsession de la qualité, a un projet véritablement incroyable, qu'elle espère concrétiser d'ici aux dix prochaines années : pas plus de deux défauts de fabrication sur un milliard de produits.
- Il y a environ un siècle, le président de AT&T a rêvé d'un service téléphonique mondial à la fois fiable, bon marché et rapide. Après l'explosion de la technologie de l'information, AT&T a dû nourrir un nouveau projet. Il s'agit désormais d'être un « élément essentiel de la circulation et de la gestion de l'information dans le monde ».

Objectifs SMART

Il existe toutes sortes d'objectifs : des objectifs à court terme (*à partir du mois prochain, nous augmenterons la production de deux unités par employé et par heure*) et des objectifs à long terme (*d'ici les cinq prochaines années, nous serons à la pointe de la technologie*). Certains sont faciles à comprendre pour les employés (*les travailleurs à la chaîne ne feront pas plus de vingt pièces de rebut par mois*), mais d'autres sont plus obscurs et donnent lieu à diverses interprétations (*l'année prochaine, tous les employés devront être plus respectueux les uns envers les autres*). Certains s'atteignent relativement facilement (*le personnel de la réception répondra toujours au téléphone avant la quatrième sonnerie*) et d'autres sont presque impossibles à atteindre (*tous les employés maîtriseront les cinq langues parlées par nos clients avant la fin de l'année*).

Comment savoir quels types d'objectifs vous devez fixer ? Tout ce qui compte, après tout, c'est de les atteindre. Malheureusement, de nombreux managers perdent leur temps à faire des réunions pour définir des objectifs qui ne sont ni respectés ni atteints.

Ne perdez plus votre temps : fixez des objectifs SMART, c'est-à-dire Spécifiques, Mesurables, Accessibles, Rattachés à un projet et définis dans le Temps.

- **Spécifique** : un objectif doit être spécifique, clair et sans ambiguïté. Les propos flous et les platitudes n'ont pas leur place dans la définition d'objectifs. Lorsqu'un objectif est précis, les employés savent exactement ce que l'on attend d'eux et pour quand. Grâce à cette précision, vous pouvez facilement mesurer la progression de vos employés vers cet objectif.
- **Mesurable** : si vous ne pouvez pas mesurer vos objectifs, vous ne saurez pas si vos employés ont progressé ou non. De plus, ceux-ci auront des difficultés à rester motivés s'ils n'ont pas de repères pour évaluer leurs progrès.
- **Accessible** : les objectifs doivent être accessibles par les employés moyens. Dans le meilleur des cas, ils les incitent à dépasser leurs limites, mais ils restent réalistes. Autrement dit, ils sont ni hors de leur portée ni en deçà de leurs performances habituelles. Les objectifs trop (ou trop peu) élevés perdent tout leur sens car les employés finissent par les ignorer.
- **Rattaché à un projet** : les objectifs doivent être des outils importants dans la concrétisation du projet de la société. Il a été démontré que 80 % de la productivité d'un salarié provient de 20 % de son travail. Vous imaginez ce que deviennent les 80 % qui restent ! Cette règle du 80/20, établie par un économiste italien, Vilfredo Pareto, selon laquelle 80 % de la richesse de la plupart des pays est détenue par 20 % de la population, a été appliquée à beaucoup d'autres domaines depuis sa découverte. Les objectifs pertinents concernent les 20 % d'activités qui ont un véritable impact sur les performances de l'entreprise et contribuent à la concrétisation de son projet.
- **Temps (défini dans le)** : un objectif doit avoir un début, une fin et une durée déterminée. Les délais intermédiaires aident les employés à concentrer leurs efforts sur l'objectif pour l'atteindre à la date prévue. Sans calendrier précis, les objectifs ont tendance à être éclipsés par les crises qui surgissent inévitablement au sein de l'entreprise.

Malheureusement, de nombreux managers ne prennent pas le temps de fixer des objectifs en collaboration avec leurs employés. Et ceux qui le font définissent souvent des objectifs imprécis, ambigus, irréalistes, impossibles à mesurer, démotivants et n'ayant aucun lien avec le projet de l'entreprise. En fixant des objectifs SMART avec vos employés, vous pouvez éviter ces pièges tout en assurant la progression de votre société et des salariés.

Outre le système SMART de définition d'objectifs, vous devez tenir compte de certaines considérations pour que vos objectifs soient faciles à comprendre et à atteindre par tous les membres de la société.

- **Les objectifs doivent être liés aux rôles de vos employés dans la société**. Il est bien plus facile pour les employés d'atteindre les objectifs de la société lorsque ceux-ci font déjà partie de leur travail. Imaginez que vous demandiez à votre équipe de soudeurs de plaquettes d'augmenter la production de 2 % par trimestre. Ces employés poursuivent à chaque instant cet objectif car il fait partie intégrante de leur travail. Si, en revanche, vous leur demandez de favoriser la mixité au sein de la société, vous n'obtiendrez aucun résultat. Cet objectif est peut-être noble et important pour l'entreprise mais, étant donné que vos soudeurs ne prennent pas de décisions en matière de recrutement, vous perdez votre temps et le leur par la même occasion.
- **Les objectifs doivent être fondés sur des valeurs**. Quelle est la plus importante valeur de votre société ? Pour General Electric, il s'agit probablement d'être numéro un ou numéro deux dans tous ses secteurs d'activité.

  Cette valeur, décomposée en objectifs, est compréhensible par tous. Les membres de la société, qu'il s'agisse du vice-président ou du réceptionniste, adhèrent à cette valeur et s'engagent donc à respecter leurs objectifs. Ce but commun permet d'évaluer la contribution de chacun.
- **Les objectifs les plus simples sont les meilleurs**. Plus les objectifs sont faciles à comprendre, plus vos employés travaillent pour les atteindre. Un objectif doit être concis (pas plus d'une phrase), attrayant et facile à comprendre.

  Un objectif dont l'énoncé comporte plusieurs phrases est un objectif multiple. Décomposez-le en plusieurs objectifs d'une seule phrase. Un objectif dont la description s'étend sur plusieurs pages n'est pas un objectif – c'est un livre. Archivez-le dans votre bibliothèque et essayez encore !

Définir des objectifs : le mieux est l'ennemi du bien

Peter se souvient de la scène comme si c'était hier. Sa société avait décidé d'élaborer un plan stratégique à long terme (la planification stratégique était très tendance à l'époque et s'imposait comme la chose à faire). Toute l'équipe d'encadrement était sur le pied de guerre : les séances de planification duraient parfois toute une journée, des consultants aux honoraires prohibitifs apportaient leur contribution et les employés comprenaient qu'il se passait quelque chose d'important au sommet.

Les managers se sont dévoués corps et âme pour cet effort de planification. Pourquoi la société existait-elle ? Qui étaient ses clients ? Quelles étaient ses valeurs ? Quelle était sa mission ? Quels étaient ses objectifs ? Comment savoir qu'ils étaient atteints ? Les séances et les grandes idées se succédaient. Quelques jours plus tard, plus de douze feuilles grandes comme des posters ont été placardées sur les murs de la salle de réunions. Chacune débordait d'objectifs : *Améliorer le service clients. Accélérer le temps d'exécution des projets. Réparer le chauffage et la climatisation au siège de la société.* Et bien d'autres – plus de 200 en tout !

À la fin de la dernière séance de planification, les managers se sont félicités mutuellement pour leur travail collectif et sont retournés à leur routine. Les objectifs ont vite été oubliés et les feuilles sur lesquelles ils étaient notés soigneusement pliées et rangées dans un tiroir. Les affaires ont suivi leur cours habituel et la planification à long terme est entrée dans une longue période d'hibernation. Les salariés, à qui on avait dit qu'un processus de planification stratégique était en cours, ont fini par se fatiguer de demander de quoi il s'agissait. *Encore une de ces techniques de management qui ne mènent à rien.* Effectivement.

Évidemment, certains objectifs ont fini par être atteints, mais la plupart ont été vite oubliés, ignorés ou éclipsés par d'autres. En règle générale, les managers bien intentionnés, dans leurs efforts pour résoudre tous les problèmes le plus rapidement possible, se fixent beaucoup trop d'objectifs.

Comment peut-on avoir trop d'objectifs ? C'est très simple : plus vous en avez, moins vous avez de temps à consacrer à chacun et moins vous en atteignez. En bref, vous ne pouvez pas tout faire à la fois. Par exemple, essayez de jongler avec des balles. Vous savez peut-être jongler avec deux balles, ce qui est relativement facile.

Mais essayez d'ajouter d'autres balles. Vous avez déjà des difficultés à ne pas en laisser tomber. Corsons un peu l'exercice : pendant que vous tentez désespérément de jongler avec toutes vos balles, quelqu'un vous lance une clef à molette ! *Tout le réseau téléphonique de l'entreprise vient de tomber en panne et la société de télécommunications affirme qu'elle ne pourra pas vous dépanner avant la semaine prochaine.* Et ce n'est pas fini. Alors que vous vous concentrez sur la clef à molette pour l'attraper – en lâchant toutes les balles, bien sûr – votre patron vous lance une série de patates chaudes. *Ce contrat de vente doit partir ce soir ! M. Michaud attend votre courrier.* Patatras ! Aucun manager ne peut jongler avec toutes les balles, tout en attrapant une clef à molette et une série de patates chaudes, sans en laisser tomber quelques-unes.

Cet exemple montre bien pourquoi les managers qui fixent trop d'objectifs voient leurs plans mis à l'écart au fur et à mesure que les employés se trouvent submergés par les besoins de l'entreprise. Avoir trop d'objectifs revient à ne pas en avoir du tout. *Pourquoi faire des efforts ? Je ne peux pas changer grand-chose de toute façon.*

En ce qui concerne la définition d'objectifs, le mieux est l'ennemi du bien.

Voici quelques conseils pour vous aider à sélectionner efficacement les objectifs de votre société :

- **Concentrez-vous sur deux ou trois objectifs**. Vous ne pouvez pas tout faire à la fois et vos employés non plus. Sélectionnez deux ou trois objectifs, pas plus, sinon vous vous disperserez, et votre personnel et vous finirez par sombrer dans la dépression nerveuse.
- **Choisissez les objectifs les plus pertinents**. Certains objectifs sont davantage liés à votre projet que d'autres. Étant donné que vous n'avez jamais beaucoup de temps devant vous, concentrez vos efforts sur les objectifs les plus rentables – plutôt que sur une quantité d'objectifs peu rentables.
- **Sélectionnez les objectifs qui correspondent le mieux à la mission de votre société**. Si vous êtes tenté par des objectifs motivants, intéressants et agréables mais éloignés de la mission de votre société, faites-vous violence.
- **Revoyez régulièrement vos objectifs et modifiez-les si nécessaire**. Le monde de l'entreprise est en constante évolution. Évaluez régulièrement vos objectifs pour vous assurer de leur pertinence par rapport à votre projet. Si nécessaire, réunissez vos employés pour les réviser et adapter le calendrier établi.

Ne vous fixez pas trop d'objectifs en voulant tout faire le plus vite possible. Vous et vos employés vous retrouveriez rapidement submergés. Au contraire, concentrez-vous sur quelques objectifs pertinents. N'oubliez pas que le management ne débouche pas chaque fois sur un succès spectaculaire. C'est l'ensemble des petits succès quotidiens qui, lentement mais sûrement, rend la société plus performante. Gardez bien ce principe à l'esprit lorsque vous vous fixez des objectifs.

Transmettre les objectifs de la société

Avoir des objectifs, c'est une chose, mais encore faut-il les faire connaître aux salariés. Comme vous le savez désormais, les objectifs sont issus d'un projet. Ils permettent aux salariés de concrétiser ce projet dans un délai déterminé. Vous pouvez les communiquer de différentes façons mais, dans tous les cas, ils doivent être expliqués clairement, être compris et faire l'objet d'un suivi.

L'efficacité de l'objectif annuel de Marmot Mountain

Lorsqu'il est devenu président de Marmot Mountain, fabricant américain de vêtements de sport, Steve Crisafulli a rapidement découvert que la société était en grande difficulté. D'après lui, Marmot avait « un système informatique de gestion des stocks inutilisable et six mois de retard dans la comptabilité ». Jamais il n'avait vu une société si « mal en point du point de vue opérationnel ». Il s'est donc attaché à définir des objectifs précis pour concrétiser son projet de rentabilité. Tout n'a pas été résolu d'un seul coup. Il a fallu procéder par étapes. « Pour gérer une petite entreprise, a affirmé Crisafulli, il faut se concentrer sur un ou deux objectifs au maximum. »

Crisafulli a commencé par s'attaquer à un problème récurrent de la société : sa difficulté à livrer les clients à temps. Par exemple, la collection d'hiver, qui devait sortir en septembre, n'arrivait parfois dans les magasins qu'en janvier. Les ventes se terminaient donc prématurément. Crisafulli a fait du respect des délais de livraison la priorité numéro un de la société. L'objectif, défini en accord avec les employés, était de sortir la collection d'hiver à la mi-septembre au plus tard. Pour atteindre cet objectif, les managers se sont réunis tous les jours, ils ont commencé à communiquer les uns avec les autres ainsi qu'avec leurs employés, des inspecteurs du contrôle qualité sont intervenus régulièrement, et les budgets de marketing ont été augmentés.

D'après Crisafulli, « Ce qui manque le plus dans une petite entreprise, ce sont les ressources. On pense souvent à l'argent mais, en réalité, c'est surtout le temps qui manque. Les managers veulent faire trop de choses à la fois. À force de vouloir avancer sur tous les fronts, ils n'arrivent nulle part. »

Au bout du compte, non seulement Marmot a atteint son objectif, mais toute la collection d'hiver est sortie deux semaines avant l'échéance de mi-septembre. Le chiffre d'affaires est passé de 5 millions à 11 millions de dollars en quatre ans. Depuis, la société et son président n'ont jamais oublié ce qui les a sauvés du désastre. Lors de leur réunion annuelle pour définir la stratégie de l'entreprise, les managers se fixent un objectif. « Cela a toujours marché, a déclaré Crisafulli, c'est tout l'intérêt du système. Lorsqu'on se concentre sur un seul objectif à la fois, on n'a pas de difficulté à l'atteindre. C'est beaucoup plus facile que d'essayer d'atteindre une vingtaine d'objectifs différents. » Amen.

Il est aussi important de décrire le projet de la société que les objectifs qui en découlent. Parlez-en aussi souvent que possible, sous différents angles, à tous les membres de la société mais aussi à vos clients, à vos fournisseurs, etc. Soyez conscient que cette communication peut rencontrer certains obstacles. Par exemple, lorsque les réunions visant à expliquer un projet s'accumulent, les participants finissent par se lasser et se désintéresser.

De nombreuses sociétés baissent les bras à ce stade et compromettent le processus de communication. D'un niveau à l'autre de l'entreprise, le projet perd de son intérêt et, le temps qu'il arrive aux oreilles des employés du bas de l'échelle, il est devenu complètement insignifiant.

Lorsque vous faites part d'un projet et d'une série d'objectifs, faites-le avec enthousiasme en montrant toute l'urgence et l'importance de votre démarche. C'est l'avenir de votre société et de vos employés qui est en jeu. Ne l'oubliez pas ! Si vos employés ont l'impression que vous ne vous intéressez pas au projet, pourquoi s'y intéresseraient-ils ?

Il existe différents moyens de faire part d'un projet et de communiquer une vision attrayante de la société :

- Organiser un grand rassemblement lors duquel le projet de la société est solennellement dévoilé.

  Sous les projecteurs qui s'entrecroisent dans l'auditorium et une cascade de ballons, le président apparaît pour s'adresser à la foule : « Mesdames, Messieurs, je suis fier de dévoiler la devise qui forgera l'avenir de notre société : Un sou est un sou ! »

- Imprimer la vision de la société sur les cartes de visite, le papier à en-tête, le bulletin, le badge des employés, etc.
- Encourager les managers à « vanter » la vision de la société lors des réunions du personnel et autres interactions verbales.

Lorsque vous communiquez un projet ou une vision, faites-le le plus tôt et le plus souvent possible. Dans ce cas, la fréquence a davantage d'importance que la forme.

Les objectifs, quant à eux, sont beaucoup plus personnels et requièrent un mode de communication plus formel et plus direct. Voici quelques recommandations :

- Rédigez les objectifs noir sur blanc.
- Prévoyez régulièrement des entretiens en tête à tête avec vos employés pour présenter les objectifs, les commenter et répartir les responsabilités.

  Si l'éloignement géographique ou toute autre raison vous empêche de discuter avec vos employés en tête à tête, faites-le par téléphone. Les salariés doivent avoir la possibilité de vous demander des éclaircissements et vous devez être sûr que les objectifs sont compris.

- Rassemblez toute votre équipe pour lui présenter les objectifs qui la concernent dans son ensemble.

Si les objectifs ne s'adressent pas à des individus en particulier, rassemblez l'équipe et expliquez-lui son rôle et celui de ses membres. Chacun doit savoir exactement ce qu'il a à faire. Les fonctions d'une équipe sont détaillées au chapitre 11.

- Demandez à vos employés de s'engager, individuellement ou en tant qu'équipe, à respecter leurs objectifs.

TRUC

Demandez à vos employés d'élaborer et de vous présenter un plan et un calendrier sur lesquels ils se baseront pour atteindre leurs objectifs dans les délais fixés. Évaluez régulièrement leur progression pour vérifier qu'ils sont sur la bonne voie et, le cas échéant, aidez-les à résoudre leurs problèmes.

Jongler avec les priorités : gardez l'œil sur la bonne balle

Maintenant que vous avez défini vos objectifs, comment allez-vous vous y prendre pour qu'ils soient respectés et atteints dans les délais ?
Vos employés et vous devez rester concentrés.

HISTOIRE VRAIE

Hallmark multiplie les modes de communication

Pour la direction de Hallmark, le plus grand fabricant de cartes de vœux du monde, il est vital de communiquer aux employés les objectifs et les projets de la société. D'après le P.-D.G., Irvine O. Hockaday, « l'énergie et l'ingéniosité des salariés constituent le seul atout durable d'une société. Pour en bénéficier, le P.-D.G. doit créer une vision, pratiquer l'*empowerment*, encourager le travail en équipe et favoriser l'esprit de compétition ».

Pour communiquer efficacement avec les salariés, Hallmark a créé plusieurs publications qui leur sont destinées. Outre le bulletin quotidien, la société publie un magazine bimensuel et une lettre adressée aux cadres. Mais l'effort de communication de Hallmark ne s'arrête pas là : Hockaday invite régulièrement ses employés, quels qu'ils soient, à déjeuner avec lui pour échanger des informations.

Le processus de définition des objectifs soulève généralement beaucoup d'enthousiasme parmi les employés – que ces objectifs soient fixés en groupe ou en tête à tête. Cela dit, cet engouement peut se dissiper rapidement dès que chacun retourne dans son bureau. En tant que manager, vous devez faire en sorte que les membres de votre équipe restent concentrés sur les objectifs, même lorsque des événements moins importants mais momentanément plus urgents surviennent. Plus facile à dire qu'à faire…

Il est *extrêmement* difficile de ne pas négliger les objectifs, surtout si ceux-ci viennent s'ajouter aux responsabilités habituelles. Songez à tout ce qui peut vous en distraire tout au long d'une journée de travail.

- Combien de fois avez-vous été interrompu par votre patron dès le matin alors que vous déterminiez vos priorités de la journée ?

  Michel, laissez tomber ce que vous êtes en train de faire. Vous devez rédiger immédiatement un rapport pour le directeur général ! Il le veut sur son bureau cet après-midi à 15 heures.

- Combien de fois êtes-vous interrompu par un employé qui a un problème ?

  Excusez-moi, mais je pense qu'il vaut mieux que vous soyez au courant de la situation avant qu'elle dégénère. Julie et Antoine viennent de se disputer et Julie dit qu'elle va démissionner. Nous ne pouvons pas la laisser partir, surtout en ce moment. Tout le projet de développement repose sur elle. Qu'allons-nous faire ?

- Avez-vous déjà participé à une réunion d'un quart d'heure qui a finalement duré plusieurs heures ?

  Y a-t-il des questions sur les étapes 1 à 14 du nouveau processus de recrutement ? Bien, passons maintenant aux étapes 15 à 35.

Vous et vos employés risquez de perdre de vue vos objectifs, surtout si vous confondez *activité* et *résultats*. Peut-être connaissez-vous quelqu'un dans votre entourage qui travaille très tard et semble pourtant ne jamais rien accomplir. Bien qu'il semble toujours très occupé, cet employé ne travaille pas de façon efficace. C'est ce qu'on appelle le *piège de l'activité* et il est très facile de s'y laisser prendre.

Comme nous l'avons vu précédemment, 80 % de la productivité d'un salarié provient de 20 % de son activité. Par conséquent, 80 % de son activité n'aboutit qu'à 20 % de sa productivité. Ces chiffres illustrent bien le piège de l'activité. Que faites-vous pendant votre journée de travail ? Et surtout, que faites-vous des 80 % de votre temps qui donnent si peu de résultats ? Il n'est pas trop tard pour sortir du piège et redéfinir vos priorités. Cela dit, vous allez devoir être discipliné et déterminé à atteindre vos objectifs.

Tout dépend de vous. Personne, ni même votre patron (voire surtout pas votre patron), ne va vous aider à vous concentrer sur vos objectifs. Vous devez en assumer l'entière responsabilité dès maintenant. Si vous ne parvenez pas à respecter votre propre calendrier, c'est que vous laissez les autres contrôler votre activité professionnelle.

Voici quelques conseils pour vous aider, vous et vos employés, à sortir du piège de l'activité :

- **Donnez la priorité aux priorités**. Avec tout ce qui demande votre attention tout au long de la journée, la tentation de commencer par les tâches les plus faciles et de garder les autres pour plus tard, et l'habitude qu'ont vos collègues de faire irruption dans votre bureau pour bavarder ou vous parler de leurs problèmes, vous avez probablement beaucoup de difficultés à vous concentrer sur votre priorité n° 1. Or, si vous ne donnez pas la priorité aux tâches prioritaires, vous tomberez inévitablement dans le piège de l'activité. Autrement dit, les mêmes priorités se trouveront en tête de votre liste des tâches tous les jours, toutes les semaines et tous les mois.
- **Organisez-vous**. Dans le monde de l'entreprise, l'organisation et la gestion du temps sont des paramètres très importants. Si vous êtes organisé, vous passerez moins de temps à vous demander ce que vous devez faire et davantage de temps à le faire.
- **Sachez dire non**. Si quelqu'un essaie de vous mettre son problème sur les épaules, soyez ferme ! En tant que manager, c'est votre rôle de relever de nouveaux défis et de résoudre des problèmes, mais vous ne devez pas faire passer ceux des autres avant les vôtres. Soyez constamment sur vos gardes et ne perdez pas votre journée en vous adonnant à des activités inutiles. Demandez-vous toujours : « En quoi cela m'aide-t-il à atteindre mes objectifs ? » Concentrez-vous sur vos propres objectifs et ne laissez pas les autres se décharger sur vous de la responsabilité de leurs problèmes.

Utiliser votre pouvoir pour atteindre vos objectifs

Comment faire de vos priorités celles de vos employés ? Vous pouvez vous en remettre au hasard ou vous impliquer personnellement en utilisant votre pouvoir.

Vous avez le pouvoir de faire respecter vos objectifs.

Le pouvoir a eu mauvaise presse ces dernières années. En réaction aux styles de leadership autocratiques qui ont été de rigueur dans de nombreuses entreprises, les employés ont exigé et les sociétés ont fourni un type de management axé autour de principes plus humains.

En ce qui nous concerne, nous pensons que le pouvoir n'est pas condamnable en soi. Nous avons tous beaucoup de sources de pouvoir en nous. Non seulement nous avons un pouvoir, mais nous l'exerçons tous les jours pour contrôler ou influencer les événements et les personnes qui nous entourent. En général, le pouvoir est un élément positif de notre vie. C'est l'abus de pouvoir qui est néfaste. La manipulation, l'exploitation et la coercition n'ont pas leur place dans le monde de l'entreprise.

Vous pouvez utiliser le pouvoir qui est en vous pour aider vos employés à atteindre les objectifs de votre société. Si certains salariés s'enlisent dans une routine et un comportement non productif, utilisez votre pouvoir pour les remettre dans la bonne direction – celle qui mène à la réalisation des objectifs.

Nous avons tous cinq grandes sources de pouvoir, que nous exploitons plus ou moins efficacement selon nos points forts et nos points faibles. En découvrant ces cinq sources de pouvoir, demandez-vous quels sont vos propres points forts et points faibles.

- **Pouvoir personnel**. Il s'agit du pouvoir issu de votre personnalité. Votre passion pour la grandeur, la force de vos convictions, votre aptitude à communiquer et à motiver, votre charisme et vos qualités de leader constituent votre pouvoir personnel.
- **Pouvoir relationnel**. Nous avons tous des relations avec les autres dans notre vie professionnelle. Ces interactions contribuent au développement du pouvoir relationnel que nous exerçons au bureau. Les relations étroites que vous pouvez avoir avec des cadres supérieurs, vos partenaires, des personnes qui vous doivent un service et des collègues qui vous donnent des informations non officielles sont autant de sources de pouvoir relationnel.
- **Pouvoir hiérarchique**. Ce pouvoir découle directement de votre rang ou de votre titre au sein de la société et dépend de l'autorité dont vous bénéficiez pour contrôler les ressources humaines et financières. Si le pouvoir hiérarchique du réceptionniste est insignifiant, celui du président ou du fondateur de la société est considérable.
- **Pouvoir cognitif**. Pour voir le pouvoir cognitif en action, regardez ce qui se passe la prochaine fois que le réseau informatique de votre société tombe en panne. Là, vous verrez qui détient réellement ce pouvoir ! Celui-ci provient d'une expertise acquise avec l'expérience, d'une formation universitaire ou d'un stage spécialisé.
- **Pouvoir fonctionnel**. Le pouvoir fonctionnel provient de votre fonction ou des tâches dont vous êtes chargé. Comme vous l'avez certainement remarqué à plusieurs reprises, les membres d'une société peuvent faciliter ou entraver le travail de leurs collègues grâce à leur pouvoir fonctionnel. Par exemple, si vous demandez un remboursement à votre

compagnie d'assurance et restez plusieurs mois sans nouvelles *(Ah bon ? Votre demande n'apparaît pas sur l'ordinateur – vous êtes sûr de nous l'avoir fait parvenir ? Il serait plus sûr de la renouveler)*, vous êtes victime de l'aspect négatif du pouvoir fonctionnel.

Si vous avez des points faibles dans certaines sources de pouvoir, vous pouvez les estomper. Par exemple, s'il s'agit du pouvoir relationnel, faites un effort pour mieux connaître vos collègues et entretenir des relations avec des cadres haut placés. Lorsque vos collègues vont boire un verre après le travail, rejoignez-les au lieu de décliner l'invitation. Amusez-vous tout en renforçant votre pouvoir relationnel.

TRUC

Pour augmenter votre pouvoir personnel, vous pouvez participer à un séminaire pour apprendre à mieux parler en public ou suivre un programme de développement personnel.

Soyez conscient de vos sources de pouvoir et utilisez-les de façon positive pour atteindre vous-même et aider vos employés à atteindre les objectifs de votre société. Le pouvoir est un instrument indispensable pour obtenir des résultats.

TEST

Testez vos nouvelles connaissances

Quelles sont les caractéristiques des objectifs SMART ?

A. Ils sont spéciaux, maniables, attrayants, réguliers et tangibles.

B. Ils sont sûrs, médiatiques, agressifs, réactifs et totaux.

C. Ils sont superficiels, méditatifs, altruistes, rares et tubulaires.

D. Ils sont spécifiques, mesurables, accessibles, rattachés à un projet et définis dans le temps.

Quelles sont les cinq sources de pouvoir dans une société ?

A. Le président de la société et ses quatre vice-présidents.

B. Cela dépend.

C. Les pouvoirs personnel, relationnel, hiérarchique, cognitif et fonctionnel.

D. Autres.

Chapitre 8

Effectuer un suivi des performances

Dans ce chapitre :

- Quantifier vos objectifs
- Mettre au point un système de suivi des performances
- Mettre votre système en pratique
- Illustrer vos résultats par un graphique
- Exploiter pleinement vos informations

Dans le chapitre 7, nous avons vu pourquoi il est important de fixer des objectifs aux individus, aux équipes et à la société. Il faut ensuite s'assurer que la société progresse vers la réalisation de ces objectifs (selon les procédures et les délais prévus). La performance de la société dépend de la performance de chacun de ses membres.

Effectuer le suivi des performances de vos employés, c'est comme marcher sur une corde raide : vous ne devez pas exercer un contrôle démesuré, sinon votre évaluation se transformera en une procédure bureaucratique inutile et nuisible à la productivité des employés. Mais vous ne devez pas non plus tomber dans l'excès inverse. Le manque de vigilance réserve parfois de mauvaises surprises, comme le dépassement des délais ou du budget, ou même l'absence de travail. *Comment ? La mise à jour de la base de données sur les clients n'est toujours pas terminée ? J'avais promis au responsable des ventes de la lui fournir il y a deux semaines ! Bien, des têtes vont tomber maintenant ! Ce fut un plaisir de travailler avec vous, Thibaud.*

Le but du suivi des performances n'est pas de sanctionner les employés lorsqu'ils font une erreur ou dépassent un délai, mais de les aider à respecter leurs engagements et de déterminer s'ils ont besoin de ressources supplémentaires. Les salariés admettent rarement qu'ils ont besoin d'aide, quelle que soit la raison. Par conséquent, vous devez évaluer leur progression systématiquement et leur donner un *feed-back* sur leurs performances.

PERLE RARE

Si vous ne suivez pas la progression de vos employés vers les objectifs de la société, vous n'atteindrez pas ces objectifs. Ne vous en remettez pas au hasard. Mettez au point un système d'évaluation des performances.

Suivre la progression de vos employés

Pour suivre la progression de vos employés, commencez par déterminer des indicateurs de succès. Si vous avez suivi les recommandations du chapitre 8, vous avez fixé quelques objectifs SMART (spécifiques, mesurables, accessibles, rattachés à un projet et définis dans le temps) et un calendrier précis pour les atteindre.

Si vous quantifiez ces objectifs en leur attribuant une valeur numérique, vos employés sauront comment leurs performances seront évaluées. Par exemple, si vous évaluez leurs performances en fonction du nombre de pièces produites en une heure, ils sauront à quoi s'en tenir. Si l'objectif est de produire 100 pièces par heure, avec une pièce de rebut au maximum, ils comprendront aisément qu'en produisant seulement 75 pièces par heure avec 10 pièces de rebut, ils seront en dessous du seuil de performances acceptable. Ainsi, l'évaluation n'est soumise ni à l'imagination, ni à l'interprétation, ni à l'humeur du manager.

Le mode d'évaluation de la progression des salariés vers les objectifs dépend de la nature de ces objectifs. Par exemple, vous pouvez quantifier les objectifs en termes de temps, d'unités de production ou de réalisation d'une tâche précise (comme un rapport ou une proposition de vente). Voici quelques exemples d'objectifs suivis chacun d'un critère d'évaluation approprié :

- **Objectif** : élaborer et diffuser un bulletin avant la fin du deuxième trimestre de l'exercice.
- **Critère d'évaluation** : la date précise (30 juin, par exemple) à laquelle le bulletin doit être distribué (temps).
- **Objectif** : augmenter la production de cadres de VTT de 5 pièces par jour et par employé.
- **Critère d'évaluation** : le nombre exact de cadres de VTT produits par jour et par employé (quantité).
- **Objectif** : augmenter les bénéfices de 20 % au cours de l'année 2007.
- **Critère d'évaluation** : le pourcentage d'augmentation des bénéfices du 1er janvier 2007 au 31 décembre 2007 (pourcentage).

S'il est bien sûr important de féliciter vos employés lorsqu'ils atteignent un objectif, il est également essentiel de reconnaître les différentes étapes qu'ils franchissent au fur et à mesure de leur progression vers cet objectif. Par exemple :

- L'objectif de vos transporteurs routiers est de maintenir un taux d'accidents à zéro. C'est un objectif illimité qui n'est soumis à aucun délai. Pour encourager vos employés, vous pouvez tendre dans le garage une banderole affichant « 153 jours sans accident » et augmenter régulièrement le nombre de jours.
- L'objectif de vos agents financiers est d'augmenter le nombre moyen de transactions de 150 à 175 par jour. Pour évaluer leur progression vers cet objectif, affichez la production quotidienne de chaque employé à la fin de chaque semaine. Au fur et à mesure que la production augmente, félicitez l'ensemble de l'équipe pour ses progrès.
- L'objectif de vos réceptionnistes est d'augmenter de 10 % le pourcentage d'« excellentes réponses » aux questions des clients d'après les enquêtes effectuées. Calculez le pourcentage mensuel de chaque réceptionniste et annoncez les résultats lors d'une réunion du personnel. Le réceptionniste qui obtient tous les mois le pourcentage le plus élevé pourra être invité à déjeuner par le responsable du service.

À RETENIR

Lorsque vous effectuez le suivi des performances de vos employés, donnez toujours un *feed-back* positif (augmentation de la production, augmentation des ventes, etc.). Ainsi, vous encouragerez les comportements que vous espérez. Si vous donnez un *feed-back* négatif (nombre d'erreurs, nombre de jours de travail perdus, etc.), vous n'encouragez pas les comportements que vous attendez, vous ne faites que décourager ceux que vous condamnez – ce qui est tout à fait différent.

- **Au lieu d'évaluer** : le nombre de cartouches défectueuses
- **Évaluez** : le nombre de cartouches correctement assemblées
- **Au lieu d'évaluer** : le nombre de jours de retard
- **Évaluez** : le nombre de jours où le travail a été effectué à temps
- **Au lieu d'évaluer** : le nombre de transactions manquées
- **Évaluez** : le nombre de transactions effectuées

Vous vous demandez peut-être si ce *feed-back* doit être effectué en public ou en privé. À votre avis ? Obtiendrez-vous de meilleures réactions si les résultats de vos évaluations sont accessibles à tous ou s'ils restent confidentiels ?

TRUC

La confidentialité ne présente aucun intérêt dans ce cas. Au contraire, la tendance naturelle des salariés à rivaliser les uns avec les autres les motive et accroît leurs performances. Si vos employés ne savent pas comment ils s'en sortent par rapport à leurs collègues, ils ne seront pas incités à améliorer leurs performances malgré vos encouragements. En revanche, si leurs progrès sont comparés toutes les semaines ou tous les mois à ceux des autres, ils feront tout pour être en tête de liste. Attention : votre but n'est pas d'encourager une rivalité destructrice mais un combat pour l'excellence.

À RETENIR

Le meilleur moyen d'obtenir des résultats consiste à faire en sorte que vos employés prennent conscience chaque jour des progrès qu'ils font. Affichez les résultats de vos évaluations à la vue de tous.

Comment ? Vous craignez que vos employés soient embarrassés par l'affichage public de leurs performances ? Évidemment, ils ne doivent pas être humiliés devant leurs collègues. Cependant, vous devez savoir utiliser à bon escient la pression qu'ils exercent les uns sur les autres. À moins qu'ils n'aient aucun scrupule, les derniers de la liste essaieront de remonter la pente. Et par conséquent, les meilleurs dépasseront leurs limites pour garder une longueur d'avance. Très rapidement, vous vous retrouvez avec une équipe ultra-performante.

Mettre au point un système de suivi des performances

Vous pouvez évaluer de nombreux facteurs liés aux comportements et aux performances. C'est à vous de choisir ce que vous évaluez et les valeurs sur lesquelles vous vous basez pour faire ces évaluations. Dans tous les cas, élaborez un système comportant des échéances, des actions hiérarchisées et un calendrier précis.

Fixer des échéances

Tout objectif doit avoir un début, une fin et des étapes intermédiaires qui permettent d'évaluer la progression vers cet objectif. Les échéances sont des paliers que les employés franchissent sur le chemin qui les mène à la réalisation de l'objectif.

Par exemple, imaginez que l'objectif fixé consiste à finaliser la préparation du budget de la société d'ici à trois mois. Disons que la troisième échéance exige que le budget de chaque service soit soumis au responsable du service avant le 1er juin. Si, le 1er juin, vous constatez que cette échéance n'a pas été respectée, vous saurez immédiatement que le projet a pris du retard. Si, en revanche, tous les budgets ont été soumis avant le 15 mai, vous pourrez en déduire que le projet a de l'avance et que vous atteindrez peut-être l'objectif final plus tôt que prévu.

Engager des actions

Les actions sont les tâches individuelles que vos employés effectuent pour passer d'une échéance à une autre. Pour atteindre la troisième échéance de votre projet de budgétisation, vos employés doivent accomplir certaines tâches après avoir atteint la deuxième échéance. Ces actions sont multiples :

- Revoir les dépenses de l'année précédente et les confronter aux activités actuelles.
- Analyser les dépenses cumulées sur l'exercice en cours et en déduire les chiffres de fin d'exercice.
- Rencontrer le personnel du service afin de connaître ses besoins en matière de formation, déplacement et équipement pour la nouvelle année.
- Anticiper les éventuels recrutements, licenciements et augmentations de salaires pour déterminer leur impact sur le montant des traitements et salaires.
- Reporter tous les chiffres obtenus au cours des actions précédentes sur une feuille de calcul pour élaborer un projet de budget par ordinateur.
- Imprimer le projet de budget et vérifier les résultats manuellement. Corriger et réimprimer si nécessaire.
- Soumettre le projet de budget au responsable du service.

Chaque action rapproche vos employés de la troisième échéance – la présentation du budget du service avant le 1er juin – et représente donc un élément essentiel de leurs performances. Lorsque vous élaborez un plan pour la réalisation d'un projet, notez chaque action noir sur blanc pour que vos employés sachent exactement ce qu'ils ont à faire pour atteindre chaque étape, où ils en sont, et ce qu'il leur reste à faire.

Hiérarchiser les actions

Les actions doivent être effectuées en fonction des échéances à respecter. Elles découlent les unes des autres pour mener progressivement à la réalisation de l'objectif. Bien que l'ordre dans lequel elles sont engagées ne soit pas toujours important, il est généralement préférable de les hiérarchiser de façon logique.

Par exemple, dans les actions à effectuer pour atteindre la troisième échéance du projet de budgétisation – soumettre le budget de chaque service avant le 1er juin –, il est impossible de faire passer la cinquième avant la première, la deuxième, la troisième ou la quatrième. Si vous n'avez pas rassemblé les chiffres, vous ne pouvez pas remplir votre feuille de calcul.

Cela dit, n'oubliez pas qu'il peut exister plusieurs moyens d'atteindre une échéance. Donnez à vos employés la possibilité d'agir à leur façon. Ainsi, ils assumeront pleinement la responsabilité de leur travail et apprendront de leurs erreurs et de leurs succès. Ce seront des salariés performants, heureux et productifs.

Définir un calendrier

Comment déterminer l'intervalle qui sépare chaque échéance de la durée de l'ensemble du projet ? Vous devez évaluer la durée de chaque action. Combien de temps faut-il pour analyser les dépenses cumulées sur l'exercice en cours et en déduire les chiffres de fin d'exercice. Une journée ? Une semaine ? Combien de temps faut-il pour rencontrer tous les membres du personnel et évaluer leurs besoins ?

Il est important que vous sachiez élaborer des calendriers à la fois utiles et réalistes. Par exemple, vous savez que, si tout va bien, il vous faudra exactement quatre jours pour rencontrer tous vos employés. Mais vous savez aussi que, si vous rencontrez des problèmes, vous en aurez peut-être pour six jours. Par conséquent, lors de l'élaboration de votre calendrier, vous prévoyez cinq jours pour cette action. Ménagez-vous une certaine marge de manœuvre pour être sûr de pouvoir respecter les échéances.

Les échéances, la hiérarchisation des actions et la définition d'un calendrier permettent d'effectuer un suivi efficace de la progression des salariés vers les objectifs de la société. Sans ce suivi, vos employés risquent de ne jamais atteindre ces objectifs sans même que vous vous en rendiez compte. Et ce serait vraiment dommage.

PERLE RARE

Évaluer au lieu de compter

D'après Peter Drucker, expert américain en management, les managers passent trop de temps à compter et pas assez à évaluer les performances de leur société. Que veut-il dire par là ? Il parle du manque de perspective des managers dans leurs contrôles, notamment en ce qui concerne les budgets. La définition de budgets a pour but de veiller à ce que les fonds de la société soient utilisés uniquement dans un cadre précis. Il existe des mécanismes de contrôle qui consistent à compter l'argent dépensé pour une activité particulière en s'assurant que le budget n'a pas été dépassé. Drucker pense que le budget devrait être un outil d'évaluation et non de comptage. Les managers devraient faire le lien entre les dépenses autorisées et les résultats futurs et effectuer un suivi pour voir si les résultats escomptés sont atteints.

Drucker assimile le comptage à l'utilisation de la radiographie dans le diagnostic des maladies. Bien que certaines affections – fractures, pneumonie et autres – soient détectables au moyen d'une radio, d'autres, plus graves, comme la leucémie, l'hypertension et le sida passent inaperçues. De même, la plupart des managers utilisent le budget pour radiographier les performances financières de leur société. Ce système ne permet pas d'évaluer la perte d'une part de marché ou le manque d'innovation avant qu'il ne soit trop tard et que le patient soit déjà affecté – peut-être irrémédiablement.

Mettre votre système de suivi des performances en pratique

Laissons la théorie pour en venir à la pratique. Comment mettre en pratique le suivi des performances ? Voici quelques anecdotes illustrant différentes façons d'atteindre le même but : rendre les salariés performants.

Cas n° 1 : remise à niveau

HISTOIRE VRAIE

Lorsque, dans sa société, Bob est devenu responsable de l'adaptation des produits informatiques au client, le service marchait au ralenti – la gestion de projets laissait à désirer, il n'y avait pas de système d'organisation, et les clients devaient attendre des semaines voire des mois avant de recevoir leur produit personnalisé, qui comportait souvent de nombreuses erreurs. Il fallait mettre un terme à ce laisser-aller et Bob a été chargé de redresser la barre.

Après avoir analysé les procédures au sein du service et recueilli des informations auprès des clients, Bob a fait la liste des mesures qu'il fallait prendre pour remettre la société au niveau de ses concurrents internationaux. Tout son plan était axé autour de la rénovation du système de suivi des performances.

Étape 1 : fixer des objectifs avec les employés

Les deux premières actions que Bob a engagées après avoir dressé la liste des mesures à prendre ont été de discuter avec les employés du service et d'interroger les utilisateurs. Au terme de ce processus de communication, Bob disposait de nombreuses informations négatives sur le service, les procédures de travail et autres. Dès son premier jour, il avait vu un exemple criant des problèmes évoqués : un vendeur de la société avait demandé des modifications urgentes sur un des projets terminés la veille. Malheureusement, le logiciel en question avait été perdu ! Aïe !

Les performances commencent par des objectifs clairs. Après avoir analysé ce qui empêchait les employés de faire du bon travail, Bob s'est renseigné sur les besoins du service. Il a ensuite fixé des objectifs acceptables pour tous et élaboré un plan précis. En collaboration avec ses employés, il a préparé le terrain pour une remise à niveau de la société.

Étape 2 : modifier le système de suivi des performances

Lorsqu'il a analysé le système de suivi des performances, Bob a rapidement compris que tous les critères d'évaluation étaient négatifs : projets en retard, nombre d'erreurs, commandes inexécutées, etc. Il n'existait aucun critère d'évaluation positif.

Bob a donc souhaité effectuer un suivi positif pour créer une dynamique positive et favoriser ainsi l'amélioration des performances. Il a mis au point un nouveau système basé sur un seul critère d'évaluation (positif) : le nombre de projets terminés dans les délais. En deux ans, le service est passé d'un chiffre dérisoire à 2 700 projets terminés à temps (d'affilée) ! Non seulement cette amélioration spectaculaire des performances a donné entière satisfaction à Bob, mais elle a radicalement modifié le comportement des employés. Au lieu de redouter les demandes de personnalisation des produits et de ne jamais être récompensés pour leurs efforts, ceux-ci étaient impatients de dépasser les limites qu'ils s'étaient fixées.

Étape 3 : revoir le plan

Au fur et à mesure que les performances s'amélioraient, Bob a fixé d'autres objectifs : devis en vingt-quatre heures, classement des projets, stockage des logiciels, rationalisation des systèmes de facturation, etc. Tout en planifiant et en mettant en œuvre ces mesures, il a essayé d'équilibrer les besoins à long terme du plan d'amélioration des performances et les besoins à court terme de l'entreprise.

La direction s'est rapidement rendu compte de ce qui se passait dans le service de Bob. En améliorant ses performances, ce service, qui représentait autrefois un handicap pour la société, lui donnait désormais un avantage concurrentiel sur le marché. Il exécutait 80 % de ses commandes en deux semaines.

Cas n° 2 : des employés disponibles à 100 %

Les résultats que vous espérez pour votre société ne se mesurent pas nécessairement en nombre de pièces produites ou en pourcentage de productivité. Peut-être souhaitez-vous tout simplement que vos employés arrivent à l'heure et apprécient les huit heures qu'ils passent chaque jour au travail. Quand le moral est bas, la productivité l'est aussi.

HISTOIRE VRAIE

D'après une étude réalisée auprès de Diamond Fiber Products, 79 % des employés ne se sentaient pas récompensés pour leur travail, 65 % considéraient qu'ils n'étaient pas traités avec respect, et 56 % étaient pessimistes concernant leur avenir dans la société. Des chiffres plutôt alarmants ! Heureusement, les managers ont reconnu qu'ils avaient des problèmes et ont pris les mesures suivantes pour les régler.

Étape 1 : créer un programme axé autour des comportements souhaités

La première idée de la direction de Diamond Fiber Products a été de créer un club au sein de la société. Il s'agissait du Club des 100, destiné à renforcer les comportements suivants :

- Présence
- Ponctualité
- Sécurité

Le but était de donner des points aux employés qui répondraient à certains critères mesurables liés à ces comportements. Tout employé atteignant un total de 100 points recevrait une récompense – dans ce cas, une veste en nylon sur laquelle étaient imprimés le logo de Diamond Fiber et « Le Club des 100 ».

Étape 2 : attribuer un nombre de points à chaque comportement

Selon que les employés auraient le comportement souhaité ou non, ils gagneraient ou perdraient des points. Pour une année complète sans absence, les employés gagneraient 25 points. Pour une année sans sanction disciplinaire formelle, ils gagneraient 20 points. Pour une année sans accident de travail causant une perte de temps, ils gagneraient 15 points. Ils pouvaient aussi en gagner en faisant des suggestions concernant la sécurité ou la réduction des coûts, ou en participant à des actions humanitaires (don du sang à la Croix-Rouge, par exemple).

En attribuant un nombre de points à chaque comportement, la direction a élaboré un système d'évaluation objectif. De plus, les objectifs n'étaient ni trop faciles à atteindre – les employés devraient se dépasser – ni inaccessibles et donc démotivants.

Étape 3 : évaluer les performances et récompenser les employés

Tout le programme de Diamond Fiber repose sur l'évaluation des comportements et la récompense. Les managers effectuent un suivi régulier des performances et attribuent des points en fonction de critères précis. Lorsque les employés obtiennent un total de 100 points, la veste est à eux.

Vous trouvez peut-être ce programme un peu trivial – qui voudrait d'une veste avec le logo de sa société ? Vos employés, justement ! Un banquier du quartier raconte qu'une employée de Diamond Fiber est venue à la banque pour montrer sa veste du Club des 100 aux clients et au personnel. « Mon employeur m'a donné cette veste parce que j'ai fait du bon travail, avait déclaré cette femme. C'est la première fois en dix-huit ans qu'il reconnaît le travail que je fais chaque jour. »

Encore plus parlant, dès la première année du programme, Diamond Fiber a considérablement réduit ses dépenses, augmenté sa productivité de 14,5 % et réduit son pourcentage d'erreurs de 40 %. De plus, 79 % des employés ont affirmé qu'ils s'investissaient davantage dans leur travail depuis la mise en œuvre du programme ; 73 % considèrent que la société les respecte en tant qu'individus ; et 86 % pensent qu'ils sont « importants » ou « très importants » aux yeux de la direction. Pas mal du tout pour une veste bleu layette !

Réaliser un graphique

Il peut être très facile d'évaluer la progression des salariés vers un objectif. Par exemple, si l'objectif est d'augmenter la production de 100 à 125 pièces par heure, il vous suffit de compter pour connaître les performances de vos employés. *Désolé, Sophie, vous n'en êtes qu'à 120 pièces par heure.* En revanche, si l'objectif est de fabriquer un prototype de véhicule électrique en six mois, le suivi des performances sera beaucoup plus compliqué.

Vous pouvez écrire toutes les échéances à atteindre et les actions à engager (comme dans l'exemple de la préparation du budget). Cela dit, dans le cas d'un projet complexe, il est préférable d'opter pour une représentation graphique, plus facile à lire et à comprendre.

Histogramme à lignes

Pour évaluer et illustrer la progression d'un projet, l'histogramme à lignes est sans doute l'outil le plus approprié. En un coup d'œil, vous savez exactement à quelle étape vous devez en être et pouvez comparer la progression effective des salariés avec ce qui a été planifié.

Les trois éléments clés de l'histogramme à lignes sont les suivants :

- **Axe du temps** : l'axe du temps fournit une échelle sur laquelle mesurer la progression du projet. Vous pouvez lui attribuer l'unité que vous voulez : jour, semaine, mois ou ce qui s'adapte le mieux à la gestion du projet. Dans un histogramme à lignes, l'axe du temps est l'axe horizontal (l'axe des abscisses, pour ceux qui se souviennent de leurs cours de mathématiques).
- **Actions** : les actions sont les tâches individuelles effectuées par vos employés pour aller d'une échéance à une autre. Dans un histogramme à lignes, chaque action est indiquée, généralement par ordre chronologique, sur l'axe vertical (l'axe des ordonnées).
- **Lignes** : chaque ligne représente la durée estimée d'une action. Ainsi, les lignes courtes représentent une courte période et les lignes longues, une longue période. Lorsqu'une action est réalisée, vous pouvez surligner la ligne pour voir rapidement ce qui a été fait et ce qu'il reste à faire.

Pour vous montrer comment utiliser un histogramme à lignes, nous avons repris l'exemple de la préparation du budget (voir figure 8-1). Le graphique illustre les actions qui mènent à la troisième échéance du projet.

Comme le montre la figure 8-1, l'axe du temps se trouve en haut de l'histogramme. Il va du 15 avril au 1er juin, chaque segment représentant une semaine. Les sept actions nécessaires pour atteindre la troisième échéance sont indiquées verticalement, sur le côté gauche de l'histogramme. Les lignes représentent la durée estimée de chaque action. Vous pourrez les surligner en couleur au fur et à mesure que les actions seront accomplies.

Troisième échéance : soumettre un projet de budget

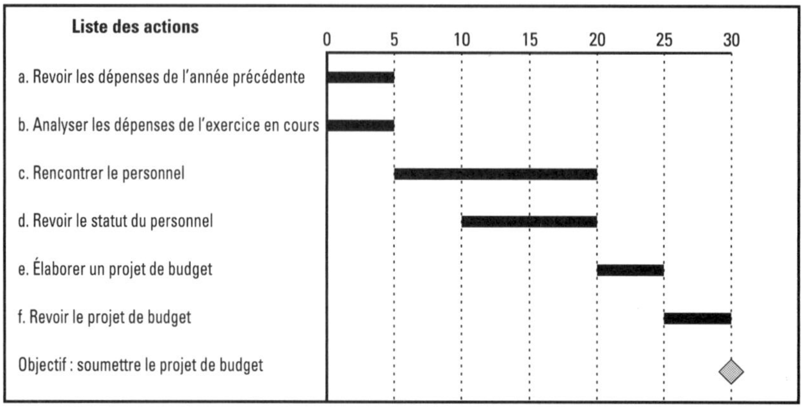

Figure 8-1 : Histogramme à lignes illustrant les actions qui mènent à la troisième échéance du projet.

Si toutes les actions sont accomplies conformément à l'histogramme, la troisième échéance sera atteinte le 1er juin. Si certaines actions durent plus longtemps que prévu, le projet prendra du retard (et les soucis commenceront). À l'inverse, si elles prennent moins de temps, l'objectif sera atteint plus tôt (et il y aura de la récompense dans l'air !).

L'histogramme à lignes présente plusieurs avantages : il est simple, facile à élaborer et à utiliser, et peu coûteux. S'il convient aux projets relativement simples, comme la préparation d'un budget, il n'est pas très adapté aux projets complexes, de longue haleine, comme la construction d'une navette spatiale ou le calcul de vos impôts…

Organigramme

Si l'histogramme à lignes suffit à illustrer la progression d'un projet simple, il ne rend pas compte du flux séquentiel d'actions. Par conséquent, pour un projet complexe, il est recommandé d'utiliser un organigramme. Comme l'histogramme à lignes, l'organigramme comporte trois éléments clés :

- **Actions** : dans un organigramme, les actions sont représentées par des flèches qui vont d'une étape à une autre. La longueur d'une flèche n'est pas nécessairement liée à la durée de l'action. Les flèches ont pour but d'illustrer la relation séquentielle des actions les unes par rapport aux autres.
- **Étapes** : les étapes, qui constituent le résultat des actions, sont représentées par des cercles numérotés.

- **Temps** : le temps estimé pour chaque action est indiqué le long de la flèche qui la représente. En additionnant les chiffres, vous pouvez calculer la durée d'une certaine branche du projet.

La figure 8-2 est un organigramme de la préparation du budget illustrée à la figure 8-1. Comme vous le voyez, cet organigramme montre avec précision les relations entre les actions. En suivant le chemin le plus long en termes de temps, vous pouvez déterminer le *chemin critique* du projet. *La méthode du chemin critique* est applicable à condition que le temps de réalisation des actions puisse être estimé avec un maximum de certitude. Cette technique met en évidence les actions qui permettent de calculer la durée minimale d'un projet – dans ce cas, trente jours.

Lorsque la durée d'une action ne peut être estimée avec suffisamment de certitude, vous pouvez utiliser une variante de la méthode du chemin critique. Il s'agit de la technique d'évaluation et d'examen du programme ou méthode PERT (Program Evaluation and Review Technique). Grâce à des techniques statistiques très intéressantes (zzzzz…), la méthode PERT fait une moyenne des durées possibles afin d'obtenir une estimation pour chaque action.

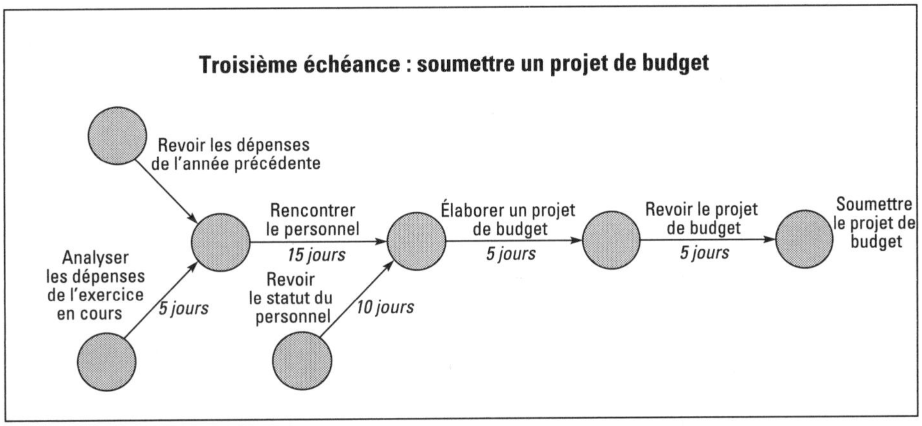

Figure 8-2 : Organigramme illustrant la préparation du budget.

Ordinogramme

Heureusement pour ceux qui ne sont pas forts en maths, le monde merveilleux de l'informatique s'est étendu jusqu'à la gestion de projet. Plus la peine de dessiner, d'effacer, de redessiner, etc. pendant des heures. En quelques clics, vous avez un graphique parfait du premier coup !

Grâce à Microsoft Project, l'un des meilleurs logiciels de gestion de projet, vous pouvez créer et réviser votre planning rapidement et facilement. Il vous suffit de franchir les trois étapes suivantes :

- Saisir les actions à accomplir.
- Saisir l'ordre des actions et leurs liens les unes par rapport aux autres.
- Saisir les ressources (humaines et financières) requises pour accomplir les actions.

Au fur et à mesure de la progression du projet, vous pouvez saisir des données, comme les véritables dates de début et de fin de chaque action, les dépenses effectives et autres pour avoir une image réaliste du projet au stade où il se trouve. Vous pouvez imprimer toutes ces données sous forme de tableau, de schéma ou de graphique et les enregistrer pour les réutiliser ultérieurement.

Évaluer les résultats

Vous avez fixé des objectifs, mis au point un système de suivi et recueilli de nombreuses informations sur les performances de vos employés. Il ne vous reste plus qu'à déterminer si les résultats escomptés ont été obtenus.

- **Comparez les résultats à vos attentes** : imaginez que l'objectif ait été de réaliser une analyse coût/profit pour le 1er novembre. Quand cette analyse a-t-elle été terminée ? Le 17 octobre – bien avant l'échéance prévue ? Parfait ! Mission accomplie haut la main.

Les six étapes d'un projet

Certaines techniques de management sont si populaires qu'elles sont photocopiées et transmises d'employé à employé et de société à société d'une façon informelle qui fonctionne bien mieux que le système de communication formel de la plupart des entreprises. Ces textes, schémas et bandes dessinées ironiques apportent un peu d'humour dans le quotidien des salariés. La liste suivante, qui présente les six étapes d'un projet, passe de main en main depuis des années :

1. Enthousiasme
2. Désillusion
3. Panique
4. Recherche des responsables
5. Sanction des innocents
6. Éloge des non-participants

- **Consignez les résultats** : inscrivez les résultats dans le fichier que vous avez créé pour le suivi des performances de vos employés ou imprimez-les pour les afficher dans le couloir.
- **Félicitez, coachez ou conseillez vos employés** : si le travail a été effectué correctement, à temps et dans les limites du budget, félicitez vos employés et récompensez-les à la hauteur de leurs efforts : message de reconnaissance, jour de congé ou autre.

  En revanche, si l'objectif n'a pas été atteint, essayez de découvrir pourquoi et demandez-vous ce que vous pouvez faire pour qu'il soit atteint la prochaine fois. Si vos employés ont simplement besoin de davantage de soutien et d'encouragement, coachez-les pour les aider à améliorer leurs performances. Écoutez-les, mettez-les en contact avec d'autres employés ou faites-les bénéficier de votre expérience. Si les mauvais résultats proviennent d'une défaillance plus grave, conseillez ou sanctionnez vos employés (voir chapitre 15).

TEST

Testez vos nouvelles connaissances

Quels sont les trois éléments de base d'un système de suivi des performances ?

A. Étapes, activités, courrier.

B. Engagement, actions systématiques et calendrier.

C. Échéances, actions hiérarchisées et calendrier.

D. Autres.

Qu'est-ce que le chemin critique ?

A. La durée minimale d'un projet.

B. Le chemin le plus simple.

C. La durée maximale d'un projet.

D. L'approche la plus difficile pour réaliser un projet.

Chapitre 9

Maîtriser l'évaluation des performances

Dans ce chapitre :

- Comprendre l'importance de l'évaluation des performances
- Effectuer une évaluation des performances
- Éviter les erreurs d'évaluation
- Améliorer les évaluations

L'évaluation des performances est un outil absolument indispensable dans toute entreprise. Pourtant, de nombreux managers hésitent à s'en servir et la plupart des employés la redoutent. Bien souvent, elle est inexistante ou effectuée de façon inefficace. Très peu de salariés bénéficient d'une évaluation des performances formelle, régulière, sérieuse et complète.

L'évaluation des performances est-elle vraiment nécessaire ? Managers et employés répondent « Oui » d'une seule voix. Pourtant, si l'on regarde en profondeur, la réalité est tout à fait différente. Si la plupart des managers considèrent l'évaluation des performances comme un outil indispensable au développement des compétences et à l'amélioration des performances, ils l'effectuent souvent trop tard et de façon incomplète. Ils oublient l'objectif de développement des compétences. Or, une mauvaise évaluation des performances est inutile, surtout si elle entraîne un plus grand besoin de *coaching*.

Dans les sections suivantes, vous allez comprendre les avantages de l'évaluation des performances et découvrir ce qu'il faut faire et ne pas faire.

Évaluation des performances : pour quoi faire ?

L'évaluation des performances s'avère nécessaire dans de nombreuses situations. Elle fait partie de la délégation, de la définition des objectifs, du *coaching*, de la motivation et du suivi des performances. Elle présente notamment les avantages suivants :

- **Possibilité de résumer les performances passées et de fixer un nouveau niveau de performances** : tous les salariés veulent savoir s'ils font du bon travail ou non. L'évaluation formelle des performances *oblige* les managers à communiquer aux employés leurs résultats – qu'ils soient bons ou mauvais – et à leur fixer de nouveaux objectifs. Dans de nombreuses sociétés, l'évaluation annuelle des performances constitue tout simplement une occasion pour les managers de discuter avec leurs employés des résultats de leurs efforts.
- **Opportunité de communiquer** : vous devez être sûr d'être sur la même longueur d'onde que vos employés. Faites un petit exercice avec *votre* supérieur. Faites la liste de vos dix principales tâches. Ensuite, demandez à votre supérieur de faire la liste des tâches qu'il considère prioritaires parmi celles qu'il vous a confiées. Surprise ! Vos listes sont probablement très différentes l'une de l'autre. En moyenne, les personnes qui font cet exercice se rendent compte que les listes ne comportent que 40 % d'informations en commun. L'évaluation des performances permet à l'employé et au manager de s'assurer qu'ils se sont bien compris.
- **Forum pour un plan de carrière** : dans de nombreuses sociétés, le plan de carrière d'un employé est commenté lors de l'évaluation des performances. Managers et salariés sont souvent trop occupés pour prendre le temps de réfléchir à leur progression au sein de la société ou dans leur carrière. Aussi, bien que les discussions concernant les plans de carrière ne fassent pas véritablement partie du processus d'évaluation des performances, vous pouvez faire d'une pierre deux coups.
- **Document formel concernant les performances d'un employé** : la plupart des salariés reçoivent des informations informelles concernant leurs performances – surtout des critiques. *Vous avez quoi ? Vous êtes dingue ?!* Ces informations sont transmises verbalement et ne laissent donc aucune trace. Si vous souhaitez offrir une promotion à un employé, il vous sera beaucoup plus facile de justifier votre décision si vous disposez de documents écrits (y compris d'évaluation des performances).

ATTENTION !

Vous avez donc toutes les raisons d'effectuer régulièrement une évaluation formelle des performances de vos employés. Mais au cas où vous ne seriez pas encore convaincu, voici un argument imparable : de nombreuses sociétés ont versé de grosses sommes d'argent à des employés ou d'anciens employés qui leur ont fait un procès pour licenciement abusif ou autre décision partiale. Imaginez comme vous vous sentiriez seul à la barre si vous deviez jouer la scène suivante :

Avocat : Alors, monsieur Tyran, pouvez-vous dire à la Cour pourquoi vous avez licencié l'employée Victime.

Monsieur Tyran (vous) : Certainement, avec plaisir. Les performances de l'employée Victime étaient tout à fait insatisfaisantes – les plus basses de tout le service.

Avocat : Pendant les cinq années au cours desquelles ma cliente a travaillé pour votre société, avez-vous effectué une évaluation formelle de ses performances ?

Monsieur Tyran (vous) : Euh... Eh bien, non. Je voulais le faire, mais je suis très occupé. Je n'ai jamais eu le temps de l'effectuer.

Avocat : Monsieur Tyran, voulez-vous dire que, pendant toutes les années qu'elle a passées dans votre société, l'employée Victime n'a jamais reçu aucune évaluation des performances ? Comment ma cliente était-elle censée corriger ses prétendues mauvaises performances si vous ne lui avez pas donné les informations nécessaires pour le faire ?

Monsieur Tyran (vous) : Euuuh...

Le processus d'évaluation des performances

L'évaluation des performances est un outil indispensable aussi bien pour vous et votre société que pour vos employés. Vous avez donc tout intérêt à l'effectuer correctement.

De nombreux managers négligent le processus d'évaluation des performances : « Comment me débarrasser de cette corvée pour pouvoir retourner le plus vite possible à mon véritable travail ? » Dans leur hâte, ils fondent toute leur évaluation sur quelques exemples récents. Par conséquent, le résultat est parfois surprenant et déconcertant pour les employés. Pire encore, les commentaires sont si mielleux que l'évaluation perd tout son intérêt.

Le processus d'évaluation des performances est beaucoup plus vaste que le document écrit qui en résulte. Il comprend les cinq étapes suivantes :

1. **Fixer des objectifs et des critères d'évaluation**

   Commencez par fixer des objectifs et des critères permettant d'évaluer les performances des salariés. Communiquez ces objectifs *avant* d'évaluer vos employés et non après ! L'évaluation des performances commence dès le premier jour de travail. Dites dès le départ à vos employés comment ils seront évalués en leur expliquant clairement le processus.

Les objectifs doivent être précis. Vérifiez que vos employés les ont compris et qu'ils acceptent les critères d'évaluation que vous avez fixés. La communication doit fonctionner dans les deux sens. Les salariés ont leur mot à dire dans la définition d'objectifs et de critères d'évaluation.

2. **Donner régulièrement un *feed-back* précis**

   Essayez de surprendre vos employés en train de faire du bon travail et félicitez-les immédiatement, sur place. Si vous les surprenez en train de faire une erreur (personne n'est parfait !), faites-le-leur savoir également. Le *feed-back* est beaucoup plus efficace lorsqu'il est donné régulièrement et souvent que lorsque vous le gardez pour une occasion spéciale. Une bonne évaluation des performances doit être sans surprise.

3. **Préparer une évaluation des performances écrite**

   Chaque entreprise a ses propres règles en matière d'évaluation des performances. Certaines évaluations sont de simples formulaires d'une page comportant quelques cases à cocher, tandis que d'autres s'étalent sur plusieurs pages et requièrent un véritable talent de narrateur. Quelles que soient les habitudes de votre société, l'évaluation des performances doit être un résumé des événements importants qui ont eu lieu au cours de la période évaluée – événements dont vous avez déjà discuté avec vos employés. Vos commentaires doivent être illustrés par des exemples et directement liés aux objectifs et aux critères d'évaluation fixés à l'étape n° 1.

   Pour plus d'efficacité, demandez à vos employés de remplir leur propre évaluation des performances. Comparez vos commentaires avec les leurs. Les différences que vous constaterez seront des sujets de discussion tout trouvés.

4. **Rencontrer personnellement vos employés pour discuter de leur évaluation des performances**

   Investissez-vous personnellement pour faire passer votre message. Prévoyez un créneau horaire *approprié* pour discuter en personne avec vos employés de leur évaluation des performances. Ne vous contentez pas d'une petite conversation de cinq ou dix minutes. Réservez *au moins* une heure à chacun de vos employés. Choisissez un endroit confortable, où vous ne serez pas dérangés. Soyez positif et encourageant. Même si vous devez discuter d'un problème, insistez sur la façon dont vous et votre employé pouvez le résoudre *ensemble*.

5. **Fixer de nouveaux objectifs et critères d'évaluation**

   Lorsque vos employés et vous prenez le temps de discuter ensemble, vous avez la possibilité d'oublier vos tâches quotidiennes et de prendre du recul. Vous pouvez faire une analyse approfondie de votre travail pour découvrir ce qui fonctionne bien et ce qui pose problème. En vous basant sur cette analyse, vous pouvez fixer de nouveaux objectifs et critères d'évaluation. La dernière étape du processus d'évaluation des performances devient la première de la période suivante.

En matière d'évaluation des performances, les managers doivent tenir compte de beaucoup de facteurs. En voici quelques autres :

- La communication avec les employés doit être fréquente pour éviter les surprises. Commentez les performances de chacun de façon informelle, le plus tôt et le plus souvent possible.
- L'évaluation des performances doit être tournée vers l'avenir – définition de nouveaux objectifs, amélioration des performances – et non vers le passé.
- L'apprentissage et le développement doivent toujours faire partie du processus d'évaluation des performances. En revanche, l'éventuelle augmentation du salaire peut être discutée à part.

Les erreurs courantes en matière d'évaluation

Le processus d'évaluation comprend un certain nombre de pièges. Pour éviter de faire un faux pas qui pourrait vous coûter cher, gardez à l'esprit les erreurs les plus courantes :

- **L'effet pervers de l'auréole** : si l'un de vos employés est particulièrement doué dans un certain domaine, vous pouvez être tenté d'ignorer les problèmes qu'il rencontre dans d'autres domaines. Par exemple, vous risquez d'attribuer à votre meilleur vendeur (indispensable à votre entreprise pour que l'augmentation du chiffre d'affaires se poursuive) une évaluation très favorable (une auréole) alors qu'il ne rend jamais ses rapports dans les délais.
- **L'effet pervers du mauvais souvenir** : c'est l'effet contraire de celui de l'auréole. Un mauvais souvenir vous pousse à rabaisser les performances globales d'un employé. Par exemple, votre assistant a fait du bon travail pendant des mois mais, la semaine dernière, il a oublié de recontacter un client. La société a perdu ce client et vous avez sanctionné votre assistant avec une évaluation des performances cinglante.
- **Les stéréotypes** : vous laissez des préjugés altérer vos évaluations. Par exemple, vous pensez que les femmes sont plus douées pour assembler des composants électroniques que les hommes. Par conséquent, vous accordez toujours aux femmes le bénéfice du doute, tandis que les hommes doivent faire leurs preuves pour que vous les preniez au sérieux.
- **Les comparaisons** : lorsque vous évaluez deux employés à la fois, vous pouvez être tenté de comparer leurs performances. Si l'un d'eux est particulièrement efficace, l'image de l'autre s'en trouvera ternie – quel que soit son niveau de performances. À l'inverse, un employé peut sembler très performant comparé à un autre, dont les résultats sont véritablement insatisfaisants. Évaluez les performances de chaque salarié dans l'absolu et non relativement à celles des autres.

Évaluation ascendante : le monde à l'envers

Un nouveau type d'évaluation des performances est apparu au cours des dix dernières années. Non seulement les managers évaluent les performances des salariés mais, selon un processus inverse, les salariés évaluent désormais les performances des managers. Si vous pensez que l'évaluation des performances réalisée par votre supérieur est un mauvais moment à passer, vous n'avez encore rien vu. Il n'y a rien de plus embarrassant que d'entendre les membres de son équipe faire des commentaires francs et directs sur ce que l'on fait de travers. Aïe !

Cela dit, malgré cet inconfort, l'évaluation par les salariés est précieuse – qui serait mieux placé pour évaluer votre impact sur la société que vos employés ? Cette pratique fonctionne si bien que certaines sociétés américaines, comme Federal Express, l'ont institutionnalisée et intégrée à leur culture. D'après une étude récente, près de 15 % des entreprises américaines y ont recours pour l'évaluation de leurs cadres.

Il existe une méthode encore plus révolutionnaire : l'évaluation à 360°, selon laquelle tous les employés sont évalués par leurs supérieurs mais aussi par leurs subalternes et leurs collègues. Les résultats sont parfois surprenants. Par exemple, un employé peut découvrir que ses collègues ne le trouvent pas aussi bienveillant ou visionnaire qu'il pense l'être.

- **L'effet miroir** : nous avons tous tendance à aimer les gens qui nous ressemblent. Résistez à la tentation d'être généreux avec les employés qui se comportent comme vous et sévère avec les autres. Restez objectif en toutes circonstances.
- **La volonté de ne blesser personne** : si tant de managers redoutent l'évaluation des performances, c'est souvent parce qu'elle les oblige à reconnaître les défauts de leurs employés et à leur en parler. Il est toujours délicat d'annoncer une mauvaise nouvelle mais vous devez vous y astreindre. Sinon, comment vos employés sauront-ils où faire porter leurs efforts pour améliorer leurs performances ?

Pourquoi certaines évaluations tournent mal

Les évaluations sont rarement effectuées de façon efficace. En général, non seulement elles sont mal rédigées (sans exemples précis), mais l'élément principal du processus, la *discussion*, est négligé. Par conséquent, elles n'ont pas l'impact qu'elles devraient avoir.

Le processus d'évaluation peut susciter une véritable appréhension – des deux côtés de l'équation. De nombreux managers ne se sentent pas à la hauteur de la tâche et les salariés n'obtiennent pas à temps les informations dont ils ont besoin pour faire de leur mieux. Une tension supplémentaire s'ajoute à cette appréhension dans la mesure où certaines sociétés basent les augmentations de salaires sur l'évaluation des performances. Les évaluations axées autour du salaire et non des performances sont malheureusement courantes.

Pourquoi certaines évaluations aboutissent-elles à un échec ?

Évitez les pièges

Bien que le processus d'évaluation des performances soit relativement simple en soi, il ne s'agit pas seulement de remplir un formulaire de trois pages une fois par an et de discuter avec chaque salarié pendant une quinzaine de minutes pour lui communiquer les résultats. Le processus d'évaluation commence dès que l'employé est recruté, se poursuit tout au long de la période pendant laquelle il travaille pour vous, et ne prend fin que lorsque, à la suite d'une mutation, d'une promotion ou d'un licenciement, il n'est plus sous votre autorité.

L'ensemble du processus consiste à fixer des objectifs à vos employés, à effectuer un suivi de leurs performances, à les coacher, à les soutenir, à les conseiller et à leur donner régulièrement un *feed-back* (positif ou négatif) sur leurs performances. Si vous avez fait tout cela avant d'effectuer l'évaluation annuelle ou semestrielle des performances de vos employés, vous n'aurez qu'à résumer les événements passés et personne ne sera déçu.

N'attendez pas l'évaluation formelle des performances pour donner un *feed-back* aux salariés. Malgré tous vos efforts et ceux de vos employés, une tâche peut mal tourner : le calendrier n'est pas respecté, des obstacles empêchent la progression du projet, ou la confusion s'est installée au sein de l'équipe. Si vous n'avez pas mis au point un système de suivi, vous vous rendrez compte de ces problèmes lorsqu'il sera trop tard. Vous serez furieux mais plus personne n'y pourra rien.

Au secours, on m'agresse !

Peter se souviendra encore longtemps de la façon dont il a été agressé par un de ses supérieurs. Un jour, qui avait pourtant commencé comme les autres, il a trouvé un dossier dans son casier. Le dossier était clos avec des agrafes, ce qui était courant dans cette société où tous les documents destinés aux employés étaient déposés dans leur casier. Cela dit, il comportait cinq ou dix agrafes supplémentaires, ce qui était vraiment louche. Peter s'est dépêché de l'ouvrir. À l'intérieur, se trouvait un mémo énumérant de nombreux exemples de sa prétendue négligence : projets terminés en retard, erreurs qui avaient ralenti les activités de la société et autres manquements graves à ses devoirs. Une horreur !

Après s'être remis du choc provoqué par cette agression, Peter a remarqué les défaillances de cette méthode peu orthodoxe :

- Premièrement, le mémo ne mentionnait pas, ne serait-ce qu'en une phrase, les 99 % de tâches qu'il avait accomplies correctement et dans les délais.
- Deuxièmement, dans les cas où il n'avait soi-disant pas respecté les objectifs de son manager, aucun objectif n'avait en réalité été fixé, ni à l'avance ni au cours du projet. Il n'avait donc su que sa tâche ne répondait pas aux attentes de son manager que lorsqu'elle avait été terminée. Le corps était déjà froid, il était trop tard, on ne pouvait plus que l'enterrer.
- Troisièmement, après avoir lâché la bombe, son manager était passé à autre chose. Il n'avait effectué aucun suivi et fixé aucun autre objectif. Rien. Le décor était planté pour une nouvelle série d'espoirs déçus. C'est ce qu'on appelle le management par embuscades successives !

Au lieu de suivre la progression de Peter tout au long de la réalisation de ses tâches et de soutenir ses efforts, le manager a préféré garder ces prétendus manquements sous le coude pour les jeter à la figure de Peter d'un seul bloc. Bien sûr, cette embuscade a pris beaucoup moins de temps que la mise en place et la gestion d'un système de suivi – ou qu'une simple discussion – mais les résultats sont nuls. Non seulement les objectifs n'ont pas été atteints (comment auraient-ils pu l'être puisqu'ils n'ont pas été communiqués ?), mais aucune mesure n'a été prise pour qu'ils soient atteints à l'avenir.

Pour éviter les surprises, préparez-vous

Si vous faites correctement votre travail de manager, vos employés ne devraient pas avoir de surprises. Soyez en contact permanent avec eux et donnez-leur régulièrement un *feed-back* sur leurs performances. Ainsi, lorsque vous effectuerez l'évaluation de leurs performances, vous n'aurez qu'à récapituler ce dont vous avez déjà discuté avec eux pendant la période de suivi. Si vous avez toujours laissé la porte ouverte au dialogue, vous pourrez utiliser l'évaluation formelle comme un moyen positif d'améliorer les performances de vos employés.

Préparez-vous pour toutes vos évaluations.

Discussion sur le Net

Voici les commentaires de quelques managers concernant les avantages et les inconvénients de différents types d'évaluation des performances, recueillis par Peter dans un forum de discussion sur Internet :

Peter : Que pensez-vous de ce mal nécessaire que représente l'évaluation des performances ?

Fizza : Je dois dire que la meilleure évaluation que j'aie jamais reçue a été effectuée par mes collègues. Il n'y a rien de tel pour ouvrir les yeux que de connaître l'opinion des personnes qui travaillent au même niveau que vous. Vous avez une idée précise du type de manager que vous êtes et de ce que les autres pensent de vos performances. Seul inconvénient, ce système demande beaucoup de temps.

Abben : En tant que chef de projet, j'ai un jour suggéré à mon supérieur de demander aux subalternes d'évaluer les performances de leur manager en termes de leadership. Il m'a répondu qu'ils ne sauraient pas effectuer une évaluation efficace. Le temps a passé et j'ai demandé à mes subalternes de faire leur propre évaluation, tandis que j'en effectuais une pour chacun d'eux. Ensuite, j'ai rencontré chaque employé et nous avons comparé les deux versions. C'était excellent ! Ce n'est pas sorcier. Il suffit d'un peu d'ingéniosité et de créativité. Mais il faut surtout que le manager croie au potentiel de ses employés.

M. Weisburgh : Toutefois, il faut prendre quelques précautions, car cette pratique peut engendrer une course à la popularité. Certains managers feraient n'importe quoi pour être populaires auprès de leurs employés et obtenir ainsi une évaluation positive. De plus, chaque individu a sa propre échelle d'évaluation. Pour certaines personnes, 3 est une bonne note, tandis que pour d'autres, tout ce qui est en dessous de 4 est insuffisant. Nous avons aussi essayé de faire évaluer nos managers par leurs pairs. Le résultat a été désastreux. Chacun essayait de voir son propre intérêt : « Quelles seront les conséquences de mon évaluation concernant telle ou telle personne pour ma carrière ? »

De nombreux managers réduisent la phase de préparation de l'évaluation des performances au maximum, comme ils le font pour les entretiens. Ils commencent à se poser des questions juste avant de rencontrer l'employé. *Oh, oh ! Cathy va arriver dans cinq minutes. Qu'est-ce que j'ai fait de son dossier ? Il doit pourtant bien être quelque part !*

L'évaluation des performances est un travail de toute l'année. Dès que vous identifiez un problème, faites-en part à l'employé, et inscrivez-le dans son dossier. Faites de même lorsqu'il s'agit d'une bonne initiative. Au moment d'effectuer l'évaluation des performances, vous n'aurez plus qu'à ressortir le dossier et à vous baser sur toute la documentation dont vous disposez. Cette pratique facilite grandement le processus et rend l'évaluation beaucoup plus pertinente et efficace.

Testez vos nouvelles connaissances

Quelle est la première étape du processus d'évaluation des performances ?

A. Évaluer les performances de l'employé.

B. Fixer des objectifs et des critères d'évaluation.

C. Aller déjeuner avec l'employé.

D. Autres.

Quatrième partie

Travailler avec les autres

« Techniquement, c'est un crack, mais en tant que manager, il lui manque quelques qualités relationnelles. »

Dans cette partie...

En tant que manager, vous ne pouvez pas faire comme si vous étiez sur une île déserte. Vous travaillez sans cesse avec les autres (clients, subalternes, collègues, supérieurs, etc.). Cette partie a pour but de vous aider à communiquer efficacement, à travailler avec des équipes, à diriger des employés virtuels, et à faire respecter l'éthique et la politique de votre société.

Chapitre 10

Faire passer votre message

Dans ce chapitre :

- Faire prévaloir la communication informelle sur la communication formelle
- Découvrir de nouveaux modes de communication
- Écouter les autres
- Communiquer par écrit
- Faire une présentation

Vous devez savoir communiquer efficacement avec vos employés, collègues, supérieurs, clients et fournisseurs. Aujourd'hui, un bon manager ne peut pas ignorer l'importance de la communication.

Les modes de communication sont plus nombreux que jamais et d'autres sont déjà sur le point de faire leur apparition. Il y a une vingtaine d'années, il suffisait de savoir utiliser le téléphone, écrire une lettre, avoir une conversation en tête à tête, et faire un discours ou une présentation.

Aujourd'hui, vous avez toute une palette de supports à votre disposition pour communiquer avec le monde entier : le courrier électronique (avec Internet ou le réseau interne de la société), la messagerie vocale, le pager, la téléconférence, le fax, le téléphone cellulaire, la transmission par satellite, etc. Dans les avions de certaines compagnies aériennes, vous pouvez même passer un appel téléphonique depuis votre siège !

Dans ce chapitre, vous allez apprendre à communiquer *efficacement* avec les autres.

Communication : la pierre angulaire de l'entreprise

La communication est essentielle au développement et à la survie de l'entreprise, quelle que soit sa taille.

Les modes de communication sont variés. Le tableau 11-1 illustre l'importance relative de chacun dans l'entreprise et le tableau 11-2, l'importance qui leur est donnée dans le cadre de notre formation.

Tableau 11-1 La communication en entreprise

Mode de communication	*Fréquence*
Écoute	Très élevée
Discours/Présentation	Élevée
Écriture	Moins élevée
Lecture	Encore moins élevée

Tableau 11-2 Notre formation en communication

Mode de communication	*Formation fournie*
Lecture	Très approfondie
Écriture	Très approfondie
Discours/Présentation	Facultative
Écoute	Quasiment inexistante

Comme vous pouvez le voir, la communication informelle est très importante dans l'entreprise alors que notre formation met l'accent sur la communication formelle. De nombreux managers échouent parce qu'ils ne l'ont pas compris. Ce qui compte, ce ne sont pas les quelques discours que vous faites, la qualité rédactionnelle des mémos que vous écrivez, ni le nombre d'articles sur la théorie du chaos que vous lisez, mais la façon dont vous parlez tous les jours à vos employés et la façon dont vous les écoutez pour véritablement entendre ce qu'ils ont à dire. Malheureusement, l'enseignement primaire et secondaire ne prépare pas du tout les élèves à la vie en entreprise.

La communication en entreprise a complètement changé de style. Il y a vingt ans, elle était encore très formelle et empruntée. Elle correspondait à une vision hiérarchique voire guindée de l'entreprise, considérée alors comme une vaste machine. À l'époque, la hiérarchie prévalait sur tout le reste. Si un ouvrier avait une idée qui pouvait intéresser les clients et réduire les coûts de l'entreprise, il devait suivre une procédure précise.

Il devait écrire une note de service formelle à son patron. Si celui-ci trouvait l'idée intéressante, il la communiquait à ses supérieurs, qui suivaient eux-mêmes la voie hiérarchique jusqu'au sommet. Si l'idée plaisait au grand patron, la note de service – probablement réécrite par chaque manager à tous les niveaux de la hiérarchie – était approuvée et redescendait tous les échelons pour être mise en œuvre. Le processus était lent mais la procédure « respectable ».

Si l'ouvrier brûlait les étapes ou concrétisait son idée sans l'approbation explicite de ses supérieurs, il commettait une faute. Malheur à celui qui s'écartait de la voie hiérarchique. C'était un renégat en lutte contre le système établi.

C'est pourtant de cette façon que l'on communique aujourd'hui dans une entreprise moderne. La communication est devenue informelle et non hiérarchique. Bien sûr, la communication formelle a toujours sa place dans les contrats, les licences ou les lettres aux fournisseurs qui n'en font qu'à leur tête. Les juristes sont bien obligés de communiquer de cette façon ! (Peut-être pas après tout...)

La technologie au service de la communication

L'explosion de la technologie de l'information a engendré de nouveaux modes de communication, aussi inattendus qu'efficaces. Que vous aimiez les utiliser ou non, ils sont là. Et ils sont là pour rester. D'autres viendront même s'ajouter à ceux que nous connaissons déjà. Vous pouvez les ignorer et rester à la traîne ou les utiliser à votre avantage. Que choisissez-vous ?

En tant que manager, vous n'êtes plus contraint d'être dans votre bureau pour communiquer avec vos clients et vos collègues. Vous pouvez être n'importe où. Au restaurant ou en voiture, il vous suffit d'utiliser votre téléphone portable. Dans un chalet en pleine montagne, vous pouvez vous connecter à Internet. Du moment que vous avez les bons outils, tout est possible (non, vous ne lisez pas un roman de science-fiction). L'avenir, c'est ici et maintenant. Des technologies abordables et faciles à utiliser sont à votre disposition.

Vous pouvez communiquer d'où vous voulez et quand vous voulez. Il y a quelques années, il fallait respecter les horaires de bureau. Jusqu'à l'apparition du répondeur et de la boîte vocale, si vous téléphoniez en dehors des heures de bureau, le téléphone sonnait jusqu'à ce que vous raccrochiez. Il était impossible de communiquer.

Avec l'avènement du courrier électronique, de la messagerie vocale, de la télécopie et des services d'acheminement aérien express, il est possible de communiquer 24 heures/24. Vous pouvez laisser des messages à n'importe quelle heure du jour ou de la nuit et consulter les vôtres à distance, y répondre, les transmettre à vos collègues ou les archiver pour les traiter ultérieurement.

De nombreuses sociétés fournissent un téléphone portable, un pager ou un ordinateur portable à leurs employés. Le but n'est pas seulement de leur faciliter la vie. Ce n'est pas un hasard si les personnes qui disposent de ce genre d'outils passent une partie de leur temps libre à travailler. Une étude a montré que les salariés équipés en supports de télécommunication font 20 à 25 % d'heures de travail en plus – heures qu'ils prennent sur leur temps libre.

La communication qui mène à la faillite

La communication formelle, surtout lorsqu'elle reflète une bureaucratie lourde, peut avoir des conséquences catastrophiques. La compagnie ferroviaire américaine Union Pacific Railroad en a fait les frais.

Toute la société était axée autour d'une hiérarchie bien huilée, digne du *Tyrannosaurus Rex*. Lorsqu'un inspecteur remarquait un problème concernant un équipement vendu à un client, il faisait un rapport au chef de gare au lieu de traiter directement avec le client. Ce rapport passait entre les mains du sous-directeur des transports, du directeur des transports, du directeur de la division, du directeur régional, du sous-directeur général avant d'arriver sur le bureau du directeur général. L'affaire poursuivait ensuite son parcours latéralement : elle était transmise au vice-président des ventes, qui dirigeait le service des ventes et du marketing de la société, et redescendait jusqu'au responsable régional des ventes puis au responsable local des ventes. Finalement, le représentant de commerce prenait connaissance du problème et, si le client n'avait pas encore fait faillite (véridique !), les démarches nécessaires étaient entreprises. Aïe !

Cette procédure a été scrupuleusement respectée jusqu'à ce que Mike Walsh soit nommé P.-D.G. de la société à la fin des années 80. En 120 jours, Walsh a supprimé six niveaux de la hiérarchie, soit 2/3 du personnel administratif. Depuis, lorsqu'un inspecteur remarque un problème, il avertit directement le client. La plupart du temps, le client accepte que les réparations nécessaires soient effectuées et Union Pacific les entreprend. Simple comme bonjour.

Cette anecdote montre bien qu'avec un peu de bon sens (et une coupe claire !), il est possible de remettre une société sur la bonne voie.

Les hôtels, les compagnies aériennes et même les agences de location de voitures ont saisi la balle au bond en permettant aux personnes en voyage d'affaires de rester en contact avec leurs clients. Dans certains hôtels, pour un supplément raisonnable, vous pouvez avoir dans votre chambre un espace de travail personnel, un téléphone avec communications gratuites et un fax. Pour bien commencer la journée, vous pouvez même demander un petit déjeuner rapide et le journal du matin.

Plus rapide, plus flexible et plus compétitif

Le manager du XXIe siècle maîtrise le temps et l'espace. Vous souvenez-vous du vieil adage qui disait : *On ne peut pas être à deux endroits à la fois ?* Grâce à la révolution de l'information, ce n'est plus vrai. Un manager qui utilise les outils de communication actuels peut être où il veut, quand il veut.

Vous voulez organiser une réunion avec des clients résidant dans cinq pays différents, avoir confirmation de leur participation, saisir l'horaire de la réunion dans votre agenda personnel, revoir vos notes et être prévenu une demi-heure avant le début de la réunion ? – le tout en vous relaxant dans votre chambre d'hôtel, à Nice. Facile. Il vous suffit d'avoir un assistant numérique personnel.

Cyrix, fabricant américain de microprocesseurs et concurrent direct de la société Intel, ne compte que vingt personnes parmi son personnel de vente. Chaque vendeur travaille à la maison avec tous les outils que la technologie de l'information a mis au point : pager, assistant numérique personnel, téléphone portable, etc. De plus, Cyrix a créé un système de gestion des commandes élaboré, qui permet de vérifier immédiatement la disponibilité d'un produit. En évitant aux vendeurs de perdre du temps en réunions et en paperasserie, Cyrix peut « rivaliser avec des sociétés qui possèdent deux cents vendeurs », affirme Steve Domenik, vice-président du marketing.

L'innovation technologique donne aux PME une longueur d'avance sur les grandes entreprises. Cet avantage provient en grande partie de la capacité des PME à travailler plus vite.

- Les PME ne sont pas gênées par la bureaucratie ni par un système de communication déjà en place et coûteux. Elles peuvent donc exploiter les nouvelles technologies plus rapidement et plus efficacement.
- Au fur et à mesure que les sociétés sont reliées entre elles par les outils électroniques, la délocalisation de la fabrication du produit et de bien d'autres activités par les plus grandes offre de nombreuses opportunités aux plus petites.

- Les informations disponibles sur Internet et les services en ligne permettent aux PME de mieux connaître le marché et de profiter rapidement des opportunités.
- La conception et la fabrication assistées par ordinateur aident les PME, plus flexibles que les autres, à produire de nombreux prototypes rapidement et à bas prix sans avoir à gérer de grands laboratoires.
- Certaines PME se regroupent pour créer des « sociétés virtuelles » et s'imposer sur le marché, chacune restant concentrée sur ce qu'elle fait le mieux.
- La mobilité offerte par la technologie de l'information permet aux PME d'être compétitives dans le monde entier sans avoir à créer de succursales.

Utilisez les dernières innovations de la technologie de l'information et de la télécommunication pour rendre votre société plus flexible et plus rapide. Plus l'information circule rapidement, plus l'entreprise est compétitive.

Fax et courrier électronique

Le *télécopieur*, ou *fax*, est rapidement devenu une nécessité dans toutes les entreprises. Il numérise et transmet des documents, comme des lettres et des rapports, à un autre télécopieur, qui reçoit et imprime une copie de l'original. La transmission peut être effectuée jusqu'à l'autre bout du monde. Récemment, la technologie du fax a migré à l'intérieur de l'ordinateur. Au lieu d'imprimer un document pour le faxer, il est désormais possible de le transmettre directement d'ordinateur à ordinateur.

Le *courrier électronique*, ou *e-mail*, s'apparente à la messagerie vocale à la différence près que les messages sont écrits et non vocaux. Les utilisateurs du courrier électronique envoient et reçoivent, au moyen d'un réseau informatique, des messages auxquels peuvent être joints des fichiers. Par exemple, si vous êtes en train de faire un rapport sur les ventes de l'année, vous pouvez informer votre patron de la progression de votre tâche en lui envoyant un message auquel vous joindrez une copie de votre travail. Il pourra ensuite effectuer des changements sur votre fichier et vous le retourner avec une note vous remerciant de vos efforts.

Le courrier électronique permet de communiquer beaucoup plus rapidement que le courrier postal. S'il faut plusieurs jours pour qu'une lettre soit distribuée à l'étranger, il suffit de cliquer sur un bouton pour qu'un e-mail arrive à destination.

Utilisez le fax et le courrier électronique pour une transmission instantanée de l'information. Votre société sera plus rapide et donc plus prompte à répondre aux besoins des clients.

D'après Andrew S. Grove, P.-D.G. d'Intel : « Les sociétés qui utilisent l'e-mail sont beaucoup plus rapides et beaucoup moins hiérarchiques. Il existe deux types d'entreprises : celles qui fonctionnent avec l'e-mail et les autres... soit vous vous y mettez, soit vous disparaissez. »

Incontournable Internet

Le 2 septembre 1969, les quarante personnes entassées dans un laboratoire de Boelter Hall, à l'université de Californie, étaient loin de se douter qu'elles étaient témoins de la naissance d'un vaste réseau de communication qui, vingt-cinq ans plus tard, s'étendrait sur tous les continents et comprendrait des millions d'ordinateurs dans le monde entier.

Internet est un réseau d'environ trois millions d'ordinateurs situés dans les établissements scolaires et universitaires, les entreprises et les laboratoires de recherche du monde entier. Utilisé par vingt millions d'individus pour transmettre des e-mails, des cartes météorologiques, des clips vidéo, des photos et toutes sortes d'informations, il s'agit sans conteste du plus grand réseau informatique du monde. Ce qui le rend unique, c'est qu'il n'appartient à personne. Au contraire, s'il existe, c'est grâce à l'investissement d'un grand nombre de sociétés et d'individus et à l'effort de milliers d'experts qui gèrent le système.

Il existe de nombreux réseaux commerciaux, dits services en ligne, comme Compuserve ou AOL, qui permettent aux utilisateurs d'exploiter de vastes bases de données et de « tchater » en temps réel avec d'autres utilisateurs du monde entier. Chaque service a sa propre personnalité.

Les services en ligne sont devenus essentiels à l'entreprise. AOL, par exemple, met à la disposition des cadres des magazines électroniques, des bulletins d'information et autres types de données intéressantes. Un espace consacré aux PME fournit des informations précieuses concernant la création d'entreprise ou l'obtention d'une aide financière et permet aux patrons de PME d'entrer en contact pour s'entraider.

Ordinateurs portables et assistants numériques personnels

Les *assistants numériques personnels*, ou PDA, associent les caractéristiques d'un ordinateur, d'un fax, d'un modem, de la communication sans fil et de la reconnaissance de l'écriture manuscrite dans un dispositif plus petit qu'un livre de poche. Au lieu d'utiliser un clavier alphanumérique, comme sur ordinateur, vous pouvez saisir les données à la main à l'aide d'un stylet. Premier outil à réunir tous les meilleurs éléments de l'ère de l'information, l'assistant numérique personnel offre de nouvelles opportunités au manager moderne.

L'intégration continue de tous les outils précédemment mentionnés – ordinateur, fax, e-mail, téléphone cellulaire, etc. – pour créer un système cohérent dont l'ensemble est beaucoup plus performant que la somme de ses parties rend l'assistant numérique personnel encore plus efficace. La *connectivité* des ordinateurs et autres dispositifs numériques a également révolutionné le monde de l'entreprise dans la mesure où l'information peut être générée, éditée, transmise, consultée et exploitée – au moyen de divers supports – sans jamais être imprimée sur papier. Les frontières qui séparaient distinctement les différents supports (comme l'ordinateur et le téléphone) s'estompent et ne se justifient plus.

HISTOIRE VRAIE

Par exemple, l'ordinateur portable de Peter comporte toutes les fonctions suivantes : ordinateur, fax, téléphone, messagerie vocale, traitement de texte, e-mail, agenda personnel, gestionnaire de contacts et… *flipper*. Si Peter a besoin de faxer un document ou de se connecter à Internet, pas de problème : il lui suffit de raccorder son ordinateur portable au réseau téléphonique.

TRUC

Grâce aux ordinateurs portables et aux assistants numériques personnels, vous pouvez emporter votre bureau partout avec vous et vos employés peuvent sortir du leur pour se rendre à celui de leurs clients – le tout sans se déplacer.

Messagerie vocale et pagers

Le répondeur est si omniprésent dans notre culture que, s'il a un jour été considéré comme une nouveauté, la nouveauté est aujourd'hui de ne pas en avoir. La révolution de la technologie de l'information a repris l'idée de base du répondeur pour accroître considérablement son potentiel. Résultat : la *messagerie vocale*. Il s'agit d'un système numérique, qui permet aux personnes qui téléphonent de laisser des messages et à l'utilisateur de gérer ces messages. Par exemple, l'utilisateur a la possibilité de retransmettre un message, en y ajoutant un message personnel, à un autre utilisateur. Si la personne qui appelle possède également une messagerie vocale, l'utilisateur peut lui répondre en accédant directement à sa messagerie. Il peut même enregistrer et diffuser des messages sur la messagerie de plusieurs destinataires.

L'engouement pour les télécommunications est axé autour de la *communication sans fil*. Ce système utilise des fréquences électromagnétiques pour l'émission et la réception d'informations. Si la communication sans fil n'est pas un concept nouveau – la radio et la télévision reposent sur ce principe –, la transformation de certains outils, comme le téléphone et l'ordinateur, en supports de communication numériques et sans fil a déchaîné l'enthousiasme.

Le *pager* a été l'un des premiers supports numériques sans fil à être utilisé dans le monde de l'entreprise. Il s'agit d'un petit récepteur radio sur lequel s'affiche le numéro de téléphone de la personne qui appelle. L'utilisateur peut ensuite téléphoner à ce numéro pour clore la communication. Avec les modèles plus élaborés, il peut recevoir des messages écrits ou vocaux mais aussi en envoyer. Le pager a un encombrement très réduit et, grâce à la communication par satellite, fonctionne d'un bout à l'autre de la planète.

La messagerie vocale et le pager permettent d'envoyer et de recevoir des messages n'importe où et à tout moment et préviennent l'utilisateur dès la réception d'un message. Fournissez ces outils à vos employés pour qu'ils restent toujours en contact avec leurs collègues et vos clients.

Téléphones portables et numéros verts

La communication sans fil se généralise. Elle dépasse les limites physiques de la communication traditionnelle. La possibilité de joindre une personne en temps réel lorsqu'elle est mobile, sans intrusion, est sans doute la technologie la plus proche de la transmission de pensée.

Le *téléphone portable* a considérablement fait progresser la communication sans fil. Il s'agit d'un outil à batterie rechargeable qui fonctionne sur une bande de hautes fréquences. S'il était cher lors de sa mise sur le marché, les prix ont chuté, et il est aujourd'hui indispensable à toute personne mobile.

Bien que le téléphone portable soit relativement récent, il s'est répandu comme une traînée de poudre. Plus qu'un simple gadget, il apporte à son utilisateur la liberté – celle de travailler en dehors des frontières de l'environnement traditionnel, loin de son bureau et de son téléphone. Aujourd'hui, plus rien ne vous empêche de conclure un contrat dans un square tout en regardant votre fille jouer dans un bac à sable.

Vous connaissez déjà l'utilité des *numéros verts*, qui permettent à vos clients et à vos employés de vous téléphoner gratuitement de n'importe où. Aux numéros verts, qui commencent par le préfixe 0800, s'ajoutent les numéros azur (0801) et les numéros indigo (0802 et 0803), qui bénéficient d'une tarification préférentielle.

Grâce au téléphone portable et aux numéros verts, vous êtes joignable plus facilement. Vos employés et vos clients peuvent communiquer aisément à un coût réduit.

Vidéoconférence et réunions virtuelles

Il n'y a pas si longtemps, si vous vouliez rencontrer vos designers, basés à Londres, vos ingénieurs de la production, situés à Bordeaux, et vos fournisseurs éparpillés dans toute la France, tout le monde devait se déplacer pour se rendre à un endroit central, où la réunion avait lieu. Après plusieurs heures de voyage occasionnant des frais de déplacement, tous les participants se retrouvaient. Si vous oubliiez quelque chose dans votre bureau, il n'y avait rien à y faire !

Une fois encore, l'informatique a révolutionné les habitudes. Avec un ordinateur, une caméra vidéo et un logiciel, vous pouvez organiser une vidéoconférence en temps réel. Si le téléphone suffit dans certains cas, il est parfois utile de voir ce que votre interlocuteur essaie de vous décrire. C'est possible, grâce au miracle de la vidéoconférence. Que préférez-vous, l'option A ou l'option B ?

- **Option A** : « Voilà, Pierre, j'ai mis à jour les chiffres des ventes et j'ai imprimé un nouveau graphique. Le chiffre d'affaires a augmenté de 39,5 % en 2007 pour atteindre 45,5 millions d'euros. Cette augmentation provient en grande partie de notre succursale de Rennes. Au premier trimestre 2007, nous constatons un déclin qui aboutit à un chiffre d'affaires annualisé de 39,1 millions d'euros. Cette baisse provient des faibles ventes de nos succursales de Marseille et de Lyon, qui cumulent à elles deux un total de 4,2 millions d'euros. Le deuxième trimestre est bien meilleur avec un chiffre d'affaires annualisé de 44,7 millions d'euros qui montre que nous avons remonté la pente. Vous avez tout noté, Pierre ? »
- **Option B** : « Voilà, Pierre, j'ai mis à jour les chiffres des ventes et j'ai imprimé un nouveau graphique – il devrait apparaître sur votre écran. Avez-vous des questions ? »

Vous pouvez aussi réunir de nombreuses personnes pour une *réunion virtuelle*, dans laquelle elles auront la possibilité de se voir et de se parler en temps réel. Vous n'aurez plus jamais à attendre votre avion pendant des heures dans un aéroport, ni à passer des nuits entières sur un matelas trop mou dans une ville perdue au milieu de nulle part. À moins, bien sûr, que vous aimiez cela. Il vous suffit d'allumer votre ordinateur et votre caméra vidéo.

TRUC

Les ordinateurs et les systèmes de télécommunication devenant de plus en plus performants, la vidéoconférence se généralise rapidement. Utilisez cette nouvelle technologie pour organiser des réunions avec des employés géographiquement éloignés les uns des autres. Vous gagnez beaucoup de temps et d'argent.

Écouter

La communication doit fonctionner des deux côtés. Nous avons commenté en détail la partie à laquelle on pense en premier lieu lorsqu'on entend le mot *communication* : l'émission. La deuxième partie, la réception ou l'écoute, est tout aussi importante.

Vous êtes très occupé. Vous avez probablement des milliers de choses en tête à tout moment de la journée : la proposition que vous devez terminer avant 17 heures, la préparation du budget, le déjeuner avec un client. Et comme si cela ne suffisait pas, un de vos collègues passe son temps dans votre bureau à vous raconter les dernières rumeurs qui circulent dans les couloirs. *Savez-vous que Sandrine a l'intention de quitter la société ?* Avec tout ce qui vous distrait de votre travail, ce n'est pas étonnant que vous ayez pris l'habitude de n'écouter que d'une oreille. *Ah ? Sandrine vient d'avoir une promotion ?*

Stop !

Si vous n'accordez pas *toute* votre attention à votre interlocuteur, vous y perdez tous les deux. Non seulement vous ne comprenez pas correctement le message mais votre inattention envoie elle aussi un message : *Ce que vous avez à dire ne m'intéresse pas vraiment.* Est-ce le message que vous souhaitez transmettre ? Avec une écoute active, vous augmentez vos chances de comprendre votre interlocuteur. Selon le sujet de conversation, il peut être très important de bien comprendre.

Dans toute communication, vous avez un rôle à jouer. Ne négligez pas l'écoute. Ayez une écoute active. Lorsqu'une personne a quelque chose à vous dire, engagez-vous à participer à la communication ou faites-lui savoir que vous êtes occupé et que vous irez la voir plus tard. *Désolé, Sophie, je dois terminer ce rapport avant le déjeuner. Pouvons-nous nous voir cet après-midi ?* Si vous êtes prêt à communiquer, videz votre esprit de toute distraction. Oubliez pour un moment la proposition qui doit être terminée d'ici quelques heures, la préparation du budget et votre déjeuner d'affaires. Accordez toute votre attention à votre interlocuteur.

Plus facile à dire qu'à faire. Comment rester concentré sur votre interlocuteur sans être distrait par tout ce qui attire votre attention ? C'est une tâche difficile mais indispensable.

- **Montrez votre intérêt** : l'une des meilleures techniques d'écoute consiste à vous intéresser à ce que votre interlocuteur vous dit. Par exemple, soyez attentif et posez des questions pour vérifier que vous avez bien compris : « C'est très intéressant. Qu'est-ce qui vous a amené à cette conclusion ? » Surtout, évitez de bâiller ou de regarder autour de vous machinalement. Plus vous montrez d'intérêt, plus votre interlocuteur devient intéressant.

- **Restez concentré** : lorsque nous parlons, nous avons un débit moyen de 150 mots par minute. En revanche, nous *pensons* à un débit de 500 mots par minute. Cet écart nous laisse grandement la possibilité de rêvasser. Appliquez-vous à rester concentré sur les propos de votre interlocuteur. Si votre esprit commence à vagabonder, reprenez-vous immédiatement.
- **Posez des questions** : si votre interlocuteur vous dit quelque chose que vous ne comprenez pas pleinement, demandez-lui des éclaircissements. Vos questions rendront la communication plus efficace et plus précise tout en démontrant à votre interlocuteur que vous vous intéressez à ce qu'il dit. L'*écoute réflectrice*, qui consiste à résumer les propos de l'interlocuteur pour les lui répéter, est une technique particulièrement efficace. Par exemple, vous pouvez dire : « Alors vous pensez que nous pouvons vendre nos excédents à d'autres sociétés ? »
- **Recherchez les informations clés** : qu'est-ce que votre interlocuteur essaie de vous dire exactement ? Il est facile de se perdre dans les détails d'une conversation et d'en manquer les points clés. Pendant que vous écoutez, faites un effort pour distinguer les informations importantes de celles qui ne sont pas réellement pertinentes. Si vous avez besoin de poser des questions pour parvenir à faire cette distinction, n'hésitez pas ! « Quel rapport cela peut-il bien avoir avec la réalisation de nos objectifs ? »
- **Évitez les interruptions** : si vous pouvez poser des questions pour obtenir des éclaircissements ou employer des techniques d'écoute réflectrice, évitez d'interrompre votre interlocuteur. Lorsque vous avez une conversation avec un employé, vous devez lui consacrer toute votre attention. Si le téléphone sonne, ne décrochez pas – votre messagerie vocale est là pour ça. Si un collègue frappe à la porte en demandant s'il peut vous interrompre une minute, dites-lui que non mais que vous serez à sa disposition lorsque vous aurez terminé votre conversation. Si votre immeuble est en feu, vous pouvez faire une exception !
- **Soyez attentif aux messages non verbaux** : la communication ne se compose pas uniquement de signaux verbaux. Selon les experts, 90 % de la communication dans une conversation classique est non verbale. Les expressions du visage, la façon de se tenir, la position des bras et des jambes, et les gestes véhiculent de nombreuses informations. Par conséquent, lorsque vous écoutez, vous devez utiliser tous vos sens et pas uniquement votre ouïe.
- **Prenez des notes** : au bout de plusieurs heures, jours ou semaines, il est difficile de se souvenir de tous les détails d'une conversation. Prenez des notes si nécessaire. Cette technique vous aidera en outre à écouter attentivement. Plus tard, lorsque vous reverrez vos notes, vous pourrez prendre le temps d'organiser le discours de votre interlocuteur et de mieux en saisir la teneur.

En pratiquant les techniques d'écoute précédentes, vous comprenez le message et votre interlocuteur apprécie que vous lui accordiez suffisamment d'importance pour lui consacrer toute votre attention. Soyez toujours à l'écoute.

Le pouvoir de la communication écrite

À première vue, on pourrait croire que la révolution de l'information a mis la communication écrite sur la touche. Or, il n'en est rien. Au contraire, elle a accru la variété de supports écrits et la vitesse à laquelle la communication écrite circule. Dans le monde de l'entreprise, bien écrire est plus important que jamais. Vous devez le faire de façon concise et percutante.

Qu'elle s'applique à un e-mail d'un paragraphe ou à un rapport de cent pages, la communication écrite comporte plusieurs caractéristiques. Voici quelques conseils pour écrire efficacement. Entraînez-vous aussi souvent que possible. Plus vous écrirez, plus vous serez au point.

- **Réfléchissez à l'objet du message** : avant de poser votre plume sur le papier (ou vos doigts sur le clavier), demandez-vous exactement ce que vous voulez communiquer. Quel message voulez-vous transmettre ? Qui en est le destinataire ? Comment attirer son attention ? Qu'attendez-vous de lui ?
- **Organisez votre message** : organisez vos pensées avant de commencer à écrire. Griffonnez quelques notes ou faites un plan des points essentiels de votre message. Veillez à ce que vos idées s'enchaînent de façon logique et compréhensible par quelqu'un qui ne sait pas où vous voulez en venir.
- **Écrivez comme vous parlez** : la communication écrite a beaucoup plus de points communs avec la communication orale que l'on pourrait le croire. Le meilleur message écrit est celui qui ressemble le plus à la conversation de tous les jours. L'écriture formelle ou empruntée est moins accessible et donc plus difficile à comprendre. Évitez-la à tout prix.
- **Soyez bref et concis** : chaque mot que vous écrivez doit être utile au sens de votre message. Écrivez une idée, argumentez-la et passez au point suivant. Ne vous répétez pas. Ne remplissez pas vos notes de service, vos lettres et autres correspondances de mots inutiles pour leur donner davantage de poids ou les rendre plus impressionnantes. Si vous pouvez faire passer votre message en trois phrases, n'écrivez pas trois paragraphes ou trois pages pour atteindre le même objectif.

- **Soyez simple** : résistez à la tentation d'utiliser un mot compliqué si un mot plus simple exprime aussi bien votre idée. Évitez les sigles énigmatiques et le jargon qui ne signifie rien en dehors d'un petit cercle d'initiés. Remplacez-les par des termes courants dans la mesure du possible.
- **Écrivez et réécrivez** : il est difficile d'exprimer fidèlement sa pensée par écrit du premier coup. Faites un brouillon pour rassembler toutes vos idées sans vous préoccuper de la forme. Ensuite, relisez-le pour en évaluer le contenu, la fluidité, la grammaire et la lisibilité. Peaufinez votre message jusqu'à ce qu'il soit parfaitement clair.
- **Soyez positif** : personne n'aime lire un mémo, une lettre ou un rapport négatif. Au lieu de provoquer la réaction attendue, la communication négative fait du tort à son auteur et disperse le message. Écrivez de façon active, engagée et positive. Même lorsque vous devez transmettre de mauvaises nouvelles, montrez qu'à quelque chose malheur est bon.

D'une manière générale, une phrase ne doit contenir aucun mot inutile et un paragraphe, aucune phrase inutile, pour la même raison qu'un dessin ne doit contenir aucune ligne inutile et une machine, aucun composant inutile. Cela n'implique pas que l'auteur doive faire uniquement des phrases courtes ou supprimer les détails et traiter le sujet dans les grandes lignes, mais que chaque mot ait sa raison d'être.

Faire des présentations

Peut-être n'aimez-vous pas parler devant un groupe, faire un discours ou une présentation. Mais, en tant que manager, vous devez développer votre capacité à communiquer oralement. Si vous péchez par excès de modestie, vous aurez toujours peur de parler en public. Jouez votre rôle d'orateur à fond. Faites en sorte que votre auditoire soit pendu à vos lèvres.

Préparer votre présentation

Lorsque vous voyez un individu faire une excellente présentation, vous pensez peut-être que son talent d'orateur lui permet de parler sans préparation. C'est comme si vous disiez qu'une championne olympique de gymnastique au sol fait ses enchaînements de façon si naturelle qu'elle n'a jamais besoin de s'entraîner. En réalité, il faut des années de préparation quotidienne pour aboutir à quatre-vingt-dix secondes de gloire.

TRUC

La préparation est la clé d'une présentation réussie. Voici quelques conseils pour bien vous préparer :

- **Identifiez vos objectifs** : quel est le but de votre présentation ? Passez en revue vos objectifs. Voulez-vous essayer de convaincre vos supérieurs de vous accorder un budget plus important ou davantage de temps pour que vous puissiez concevoir un produit vraiment performant ? Souhaitez-vous former vos employés dans un domaine particulier ? Chaque type de présentation requiert une approche adaptée.
- **Élaborez le corps de votre présentation** : faites un plan des principaux points que vous souhaitez développer. N'en prévoyez pas trop. Décomposez chaque partie en sous-parties. Élaborez les supports visuels dont vous aurez besoin pour illustrer les idées que vous communiquerez verbalement.
- **Rédigez l'introduction et la conclusion** : rédigez l'introduction et la conclusion après avoir élaboré le corps de votre présentation. L'introduction doit : 1) montrer l'intérêt de la présentation ; 2) montrer en quoi la présentation concerne l'auditoire et 3) attirer l'attention de l'auditoire. La conclusion est le point final de la présentation. Elle doit : 1) résumer brièvement les points clés de la présentation ; 2) ramener à l'introduction et 3) inspirer l'auditoire.
- **Préparez vos notes** : vous devez pouvoir vous référer à vos notes au cours de la présentation. Elles vous aideront à retrouver le fil de vos idées si vous le perdez et donc à garder de l'assurance, mais aussi à vérifier que vous n'avez rien oublié. Vos notes doivent être brèves mais précises. Elles doivent vous rappeler le contenu de chaque partie et sous-partie mais en aucun cas être rédigées.
- **Entraînez-vous** : après avoir élaboré votre présentation, entraînez-vous. Selon votre aisance, vous devrez simplement revoir vos notes plusieurs fois la veille au soir ou bien répéter votre présentation devant un collègue ou une caméra vidéo jusqu'à ce que vous vous sentiez prêt. Souvenez-vous : plus vous ferez de présentations, plus vous vous améliorerez.

À RETENIR

Vous ne vous préparerez jamais trop pour une présentation. Optimisez le temps dont vous disposez avant de faire votre présentation – vous ne le regretterez pas lorsque vous vous retrouverez en face de votre auditoire.

Une image vaut un millier de mots

Des études ont montré qu'environ 85 % des informations reçues par le cerveau humain sont visuelles. Ne l'oubliez pas lorsque vous devez faire une présentation. Quelle que soit la pertinence de vos commentaires, votre auditoire saisira davantage d'informations si vous les lui présentez visuellement.

Un jour, Peter a dû faire une présentation aux cadres de sa société. Sa tâche consistait à présenter les performances financières de la société. Il y avait tant de chiffres à commenter que Peter a dû présenter son message de façon à ce que son auditoire ne se perde pas dans les détails. La figure 10-1 donne un aperçu de la comptabilité de la société effectuée à l'aide d'un tableur. Peter savait que s'il présentait l'information sous cette forme, les cadres ne le suivraient pas longtemps.

Comptabilité

	Année précédente	Année en cours
Main-d'œuvre directe	19 887 000 €	21 896 000 €
Avantages divers	7 504 000 €	8 259 000 €
Frais généraux	9 945 000 €	10 938 000 €
Loyer de l'argent	13 000 €	14 000 €
Voyages d'affaires	2 801 000 €	1 952 000 €
Autres coûts directs	278 000 €	356 000 €
Dépenses indirectes	4 973 000 €	5 475 000 €
Total	45 401 000 €	48 890 000 €

Figure 10-1 : Comptabilité effectuée sur un tableur.

Ainsi, au lieu de commenter longuement les chiffres, il a créé un graphique en colonnes pour transmettre l'information visuellement. Ensuite, il a imprimé le graphique sur un transparent pour pouvoir le projeter sur un écran. Ce graphique comparait les performances de l'année à celles de l'année précédente et comportait toutes les données susceptibles d'intéresser les cadres. (La figure 10-2 montre les données financières de la figure 10-1 dans leur version graphique.)

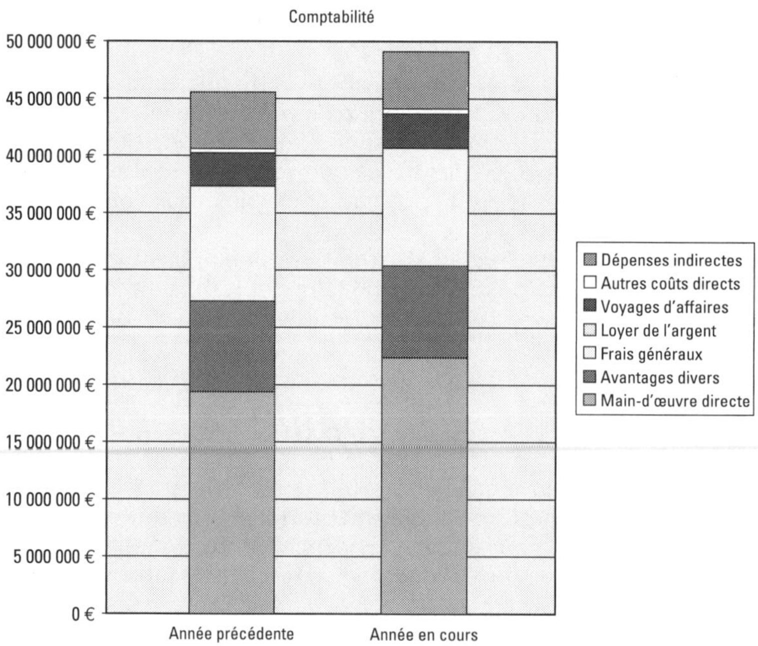

Figure 10-2 : Comptabilité présentée sous forme de graphique. Le message est beaucoup plus clair.

Lorsque Peter a fait sa présentation, il a fait des remarques brèves préférant guider les cadres dans l'interprétation du graphique. Bien sûr, il aurait pu commenter les chiffres en détail, mais il aurait davantage parlé que communiqué. Cela aurait été une perte de temps. Grâce à cette présentation visuelle, les cadres ont pu saisir le message facilement et rapidement en se concentrant sur ce message plutôt que sur son support.

L'apprentissage visuel repose sur un principe très simple :

> On ne croit que ce que l'on voit (et donc, on ne se souvient que de ce que l'on voit).

Réfléchissez aux différents *supports visuels* que vous pouvez utiliser pour présenter l'information. En voici quelques-uns :

- Photographies
- Diagrammes
- Diapositives
- Échantillons de produit
- Prototypes
- Jeux de rôle
- Graphiques
- Cartes

Les outils de présentation, notamment les supports visuels, ont plusieurs avantages. Tout d'abord, ils transmettent l'information beaucoup plus rapidement que la parole. Ensuite, l'information visuelle qu'ils transmettent reste gravée dans les esprits plus longtemps que tout autre type d'information. Enfin, ils constituent une agréable pause au milieu de votre présentation orale. Utilisez les outils de présentation suivants chaque fois que vous le pouvez :

- **Documents** : il est souvent utile de faire passer aux membres de votre auditoire des documents présentant votre propos.

  Mais attention, ne vous contentez pas de lire les documents que vous avez distribués. Il n'y a rien de plus ennuyeux que de suivre un document pendant que l'orateur le lit mot pour mot, page après page. Votre présentation doit être vivante !

- **Transparents** : les transparents sont sans aucun doute les supports visuels les plus efficaces. Avec un ordinateur, une imprimante laser, un photocopieur qui fait des réductions et des agrandissements, et quelques transparents, vous pouvez transmettre visuellement n'importe quelle information. Avec des logiciels de présentation comme Microsoft

PowerPoint, WordPerfect Presentation et Lotus 1-2-3, vous avez la possibilité de créer des transparents facilement et rapidement, et de les modifier aussi souvent que vous voulez. De plus, lors de la présentation, vous pouvez pointer un stylo sur vos graphiques pour montrer un point précis à l'écran.

- **Tableau à feuilles mobiles** : si vous faites une présentation devant un petit groupe, disons jusqu'à trente personnes, vous pouvez transmettre l'information visuelle à l'aide d'un tableau à feuilles mobiles. Vous pouvez faire vos graphiques sur le tableau avant la présentation et, comme avec les transparents, pointer un stylo sur chaque élément que vous commentez. Égayez vos graphiques en utilisant des marqueurs de différentes couleurs.
- **Diapositives** : lorsque vous faites une présentation devant un grand groupe, optez pour les diapositives. Non seulement les diapositives sont colorées, claires et peu coûteuses, mais vous pouvez en mettre une centaine, voire plus, dans un panier circulaire aussi grand qu'une pizza aux anchois. Il existe un inconvénient, toutefois : une fois que vous les avez prises, vous ne pouvez plus les modifier. Si vous vous trouvez à des kilomètres de votre bureau et découvrez un défaut dans vos diapositives la veille de votre présentation, vous n'y pouvez plus rien.
- **Tableau blanc** : le tableau blanc est tout à fait adapté aux petits groupes. Vous pouvez l'utiliser pour écrire les informations importantes au fur et à mesure de votre présentation. Et si vous faites une erreur, il vous suffit de l'effacer et de la corriger.

TRUC

Lorsque vous utilisez des supports visuels, ne les encombrez pas d'une multitude d'informations. Utilisez de gros caractères, peu de mots et de chiffres, et des couleurs qui tranchent. Préparez tout ce dont vous aurez besoin bien avant votre présentation. Une fois votre auditoire présent, ne perdez pas de temps à installer le projecteur ou à trier vos transparents. Vous feriez mauvaise impression et perdriez votre assurance. Enfin, n'oubliez pas que c'est vous le centre d'attention, et non vos supports visuels. Ceux-ci illustrent vos propos. La présentation ne doit pas être un prétexte pour exhiber vos superbes supports visuels !

Effectuer votre présentation

Tout votre auditoire est là, avide d'entendre les informations précieuses que vous allez lui transmettre. À ce stade, vos heures de préparation vont être payantes. Commencez votre présentation en franchissant les unes après les autres les étapes suivantes :

- **Détendez-vous !** Qu'est-ce qui vous rend si nerveux ? Vous vous êtes soigneusement préparé pour votre présentation. Vos notes sont en ordre, vos supports visuels sont prêts à être utilisés et votre auditoire s'intéresse sincèrement à ce que vous avez à dire. Avant de commencer, respirez profondément et restez serein.
- **Accueillez les membres de votre auditoire** : soyez sur place suffisamment à l'avance pour pouvoir accueillir personnellement les membres de votre auditoire au fur et à mesure qu'ils arrivent. Ainsi, vous pourrez établir un contact avec chacun avant de commencer votre présentation et vous vous sentirez plus à l'aise devant le groupe.
- **Écoutez attentivement la personne qui vous présente** : assurez-vous de l'exactitude des remarques qui sont faites à votre sujet et essayez de voir celles que vous pourrez reprendre pour effectuer une transition avant de commencer votre présentation. Par exemple, si la personne qui vous présente dit que vous êtes non seulement un manager brillant mais aussi un excellent skieur, racontez une anecdote amusante sur votre expérience de skieur.
- **Attendez que votre auditoire soit attentif** : vous devez attirer l'attention de votre auditoire dès le début. Pour y parvenir, il existe une technique très efficace : restez debout en face de votre auditoire et ne dites rien jusqu'à ce que chaque membre se concentre sur vous. Bien sûr, si cela ne fonctionne pas, vous pouvez toujours avoir recours aux bonnes vieilles techniques de la menace et de l'intimidation !
- **Faites votre présentation** : commencez par le début, finissez par la fin et prenez du plaisir entre les deux ! N'oubliez pas de mettre votre modestie de côté. Cette présentation est pour vous l'opportunité de montrer ce dont vous êtes capable. Profitez-en !

TEST

Testez vos nouvelles connaissances

Quels sont les différents types de communication par ordre d'importance ?

A. Discours, présentations formelles et mémos.

B. Lettres commerciales et conversations téléphoniques.

C. Écoute, discours, écriture et lecture.

D. Communication formelle et communication informelle.

Quel est le but de l'introduction de votre présentation ?

A. Montrer l'intérêt de la présentation ; montrer en quoi la présentation concerne l'auditoire ; et attirer l'attention de l'auditoire.

B. Montrer à quel point vous êtes calé et spirituel.

C. Conduire rapidement à la conclusion.

D. Autres.

Chapitre 11

Travailler en équipe

Dans ce chapitre :

- Niveler l'entreprise
- Pratiquer l'*empowerment*
- Classer les équipes par catégories
- Reconnaître les avantages des équipes
- Gérer les nouvelles technologies
- Réussir les réunions

Une révolution a eu lieu au sein de l'entreprise. Aujourd'hui, qui décide des tâches à accomplir et de la façon dont elles doivent être accomplies ? Qui définit les objectifs de la société et qui est responsable de leur réalisation. Ce ne sont plus les cadres, mais les équipes. Cette révolution touche tous les membres de la société, du sommet au bas de l'échelle.

Qu'est-ce qu'une équipe ? Ce sont deux personnes ou plus qui travaillent ensemble pour atteindre un objectif commun.

Pourquoi des équipes ? Parce qu'elles permettent d'utiliser les connaissances et les ressources de tous les employés – et pas seulement des cadres – pour résoudre les problèmes de la société. Une équipe bien structurée réunit des employés qui ont différentes fonctions et sont issus de différents niveaux de la société. Ensemble, les membres de l'équipe sont censés trouver la meilleure approche dans tous les domaines. Les entreprises ont compris que, pour rester compétitives, elles ne peuvent plus compter uniquement sur les cadres pour la réalisation de leurs objectifs. Elles doivent impliquer les employés qui sont confrontés de plus près aux problèmes et entretiennent un contact direct avec les clients. Et ces employés sont ceux qui se trouvent au bas de l'échelle.

Dans l'entreprise moderne, la connaissance doit primer sur l'ego. Aucune connaissance n'est supérieure à une autre. Chacun est jugé en fonction de sa contribution à la tâche commune et non en fonction d'une supériorité ou d'une infériorité intrinsèque. Il n'y a donc plus véritablement de supérieurs ni de subalternes, mais simplement des équipes.

Dans ce chapitre, nous allons décrire le changement structurel qui a donné la priorité aux équipes, les différents types d'équipes et leur fonctionnement, l'impact des nouvelles technologies sur les équipes, et la meilleure façon de mener à bien une réunion.

L'obsolescence de la hiérarchie

La répartition du pouvoir et de l'autorité au sein de l'entreprise a complètement changé. Il y a quelques années encore, l'entreprise avait une structure verticale – il existait de nombreux niveaux entre les cadres supérieurs et les salariés. Ce modèle vertical correspond à celui de l'armée : les soldats dépendent des caporaux, qui dépendent des sergents, qui dépendent des capitaines, et ainsi de suite jusqu'au général. Lorsqu'un général donne un ordre, celui-ci passe par tous les niveaux de la hiérarchie jusqu'à ce qu'il parvienne au soldat ou à l'officier censé l'exécuter – ce qui prend… un certain temps.

Les grandes sociétés ont longtemps fonctionné sur ce modèle rigide. Composées de centaines de milliers d'employés, elles disposaient – et disposent encore, pour certaines – d'une multitude de cadres qui contrôlaient le travail des salariés du début à la fin. Le principal rôle des cadres supérieurs consistait à répartir les tâches, à élaborer des plannings et à contrôler les processus de décision pour s'assurer que les objectifs de la société soient atteints (et que les salariés ne soient pas endormis sur leur bureau !).

La réduction du personnel

Le principal défaut du modèle hiérarchique était le suivant : de nombreux cadres participaient peu ou trop indirectement à la production de l'entreprise. Au lieu de produire, ils se contentaient de diriger d'autres cadres qui servaient de liaison entre les différents niveaux.

Ils ne faisaient que déplacer des papiers d'un côté à l'autre de leur bureau. Au pire, ils entravaient le bon fonctionnement de l'entreprise, augmentant considérablement les coûts et ralentissant le processus de prise de décision. Il n'y avait guère que les déjeuners d'affaires qui se multipliaient.

Tant que la conjoncture économique a été favorable, les entreprises encombrées de cadres moyens improductifs, voire contre-productifs, ont fermé les yeux sur ce problème mais, avec la récession de la fin des années 80 et du début des années 90, le réveil a été brutal.

Aucune société n'a été épargnée par les effets de la crise économique. La réduction du personnel est devenue inévitable. Des millions de personnes ont perdu leur travail, la plupart étant des cadres moyens.

Bien que la réduction du personnel du début des années 90 ait été tragique pour tous ceux qui se sont retrouvés au chômage, elle a eu des conséquences positives en matière de restructuration des entreprises.

Une nouvelle vie, ponctuée par un nouveau rythme de travail, a commencé pour les sociétés nivelées, notamment dans les domaines suivants :

- **Prise de décision** : les décisions, qui tardaient pendant des semaines, voire des mois, dans l'ancienne bureaucratie, sont prises en quelques heures ou en quelques minutes.
- **Communication** : au lieu d'être interceptée et parfois déformée par les cadres moyens tout au long de son parcours, l'information circule plus directement et plus rapidement des salariés aux cadres supérieurs et vice versa. Il n'y a rien de tel que de supprimer six niveaux d'encadrement dans une entreprise pour améliorer la communication !

Le nivellement de l'entreprise a également eu de grandes répercussions du point de vue financier et structurel :

- **Réduction des coûts** : en supprimant plusieurs niveaux d'encadrement, les entreprises ont pu réduire considérablement les coûts en matière de salaires, installations et déjeuners d'affaires.
- **Transfert de l'autorité et du pouvoir** : l'autorité et le pouvoir sont passés entre les mains des salariés qui traitent quotidiennement avec les clients. Les cadres moyens n'étant plus là pour faire obstacle, les employés du bas de l'échelle se voient logiquement accorder davantage d'autorité – et la plupart l'acceptent volontiers.

L'évolution vers la coopération

PERLE RARE

Plus que jamais, les salariés sont incités à *coopérer* les uns avec les autres plutôt que de *rivaliser* entre eux. Ce tournant est véritablement incroyable. Aujourd'hui, les salariés sont évalués non seulement en fonction de leur contribution personnelle, mais également en fonction de leur efficacité en termes de collaboration, en tant que membres d'une équipe.

Associée au transfert d'autorité, la coopération a profondément modifié la structure de l'entreprise. Les traditionnelles divisions fonctionnelles qui séparaient autrefois les services ont cédé la place aux équipes, composées d'employés issus de différents services, dont les membres travaillent ensemble pour atteindre des objectifs communs. Bien sûr, les sociétés comportent toujours des services et des divisions, mais les managers encouragent les salariés à franchir ces frontières structurelles.

Les avantages de la coopération sont les suivants :

- **Réduire la compétition improductive** : la coopération et le travail en équipe réduisent les risques de compétition entre les salariés.

  Une compétitivité féroce peut entraîner un blocage de la communication entre les salariés et, à terme, la création de clans. Et puis, c'est mauvais pour le karma !
- **Partager les connaissances** : la connaissance, c'est le pouvoir. Si vous avez des connaissances, vous avez un sérieux avantage sur ceux qui sont restés dans l'ombre de l'ignorance – surtout si vous avez le doigt sur l'interrupteur ! Dans un environnement ouvert à la coopération, les membres d'une équipe travaillent ensemble et, par conséquent, se font part de leurs connaissances et de leur expertise.
- **Favoriser la communication** : la constitution d'équipes contribue à briser les frontières structurelles pour favoriser la communication entre les services et les divisions.

ATTENTION !

- **Atteindre des objectifs communs** : la création d'équipes, composées de salariés issus de différents services et de différents niveaux, encourage les membres à travailler ensemble pour atteindre des objectifs communs. De plus, dans une équipe, on trouve toujours quelqu'un avec qui discuter pendant la pause-café !

L'empowerment

Comme nous l'avons vu dans la section précédente, avec le nivellement structurel de l'entreprise qui a accompagné la réduction du personnel, les salariés ont obtenu des cadres supérieurs davantage d'autorité et d'autonomie. Ils sont donc plus à même de répondre aux besoins des clients et de résoudre leurs problèmes. Le transfert de pouvoir, de responsabilité et d'autorité vers les employés du bas de l'échelle porte un nom : l'*empowerment*.

Grâce à l'*empowerment* ou responsabilisation des salariés, la prise de décision est désormais entre les mains des employés les mieux placés pour décider. Il y a quelques années, la plupart des cadres pensaient que c'étaient eux les mieux placés pour prendre des décisions concernant les produits ou les clients de la société. Comme ils avaient tort… Si cette conviction a pu se justifier dans certains cas, leur besoin impérieux de tout contrôler les aveuglait – à tel point que le contrôle l'emportait sur l'encouragement à l'initiative.

La valeur de l'empowerment

L'*empowerment* comporte de nombreux avantages. Non seulement les clients sont plus satisfaits mais, en déléguant davantage de responsabilité et d'autorité, les managers peuvent se consacrer à des tâches qu'ils sont les seuls à pouvoir accomplir, comme le *coaching*, le marketing ou la planification à long terme. Par conséquent, la société est plus efficace et plus productive. L'*empowerment* est donc la clé du succès, comme en témoignent les sociétés américaines suivantes :

- Les quatre-vingts employés de Techmetals, petite entreprise de placage de métaux de l'Ohio, participent à la conception, à la planification et à la livraison. D'après Lee Watson, le responsable du perfectionnement, la structure en équipes « a augmenté l'efficacité de la société, amélioré les conditions de travail et développé les compétences de la main-d'œuvre ».
- Les trois cent cinquante employés de Country Cupboard, restaurant routier de Pennsylvanie, prennent en charge de nombreuses tâches traditionnellement réservées aux managers. La copropriétaire affirme qu'elle gère beaucoup mieux le restaurant depuis qu'elle a délégué la préparation du budget et la planification à ses employés. Ces tâches lui prenaient beaucoup de temps, mais elle peut désormais concentrer ses efforts sur ce qu'elle seule peut effectuer.

L'*empowerment* est également très bon pour le moral des troupes. Les managers prouvent à leurs employés qu'ils ont suffisamment confiance en eux pour les laisser prendre des décisions importantes pour le succès de la société.

Eric Gershman, fondateur et président de Published Image, petite maison d'édition américaine, a voulu lutter contre la forte rotation du personnel en redonnant le moral aux employés tout en améliorant le service clients. « Nos employés pensaient que leur rôle consistait à satisfaire non pas le client mais leur patron, affirme-t-il. Il fallait absolument que cela change. »

Gershman a trouvé la solution : il a constitué des équipes autonomes. Les managers, rebaptisés « coachs », jouent le rôle de conseillers, tandis que les employés préparent les budgets, planifient les objectifs et reçoivent des primes en fonction des performances de leur équipe. Résultat : en un an, le chiffre d'affaires a doublé et la marge bénéficiaire est passée de 3 à 20 %. Non seulement Gershman a atteint ses objectifs financiers, mais ses employés sont davantage satisfaits depuis qu'ils travaillent en équipe. Pas mal, non ?

Et la qualité dans tout cela ?

De nombreuses mesures ont été prises pour l'amélioration de la qualité. Suivant la trace de nos concurrents japonais, renommés pour leurs automobiles et leurs produits électroniques de qualité, nous nous sommes lancés nous aussi dans la quête de la qualité dans les années 80. Les managers ont rapidement découvert que la pierre angulaire de nombreux programmes japonais était l'*empowerment* : la possibilité pour les employés de prendre eux-mêmes des décisions concernant leurs processus de travail.

Les cercles de qualité – groupes d'employés qui se rencontrent régulièrement pour suggérer des moyens d'améliorer la société – sont une technique de prise de décision en commun empruntée aux Japonais.

La direction de Motorola considère la constitution d'équipes comme un élément essentiel de la stratégie d'amélioration de la qualité. Les équipes autonomes de la société choisissent elles-mêmes leurs programmes de formation et planifient leur propre travail. Mais surtout, elles participent aux processus de recrutement et de licenciement.

Les avantages des équipes

Les équipes offrent de nombreux avantages aux sociétés qui les emploient. Par exemple, un processus de décision plus efficace et plus rapide ou un meilleur développement des compétences. Ceux qui travaillent sur le terrain connaissent mieux les besoins et les problèmes liés à leur position. Ils sont donc plus à même de prendre les bonnes décisions.

De plus, les membres des équipes étant plus proches les uns des autres, le délai entre l'identification du problème et sa résolution, dû au processus de communication et à la nécessité d'obtenir une approbation, est considérablement réduit. Les décisions sont donc prises plus rapidement.

Petites et rapides

Les grandes sociétés ont souvent des difficultés à faire face aux entreprises plus petites et plus rapides. Les petites unités, comme les équipes, sont plus compétitives. L'ampleur et l'accélération du changement dans le monde de l'entreprise ont augmenté la pression en matière de compétitivité dans presque tous les secteurs d'activité.

Plus les clients *peuvent* obtenir des produits et des services rapidement, plus ils *veulent* les avoir rapidement (maudits clients !). Plus les produits sont bon marché en raison des progrès technologiques ou de la globalisation, plus les clients veulent des prix bas (plus que maudits !). Et les exigences en matière de qualité ne font qu'augmenter. Les consommateurs veulent bénéficier d'une technologie avancée à bas prix. En bref, les valeurs des clients ont complètement changé : ils veulent tout, n'importe où et à tout moment, mais moins cher que l'année dernière.

Innovatrices et adaptables

Les équipes ont un fort potentiel d'innovation. Lorsque des compétences individuelles sont intégrées dans un groupe, la capacité collective à innover est plus importante que celle de chaque membre. Avec le temps, au fur et à mesure qu'ils travaillent sur différents problèmes, les membres de l'équipe se rendent compte de leurs aptitudes individuelles. Ils apprennent à s'entraider, à identifier les points forts des uns et des autres, et à profiter de l'expérience de chacun.

Chaque membre est constamment à l'affût de petits ajustements susceptibles de faciliter et d'accélérer l'évolution de l'ensemble. Ces petites adaptations, qui se répercutent à tous les niveaux, font avancer l'entreprise.

En outre, les équipes s'adaptent plus facilement à un environnement extérieur en constante évolution. Leur taille réduite et leur flexibilité leur donnent un avantage certain sur les sociétés organisées selon la structure traditionnelle. Le temps est devenu une unité de mesure plus importante que n'importe quel indice financier. La conception, l'ingénierie et la fabrication sont intimement liées dans le développement de nouveaux produits, ce qui accélère grandement le passage de la conception à la production.

Il y a quelques années, on considérait que les équipes n'étaient utiles que pour les projets de courte durée ou bien pour les tâches transitoires ou exceptionnelles. Mais les managers ont compris qu'elles étaient essentielles pour répondre à des besoins permanents, comme l'innovation. Le concept d'équipe s'est révélé être une solution fiable à long terme dans de nombreux domaines.

Créer et supporter vos équipes

Lorsque vous devez créer une équipe, commencez par vous demander de quel genre d'équipe vous avez besoin. Il en existe trois types : *formelle*, *informelle* et *autonome* (qui cumule les caractéristiques de l'équipe formelle et de l'équipe informelle). Chaque type d'équipe présente des avantages et des inconvénients en fonction de la situation, des délais et des besoins de la société.

Équipes formelles

Une *équipe formelle* est créée par la direction de la société et destinée à atteindre des objectifs précis. Ces objectifs peuvent concerner n'importe quel domaine : développer une nouvelle gamme de produits, mettre au point un système de traitement des factures ou organiser le pique-nique de la société. Voici quelques exemples d'équipe formelle :

- **Groupe de travail** : équipe formelle créée pour une durée limitée afin de résoudre un problème précis. Par exemple, un groupe de travail peut être créé pour déterminer pourquoi le nombre de pièces de rebut d'une machine est passé de 1 sur 10 000 à 1 sur 1 000. Un groupe de travail a généralement un délai pour résoudre le problème et faire un rapport à la direction.
- **Comité** : équipe permanente ou créée pour le long terme afin d'effectuer des tâches précises en continu. Par exemple, certaines sociétés ont un comité chargé de sélectionner les employés qui seront récompensés pour leurs performances ou de faire des recommandations en matière de sécurité. Le comité poursuit sa tâche même si ses membres sont renouvelés d'une année sur l'autre.
- **Équipe hiérarchique** : équipe composée d'un manager et de tous les employés qui dépendent directement de lui. Ce type d'équipe est intrinsèquement hiérarchique et représente le modèle traditionnel de communication des tâches de manager à employé. L'équipe des ventes, l'équipe de direction et l'équipe d'encadrement sont des équipes hiérarchiques.

À RETENIR

Les équipes formelles jouent un rôle essentiel dans une entreprise car elles centralisent une grande partie de la communication. Les informations et les objectifs circulent d'employé à employé par leur intermédiaire. De plus, elles fournissent une structure pour la répartition des tâches et l'évaluation des accomplissements, des performances, etc.

Équipes informelles

Une *équipe informelle* est une association fortuite de salariés qui se développe spontanément au sein de la structure formelle de la société. Il peut s'agir d'un groupe d'employés qui déjeunent ensemble tous les jours, forment une équipe de sport ou se réunissent pendant la pause-café. Les membres de ces équipes changent au fur et à mesure que les amitiés ou autres affinités évoluent.

Bien que la direction ne confie aucune tâche précise aux équipes informelles, celles-ci représentent un atout important pour l'entreprise pour les raisons suivantes :

- Les équipes informelles donnent aux salariés la possibilité d'obtenir des informations en dehors des voies de communication formelles approuvées par la direction.
- Les équipes informelles constituent un exutoire (relativement) sûr pour les salariés qui ont besoin de parler de leurs problèmes et d'obtenir de l'aide de la part de leurs collègues sans avoir à tenir compte des structures formelles de l'entreprise.

Par exemple, chez NYNEX, grande société de télécommunications américaine, un groupe de salariées a créé des cercles de *mentoring*. L'objectif de ces équipes informelles, qui se sont constituées en dehors de l'entreprise, était de compenser l'absence de femmes parmi les cadres supérieurs et donc le manque de mentors pour les autres femmes de la société. Les cercles, composés de huit à douze salariées, fournissent le genre de réseau, de soutien et d'encouragement généralement apporté par les mentors.

Les *commissions temporaires* sont des équipes informelles de salariés réunis pour résoudre un problème. Seuls les employés susceptibles de contribuer à la résolution du problème sont conviés. Par exemple, vous pouvez former une commission temporaire en sélectionnant des employés des ressources humaines et de la comptabilité pour résoudre un problème lié au système de suivi et d'archivage des changements de salaires. Inutile de convier des employés du service de livraison car leur présence serait probablement inutile.

Équipes autonomes

Une équipe autonome associe les caractéristiques de l'équipe formelle à celles de l'équipe informelle. Généralement créée par la direction de la société, elle prend rapidement son indépendance au fur et à mesure que les membres assument la responsabilité des tâches quotidiennes. Elle peut comporter trois à trente salariés dont le rôle est de se réunir pour trouver des solutions à des problèmes courants.

Pour être efficaces, les équipes autonomes doivent être :

- composées de personnes issues de différents services ;
- petites car les grands groupes créent des problèmes de communication ;
- indépendantes et investies de pouvoir car, lorsqu'il est soumis à la hiérarchie, le processus de décision est lent et aboutit à de moins bons résultats ;
- multifonctionnelles car c'est la meilleure façon, voire la seule, de créer un bon produit et d'élaborer un système de livraison de ce produit satisfaisant.

Les équipes autonomes de la société américaine Johnsonville Foods ont augmenté la productivité de 50 % en quatre ans. Grâce à ce gain de productivité, le P.-D.G. a pu agrandir son établissement de production de saucisses.

Les patrons de l'industrie automobile américaine et leurs employés représentés par des syndicats virulents ont longtemps été en conflit. Mais les équipes de Saturn Corporation, la filière innovante de General Motors, ont contribué à faire évoluer cette tradition tenace. Elles ont réussi à favoriser la coopération entre la direction et les salariés. D'après le président du syndicat, « il existe toujours des conflits, mais ils sont gérés différemment. Il n'y a pas d'adversité. C'est davantage un plaidoyer en faveur de solutions meilleures ».

Chez Saturn, tous les salariés sont membres d'au moins une équipe. Les employés de la production travaillent dans des équipes autonomes qui prennent toutes les décisions en matière de formation, de recrutement, de budgétisation et de planification. Chaque équipe comporte cinq à quinze membres et assure elle-même le contrôle des opérations. D'après le vice-président du syndicat, « même si la participation des salariés à la gestion de l'entreprise est très relative, ceux-ci sont conscients de ce que la société doit faire pour être compétitive et de ce que cela lui coûte ».

Les managers renonçant de plus en plus à l'autorité absolue pour en déléguer une partie aux salariés, les équipes autonomes se développent et contribuent grandement au succès de l'entreprise. Aujourd'hui, le succès des sociétés dépend de la création d'équipes autonomes efficaces.

La réalité actuelle

S'il est admis que l'*empowerment* est la clé du succès, il est encore rarement pratiqué. La réalité n'en est souvent qu'une pâle copie. On parle beaucoup d'*empowerment*, mais peu de managers l'appliquent à la lettre. Si elles étaient véritablement investies de pouvoir, les équipes devraient avoir la possibilité de :

- prendre la plupart des décisions dont dépend leur succès ;
- choisir leur propre leader ;
- accueillir ou renvoyer des membres ;
- fixer leurs propres objectifs ;
- définir et assurer leur propre formation ;
- être récompensées en tant qu'équipes.

Or, cet idéal est rarement atteint. Des études ont montré qu'il reste encore beaucoup de changements et d'améliorations à effectuer en ce qui concerne le fonctionnement des équipes. Les participants ne sont pas pleinement satisfaits dans de nombreux domaines, comme la confiance au sein de l'équipe, l'efficacité de l'équipe ou le rôle de chaque membre.

Une autre étude réalisée auprès de managers, de chefs d'équipe et de membres d'équipes dans neuf sociétés différentes a montré que les équipes sont en réalité invitées à participer au processus de décision mais ne bénéficient pas d'un véritable *empowerment*. Mais nous ne sommes pas dupes ! Voici quelques recommandations pour rendre vos équipes vraiment efficaces :

- **Donnez à vos équipes un vrai pouvoir de décision** : au lieu d'inviter vos employés à participer au processus de décision, donnez-leur l'autorité et le pouvoir nécessaires pour prendre des décisions de façon autonome.
  - Donnez à vos équipes la possibilité de prendre des décisions pour le long terme, en matière de stratégie en particulier, et pas uniquement en matière de procédure.
  - Laissez chaque équipe choisir son leader.
  - Laissez chaque équipe déterminer ses objectifs.
  - Assurez-vous que chaque membre ait de l'influence au sein de son équipe.
- **Évitez les sources de conflits** : malgré leur volonté de pratiquer l'*empowerment*, certains managers ne veulent pas en assumer les effets. Lorsque vous formez une équipe, préparez-vous à en accepter les conséquences.
  - Identifiez et essayez de régler les conflits de personnalité.
  - Combattez l'esprit de clan et le rejet des cadres moyens.
  - Donnez une vision commune aux cadres et aux membres de l'équipe.
  - Réduisez le stress qui pèse sur les membres de l'équipe.
  - Offrez à l'équipe la possibilité de prendre davantage de décisions.

- **Supprimez tous les obstacles à l'efficacité de l'équipe** : certains obstacles prouvent que votre entreprise ne pratique pas complètement l'*empowerment*. Vous avez le pouvoir d'améliorer la situation. Faites-le !
  - Donnez à l'équipe la possibilité de sanctionner les membres dont les performances sont insatisfaisantes.
  - Réduisez la pression entre collègues en ce qui concerne l'amélioration des performances.
  - Formez autant les membres de l'équipe que les managers ou les leaders.

Bien sûr, certaines sociétés ont parfaitement réussi l'*empowerment* de leurs équipes. Cela dit, cette pratique demande un véritable investissement de la part des managers. Ceux-ci doivent faire des efforts concertés et constants pour s'assurer que le transfert d'autorité et d'autonomie est bien effectif.

Les équipes et les nouvelles technologies

L'entreprise moderne comporte les trois caractéristiques suivantes :

- Un investissement majeur de la part d'équipes autonomes qui bénéficient de la pratique de l'*empowerment*.
- Le management des processus opérationnels plutôt que des services fonctionnels.
- L'évolution de la technologie de l'information, grâce à laquelle la connaissance peut circuler rapidement.

Ces trois forces reposent sur un pilier commun : l'*information*. Le succès de l'entreprise repose de plus en plus sur une exploitation efficace de la technologie de l'information.

La gestion de l'information n'a pas toujours été facile car elle pose un problème structurel. Contrairement à la plupart des activités de l'entreprise, elle ne concerne pas uniquement une étape du processus de production mais la totalité de ce processus. Elle doit donc être à la fois centralisée et décentralisée. La technologie de l'information a relevé ce défi.

Dans une société composée d'équipes, l'information n'est pas filtrée par la hiérarchie. Elle va tout droit à ceux qui en ont besoin, car ceux-ci ont appris à l'exploiter, qu'il s'agisse de vendeurs ou de machinistes. Grâce à cette libre circulation de l'information, l'entreprise à structure horizontale est non seulement possible mais inévitable.

La technologie de l'information a permis la création de systèmes qui favorisent le travail en équipe, comme le courrier électronique et la vidéoconférence. Certains logiciels vont également dans ce sens. *Groupware*, par exemple, est un ensemble de programmes informatiques conçus pour assister la collaboration et le travail de groupe.

Les sociétés utilisent de mieux en mieux la technologie de l'information et, par conséquent, les cadres moyens deviennent moins utiles dans le processus de décision. Lorsqu'une société concentre son activité de traitement des données sur la production d'information, le nombre de cadres peut être considérablement diminué. Les postes, les carrières et les connaissances évoluent constamment. Il n'y a plus de plan de carrière classique. Les salariés progressent en développant de nouvelles compétences pour apporter une plus grande contribution à la société.

Les cadres qui n'ont pas été évincés doivent eux aussi acquérir de nouvelles compétences et adopter de nouveaux comportements pour agir davantage comme des coachs. Ils ne perdent plus leur temps à essayer de contrôler l'entreprise. Au contraire, ils font tout pour la faire évoluer. Ils recherchent de nouveaux clients tout en répondant aux nouveaux besoins de leurs clients actuels. S'ils ont toujours beaucoup d'autorité, leur rôle n'est plus de commander mais d'inspirer les salariés.

Réunions : mettre les équipes au travail

Qu'est-ce qu'une partie sur les réunions vient faire dans un chapitre sur les équipes ? La réponse est très simple : les réunions constituent un forum dans lequel les membres d'une équipe ont l'occasion de communiquer les uns avec les autres. Et avec la prolifération des équipes, il est important de bien maîtriser le déroulement des réunions.

Des réunions utiles

Les équipes ont clairement le vent en poupe. Les entreprises continuent à niveler leur hiérarchie et à accorder davantage de responsabilité et d'autorité aux salariés. Les séminaires sur l'*empowerment* et le travail en équipe se multiplient. Pour s'adapter à ce nouvel environnement, les entreprises apprennent à faire des réunions efficaces.

General Electric, par exemple, a cherché de nouveaux moyens de se développer. Pour s'imposer sur le marché, la société a dû opérer de grands changements dans sa façon de travailler.

- Jack Welch, président de General Electric depuis 1981, a compris que, pour réussir, la société devait renoncer au vieux modèle des réunions autocratiques et de la direction par les cadres supérieurs. Il a donc mis sur pied un nouveau concept de réunion consistant à rassembler managers et employés dans un même forum. Les employés peuvent poser n'importe quelle question aux managers, qui sont tenus d'y répondre.
- Les stratégies de la société sont définies au cours de réunions de cadres supérieurs, dont chacun représente une branche de General Electric. Lors de ces réunions, les participants sont encouragés à explorer toutes les opportunités et à se montrer ouverts aux nouvelles idées. Les succursales du Mexique, d'Inde et de Chine ont été ouvertes à la suite de ces réunions.
- À Bayamón, Puerto Rico, General Electric a réparti ses employés en équipes, dont chacune est responsable d'une fonction particulière de l'usine – approvisionnement, assemblage, etc. Mais l'équipe de l'approvisionnement, par exemple, ne comporte pas uniquement des employés de l'approvisionnement mais des membres de tous les services. Ainsi, lorsqu'un changement est suggéré, les représentants de tous les services concernés peuvent discuter préalablement des conséquences pour leur travail.

Les résultats de l'expérience de Bayamón ont prouvé que l'approche de General Electric était un succès. Une année après le lancement du programme, les employés de l'usine affichaient une productivité supérieure de 20 % à celle de leurs homologues basés aux États-Unis. Et comme si cela ne suffisait pas, une augmentation d'encore 20 % était prévue pour l'année suivante.

ATTENTION !

Les réunions qui aboutissent à des résultats concrets ne sont pas accidentelles. Trop de réunions sont mal gérées. Au lieu de contribuer au succès de la société, elles rendent les employés moins performants. Combien de personnes se plaignent d'avoir dû assister à une réunion inutile ? Aujourd'hui, il faut obtenir toujours plus avec de moins en moins de moyens. Chaque réunion doit compter.

Qu'est-ce qui rend les réunions inefficaces ?

Malheureusement, la plupart des réunions constituent une véritable perte de temps. Les experts estiment que 53 % du temps passé en réunion est improductif et inutile. Or, la plupart des cadres passent au moins 25 % de leurs heures de travail en réunion et les cadres supérieurs, plus de la moitié. Il est donc urgent d'acquérir les compétences nécessaires pour rendre les réunions efficaces.

Pourquoi la plupart des réunions ne servent à rien ? Et pourquoi a-t-on l'impression de ne rien pouvoir y changer ? Voici quelques éléments de réponse :

- **Il y a trop de réunions**. Vous êtes-vous déjà dit : « Tiens, il y a longtemps que je ne suis pas allé à une réunion. Cela me manque » ? Peu probable. L'éternelle rengaine du manager, c'est plutôt : « Comment suis-je censé faire mon travail avec toutes ces #@!%& de réunions ? » Non seulement il y a trop de réunions mais la plupart sont superflues, inutiles et improductives.
- **Les participants sont mal préparés**. Certaines réunions ont lieu prématurément, avant qu'il existe une véritable raison de se réunir. D'autres sont conduites par des personnes qui ne se sont pas préparées et n'ont pas non plus préparé les participants à ce qu'elles vont dire. Résultat : les participants passent beaucoup de temps à essayer de saisir l'objectif de la réunion.
- **Certaines personnes dominent la procédure**. On en trouve une ou deux par réunion. Vous savez, le genre de personne qui pense tout savoir sur tout et s'exprime haut et fort. Ces individus sont parfois risibles mais, la plupart du temps, ils intimident et éclipsent les autres participants.
- **La réunion dure trop longtemps**. C'est indubitable. Une réunion ne doit pas durer plus longtemps que nécessaire. De nombreux managers laissent les réunions se poursuivre au-delà de la durée prévue. Au lieu de laisser les participants partir lorsque les tâches à l'ordre du jour sont accomplies, ils les retiennent inutilement.
- **La réunion se disperse**. Une réunion n'est pas une activité passive. Certaines pressions empêchent la réunion de suivre son cap et beaucoup de managers ne savent pas redresser la barre. Résultat : les problèmes personnels, les digressions, les distractions et autres parasites qui n'ont rien à voir avec l'objet de la réunion se multiplient.

Les huit clés d'une réunion réussie

TRUC

Heureusement, tout espoir n'est pas perdu. La perte de temps que représentent les réunions n'est pas inévitable. Il existe un remède à ce dysfonctionnement. Autre bonne nouvelle : ce remède est accessible à tous, peu coûteux et facile à avaler.

- **Préparez-vous**. La préparation ne demande pas beaucoup de temps et accroît considérablement l'efficacité de la réunion. Au lieu de perdre du temps à vous demander quel est le but de la réunion (*Euh, est-ce que quelqu'un sait ce que nous faisons ici ?*), vous êtes opérationnel dès le départ.

- **Préparez l'ordre du jour**. L'ordre du jour est une sorte de carte routière. Si vous le définissez à l'avance, vous et les autres participants connaîtrez les objectifs de la réunion et les sujets qui y seront abordés. Distribuez-le aux participants avant la réunion pour que ceux-ci puissent se préparer.
- **Commencez à l'heure et terminez à l'heure (ou plus tôt)**. Vous vous rendez à une réunion à l'heure et l'organisateur, retenu par un appel téléphonique important, arrive avec un quart d'heure de retard. Pire encore, l'organisateur ne tient pas compte de l'horaire prévu et laisse la réunion s'éterniser. Crispant, non ? Respectez les participants en commençant et en terminant vos réunions aux heures prévues. Vous n'arriverez à rien s'ils sont sans cesse en train de regarder leur montre en se demandant jusqu'à quand vous allez les retenir.
- **Prévoyez des réunions moins nombreuses mais plus utiles**. Organisez une réunion uniquement lorsque cela est absolument nécessaire et faites en sorte qu'elle soit utile. Est-il vraiment indispensable de faire une réunion pour discuter des changements prévus dans le remboursement des frais de déplacement ? Un e-mail ne suffirait-il pas à transmettre l'information aux intéressés ? Un problème dans les rapports financiers ? Pourquoi ne pas passer un simple coup de fil ? Chaque fois que vous êtes tenté d'organiser une réunion, assurez-vous d'avoir une bonne raison de le faire.
- **Pensez en termes d'inclusion et non d'exclusion**. Choisissez avec soin les participants – ne conviez que les personnes directement concernées par la réunion. Mais n'excluez pas des employés dont l'opinion est importante en raison de leur rang dans la hiérarchie, de leur mode de vie, de leur apparence ou de leurs convictions.

  Vous ne pouvez pas savoir à l'avance qui apportera les meilleures idées. Ne gâchez pas vos chances de bénéficier de ces idées en excluant des employés pour de mauvaises raisons.
- **Évitez toute dispersion**. Restez concentré sur l'objet de la réunion. Même s'il est parfois tentant de parler de tout sauf de la question à débattre, n'oubliez pas la raison pour laquelle vous avez organisé la réunion. Ne vous dispersez pas et, si vous terminez plus tôt que prévu, les participants qui voudront rester pour parler d'autre chose n'auront pas à prendre les autres en otage pour le faire.
- **Décomposez les actions**. Décomposez, résumez et répartissez les actions à entreprendre parmi les membres de l'équipe. Pour être bien compris, utilisez un tableau à feuilles mobiles. Les participants ne doivent pas sortir de la réunion en se demandant à quoi elle a servi. Vos réunions doivent avoir un objet et déboucher sur des directives, des missions et un suivi. Assurez-vous de confier chaque action à la bonne personne.

- **Demandez du *feed-back***. Pour évaluer l'efficacité de vos réunions, demandez du *feed-back* aux participants. Ceux-ci vous indiqueront vos points forts, vos points faibles et les améliorations que vous pouvez apporter. Demandez-leur de s'exprimer honnêtement et ouvertement – par écrit ou oralement – et tirez les leçons qui s'imposent. Consultez toujours les autres car vous ne pourrez jamais vous voir comme ils vous voient.

TEST

Testez vos nouvelles connaissances

Quels sont les trois différents types d'équipe ?

A. Formelle, informelle et autonome.

B. Mauvaise, pire, la pire.

C. Il n'en existe que deux : officielle et non officielle.

D. Autres.

Quel est le pourcentage de temps perdu en réunion ?

A. Si je parviens à rattraper mon retard de sommeil : 0 %.

B. Précisément 100 %.

C. Environ 53 %.

D. Environ 47 %.

Chapitre 12

Diriger des employés virtuels

Dans ce chapitre :

- Diriger un nouveau genre d'employés
- Manager les employés à distance
- Gérer différentes équipes
- Découvrir l'avenir du télétravail

Depuis quelques dizaines d'années, les sociétés ainsi que les hommes et les femmes qui les composent ont changé d'attitude. L'entreprise s'est beaucoup assouplie en faveur des employés. Aujourd'hui, les managers tiennent à prendre en compte les besoins de chaque individu. Pourquoi ? Parce qu'ils ont compris qu'avec un minimum de considération (de plus en plus revendiquée), ils obtiendront bien davantage. Que les employés souhaitent déposer leurs enfants à l'école le matin, travailler uniquement certains jours par semaine ou prendre un congé de longue durée pour s'occuper d'un parent malade, les managers sont beaucoup plus enclins à faire tout ce qu'ils peuvent pour s'adapter à ces besoins.

Ce changement d'attitude (ainsi que l'évolution de la nature du travail, les progrès de la technologie et la réduction des niveaux de management dans de nombreuses entreprises) a conduit à une nouvelle catégorie d'employés : des employés virtuels, qui passent la majeure partie de leur temps de travail loin des bureaux et des usines, des employés gérés à distance, des employés avec des horaires flexibles ou aménagés, et des employés qui télétravaillent dans le confort de leur domicile.

Bien sûr, ces changements ne sont pas faciles à mettre en place. Pour les managers qui ont l'habitude d'avoir leurs employés sous la main – prêts à répondre instantanément aux besoins des clients –, gérer des employés à distance est quelque peu déconcertant.

Dans ce chapitre, vous allez découvrir ce nouveau genre d'employés et la meilleure façon de travailler avec eux. Vous apprendrez à diriger efficacement les employés qui travaillent à distance ou bénéficient d'horaires flexibles ou aménagés. Enfin, vous prendrez conscience de l'avenir du télétravail.

Un nouveau genre d'employés dans l'entreprise

Aujourd'hui, l'entreprise accueille un nouveau genre d'employés : les *employés virtuels*. Qu'est-ce qu'un employé virtuel ? C'est un individu qui travaille régulièrement pour une entreprise à l'extérieur de ses bureaux. Les employés virtuels s'ajoutent à ceux qui ont accepté (et souvent réclamé) certaines conditions de travail alternatives, notamment des horaires de travail aménagés ou flexibles.

De plus en plus d'employés optent pour ces conditions de travail alternatives, qui peuvent consister à arriver au bureau et à en repartir en dehors des horaires traditionnels ou à travailler purement et simplement chez soi à temps plein.

Gérer des individus qui ne se trouvent pas physiquement au siège de l'entreprise est un véritable défi, qui requiert une approche totalement différente de la part des managers. Que les employés se trouvent dans d'autres locaux, dans d'autres pays ou chez eux, quel que soit le motif de la séparation physique entre eux et le management, les relations à distance compliquent le contrôle des comportements et des performances. Les managers doivent déterminer de façon systématique si les employés virtuels remplissent leurs tâches aussi bien que ceux qui se trouvent dans les bureaux du siège de l'entreprise.

Êtes-vous prêt à accueillir des employés virtuels ?

Votre entreprise est-elle prête à travailler avec des employés virtuels ? Et vous, êtes-vous prêt ? Voici une check-list qui va vous permettre de le savoir rapidement :

- Votre entreprise a fixé des critères pour évaluer les performances de ses employés.
- Les éventuels employés virtuels ont l'équipement nécessaire pour effectuer correctement leur travail à distance.
- Le travail peut être fait à distance.
- Le travail peut être effectué sans interaction permanente avec les autres employés.
- Les éventuels employés virtuels ont prouvé qu'ils peuvent travailler efficacement en l'absence de supervision quotidienne.

- Les cadres peuvent gérer et superviser les employés en fonction de leurs résultats plutôt que par une observation directe.
- Le lieu de travail des employés virtuels a été examiné en vue de vérifier l'adéquation de son équipement.

Avez-vous coché beaucoup de cases ? Si oui, votre entreprise est prête et apte à mettre en place des conditions de travail alternatives pour ses employés. Si vous avez laissé beaucoup de cases vides, vous allez avoir du pain sur la planche avant de pouvoir accueillir des employés virtuels dans votre entreprise.

L'évolution de la culture de l'entreprise

Lorsque de nombreux employés deviennent des employés virtuels, les managers sont confrontés au problème suivant : que va devenir la culture de la société (et les performances des employés) si de plus en plus d'employés travaillent en dehors des bureaux ? En effet, la culture d'une société repose en grande partie sur les interactions quotidiennes des employés. Ceux qui travaillent en dehors du cadre de ces interactions et qui, par conséquent, n'y prennent pas part, ne se sentent probablement pas concernés par la culture de la société et ne sont pas plus attachés aux valeurs et aux objectifs de la société qu'aux autres employés.

Résultat : des employés potentiellement moins productifs que les autres, dont l'esprit d'équipe et le dévouement sont inférieurs.

Heureusement, vous pouvez prendre un certain nombre de mesures pour aider vos employés virtuels à s'impliquer dans la culture de l'entreprise, à avoir l'esprit d'équipe et à soutenir les objectifs de la société.

Voici quelques idées :

- Organisez régulièrement des réunions auxquelles tous les employés devront assister – en personne, par téléconférence ou dans un forum de discussion sur Internet. Discutez des objectifs à atteindre et prévoyez un créneau horaire pendant lequel le groupe pourra résoudre au moins une des questions les plus urgentes, ou plus, s'il reste du temps.
- Créez des supports de communication accessibles à chaque employé. Bob Nelson, coauteur de ce livre, a récemment travaillé dans une société de location de limousines, qui donne tous les mois à tous ses chauffeurs une cassette qui les renseigne sur les problèmes courants de la société, les politiques, les diverses questions soulevées et les réponses apportées, etc., à insérer dans l'autoradio.

- Avec l'aide d'un animateur, organisez périodiquement des ateliers destinés à renforcer l'esprit d'équipe et la confiance de tous les employés – virtuels et non virtuels.
- Programmez régulièrement des activités en groupe susceptibles d'inciter les employés virtuels à se rencontrer, à se mêler aux autres et à faire leur connaissance. Organisez, par exemple, un déjeuner aux frais de la société, un pique-nique dans un parc des alentours, etc. – les possibilités sont infinies.

En tant que manager, n'oubliez pas que les employés virtuels sont confrontés à des problèmes que ne connaissent pas les employés classiques. Par exemple :

- Les employés virtuels peuvent penser qu'ils ne sont pas correctement rémunérés pour les ressources qu'ils apportent (espace professionnel dans leur domicile, ordinateur, électricité, mobilier, etc.).
- Les employés virtuels peuvent avoir l'impression que leurs supérieurs ne respectent pas leur vie privée si ceux-ci sont trop intrusifs. N'oubliez pas que vos employés ne sont pas disponibles vingt-quatre heures sur vingt-quatre ni sept jours sur sept. Respectez leurs horaires de travail et utilisez leurs numéro de téléphone et adresse électronique professionnels et non personnels pour communiquer avec eux.
- Les employés classiques peuvent être jaloux des « privilèges » des employés virtuels.
- Les employés qui travaillent à leur domicile risquent d'être plus souvent interrompus dans leur travail par des obligations familiales que les employés classiques.

Cela ne veut pas dire que vous deviez renoncer à offrir à vos employés des conditions de travail alternatives. Gardez ces risques à l'esprit et assurez-vous qu'ils ne posent pas de problèmes ni à vos employés virtuels ni à vos employés classiques.

Le management à distance

La nature même du travail a changé et les managers doivent adapter leur façon de gérer leurs employés. Comment contrôler les performances d'un employé lorsque celui-ci n'a aucun contact physique avec son manager pendant des semaines voire des mois d'affilée ? La réponse réside en partie dans un retour aux bases de la communication humaine.

- **Prendre le temps de se rencontrer**. Rien ne vaut une rencontre en personne pour créer une relation de confiance. Le management est une affaire de personnes. Par conséquent, vous devez consacrer une partie de votre temps aux personnes qui vous entourent – non seulement quand vous en avez la possibilité, mais lorsque vos employés sont disponibles et en ressentent le besoin.

- **Plus la distance augmente, plus la communication doit augmenter**. Plus les employés sont loin de leurs supérieurs, plus les deux parties doivent faire des efforts pour rester en contact. Si certains de vos employés souhaitent être le plus autonomes possible et réduire leurs contacts avec vous, d'autres se sentiront négligés ou ignorés si vous ne faites pas régulièrement l'effort de communiquer avec eux. Augmentez la communication en envoyant régulièrement des informations et/ou en organisant davantage de réunions. Encouragez vos employés à vous contacter (pour communiquer, il faut être deux) et multipliez les réunions en convoquant à chaque fois des équipes différentes pour que tout le monde finisse par se rencontrer.
- **Utiliser la technologie**. Sachez utiliser la technologie comme vecteur de communication et pas uniquement pour distribuer des informations : favorisez l'échange d'information et encouragez les questions. Créez des forums de discussion auxquels pourront participer les cadres et les employés ou des bulletins d'information électroniques dans lesquels seront consignés tous les échanges, les progrès des équipes, les problèmes et les solutions.

Pour gérer les employés à distance, optez pour le renforcement des relations de travail et une communication claire. N'hésitez pas à aller vers les autres pour mettre en place un réseau de communication fiable.

Le management dans le cadre d'horaires flexibles

Le monde de l'entreprise évolue très rapidement et le management des employés devient très complexe. De plus en plus d'employeurs remplacent les horaires de travail traditionnels par des horaires flexibles. Gérer des employés qui ne travaillent pas tous aux mêmes horaires constitue pour le manager d'aujourd'hui un autre défi à relever.

Voici quelques stratégies efficaces pour optimiser le travail à horaires flexibles :

- **Prenez le temps d'orienter les employés**. Les employés qui travaillent en dehors des horaires de bureau classiques représentent un risque lorsque le management est défaillant. Assurez-vous que chaque employé sache ce qu'on attend de lui, respecte la politique de la société et rencontre toutes les personnes qu'il doit connaître ou avec lesquelles il doit travailler.

Reconnaissance à distance

Tout employé a besoin de la reconnaissance de son manager. Ce n'est pas parce qu'un employé travaille loin des bureaux de l'entreprise que vous devez l'oublier. Voici quelques mesures à prendre pour que vos employés virtuels se sentent autant appréciés que les autres.

Demandez à vos employés virtuels d'informer leur supérieur et les autres membres de l'équipe de leurs accomplissements, étant donné que ceux-ci ne peuvent pas être évalués directement.

Soyez particulièrement attentif aux employés virtuels dans le cas d'une équipe mixte – qui comporte à la fois des employés virtuels et des employés traditionnels. Notez les accomplissements de chacun.

Veillez à ce que vos employés virtuels soient inclus dans tous les programmes visant à exprimer votre reconnaissance. Faites-les participer à toutes les activités au même titre que les autres.

Offrez une compensation aux employés virtuels qui ne peuvent pas se rendre aux fêtes et manifestations organisées par la société.

Faites une liste des marques de reconnaissance les plus adaptées aux employés virtuels, comme les cartes de remerciements électroniques.

Ne négligez pas le potentiel d'Internet en matière de reconnaissance. Pensez à l'e-mail ou aux fleurs virtuelles.

Impliquez les cadres dans le processus de reconnaissance par le biais d'appels en téléconférence, par exemple.

Pensez à offrir aux employés virtuels des objets portant le logo de la société (mugs, tee-shirts, casquettes, etc.) pour leur rappeler qu'ils font partie d'une équipe.

- **Donnez aux employés les ressources dont ils ont besoin pour être productifs**. Ces ressources vont de l'équipement nécessaire pour accomplir une tâche à la disponibilité des cadres en cas de difficulté, en passant par la formation, notamment concernant les produits et services de la société, les procédures internes et les obligations administratives.
- **Faites un effort de communication permanent**. L'importance de la communication est presque un cliché, mais il ne faut pas la sous-estimer. De nombreux employés préfèrent souffrir en silence d'un mauvais management que donner l'impression de ne pas remplir leur mission – et d'être difficiles à gérer. Vous devez donc être attentif à vos employés pour déterminer s'ils se posent des questions ou s'ils ont besoin d'aide. Optimisez chacune de vos interactions personnelles pour évaluer le travail de chacun et chercher la meilleure façon d'apporter votre aide.
- **Exprimez votre reconnaissance pour le travail accompli**. Les employés qui travaillent en dehors des horaires traditionnels ont autant besoin de reconnaissance que les autres, même si les cadres trouvent moins

souvent l'occasion de les remercier. Il suffit de peu pour exprimer sa gratitude. Prenez le temps de déterminer ce qui motive chacun de vos employés et récompensez l'augmentation des performances.

- **Comportez-vous comme vous voulez que vos employés se comportent.** Si vous voulez que les employés qui bénéficient d'horaires flexibles s'investissent sur le long terme, traitez-les avec courtoisie et professionnalisme en gardant cette perspective à l'esprit. Intégrez-les dans l'équipe. Ce comportement fera de vous un employeur apprécié et votre réputation vous sera utile lorsque vous chercherez de nouveaux talents.

Les employés qui bénéficient d'horaires flexibles sont tout à fait gérables si les efforts de management portent au bon endroit, au bon moment. Prenez tout le temps nécessaire et vous récolterez les fruits de vos efforts.

Le télétravail : mode ou phénomène de société ?

Avec la prolifération des ordinateurs personnels, aussi bien au bureau qu'à la maison, à laquelle s'ajoute un choix attractif de modems et de logiciels de communication, la question n'est pas de savoir si vos employés *peuvent* travailler à distance mais si vous êtes prêt à les y autoriser. Voyez-vous, le problème du télétravail pour les managers ne se pose pas en termes de technologie mais de gestion du personnel.

Il y a encore quelques années, la plupart de vos employés se trouvaient à quelques pas de votre bureau. Si vous aviez besoin de leur aide, vous pouviez passer la tête dans l'entrebâillement de leur porte et leur confier une nouvelle tâche. Ils étaient partis faire une pause ? Pas de problème, il vous suffisait de les rejoindre à la machine à café et de redéfinir personnellement leurs priorités.

Le télétravail a changé les habitudes. Si certains de vos employés travaillent en dehors des locaux de la société, vous ne pouvez plus les faire marcher au doigt et à l'œil. Vous devez communiquer avec eux par messagerie vocale, par e-mail ou par fax. La communication en tête à tête est de plus en plus rare, tout comme le sentiment d'appartenance à la société.

Et pourtant, le télétravail a beaucoup d'avantages. D'après diverses études, la productivité des employés peut être augmentée de 30 %. D'une manière générale, les employés passent moins de temps assis dans leur voiture ou dans les transports en commun pour aller et revenir du travail. Ils éprouvent une plus grande satisfaction professionnelle et l'ensemble des citoyens bénéficie d'une réduction de la circulation (et de la pollution) aux heures de pointe.

Lorsque son fiancé a accepté un poste à Los Alamos, Nouveau-Mexique, Amy Arnott, analyste chez Morningstar, Inc., société américaine basée à Chicago, a été confrontée à un cruel dilemme. Devait-elle renoncer à son emploi et suivre son futur mari au Nouveau-Mexique ou essayer de vivre sa relation de couple à distance ? Heureusement, elle n'a pas eu à choisir. Morningstar lui a proposé l'option du télétravail.

Si, selon elle, « Los Alamos n'a rien d'un grand centre financier », Amy Arnott n'a aucune difficulté à travailler à plus 1 500 kilomètres de sa société. Grâce à son ordinateur et à son modem, elle a accès à la base de données de Morningstar et peut faire son travail aussi bien que si elle était sur place. Bien sûr, elle n'est plus vraiment au courant des dernières rumeurs qui circulent dans les couloirs...

Le concept d'employé virtuel étant désormais à l'ordre du jour, vous devez, en tant que manager, réfléchir aux avantages et aux inconvénients du télétravail pour faire face à la demande croissante des salariés en la matière.

Voici quelques avantages du télétravail :

- Les salariés peuvent s'organiser comme ils l'entendent.
- Les salariés peuvent passer plus de temps avec les clients.
- Les salariés sont parfois plus productifs parce qu'ils ont tout à portée de main (et s'ils s'ennuient le samedi après-midi, ils ont la possibilité de travailler pendant une heure ou deux).
- Vous pouvez diminuer vos dépenses en réduisant la taille de vos locaux.
- Les coûts de l'électricité, de l'eau et autres frais généraux sont inférieurs.
- Les salariés ont meilleur moral.

Et voici quelques inconvénients :

- Il est plus difficile de contrôler les performances des salariés.
- L'organisation de réunions peut être problématique.
- Vous devrez peut-être acheter l'équipement nécessaire aux salariés pour travailler à distance.
- Les salariés risquent de perdre leur sentiment d'appartenance à la société.
- Les managers doivent davantage s'organiser pour répartir les tâches.

Scott Bye, de North Hollywood, a confié : « L'idée de pouvoir travailler chez moi était beaucoup plus attrayante que celle de prendre l'autoroute tous les matins. » S'il se lève toujours à peu près à la même heure que lorsqu'il travaillait à l'extérieur, il n'a qu'à traverser le couloir au lieu de faire une heure et quart de route dans les embouteillages et le brouillard. À 9 h 30 – alors qu'il avait l'habitude d'arriver au bureau à 9 h 45 –, il a déjà appelé plusieurs clients à l'étranger, envoyé un fax ou deux et créé une présentation sur son ordinateur.

Testez vos nouvelles connaissances

Quel est l'impact du télétravail sur le sentiment d'appartenance à la société ?

A. Sentiment accru.

B. Sentiment amoindri.

C. Sentiment inchangé.

D. Autres.

Chapitre 13

Éthique et politique au bureau

Dans ce chapitre :

- Avoir une éthique personnelle
- Évaluer votre environnement politique
- Identifier les véritables vecteurs de la communication
- Découvrir les règles tacites de votre société
- Défendre vos intérêts personnels

L'éthique et la politique d'une entreprise jouent un rôle très important. L'éthique est l'ensemble des valeurs sur lesquelles les employés basent leur comportement. Le manque d'éthique peut avoir des conséquences désastreuses, comme en témoignent de nombreuses sociétés apparemment respectables qui se sont déclarées en faillite. Aujourd'hui plus que jamais, en tant que manager, vous devez donner l'exemple et vous assurer que vos employés marchent sur vos traces. Mais surtout, vous devez débarrasser votre société des employés qui refusent de se conformer aux exigences de l'éthique.

La *politique* représente les liens que vous tissez avec vos collègues, supérieurs et subalternes pour effectuer vos tâches, obtenir des informations et vous créer un réseau de relations qui vous sera utile dans la progression de votre carrière. La politique est, au mieux, un moyen de s'assurer que chacun travaille dans l'intérêt de la société et de ses collègues. Au pire, elle dégénère en compétition, les employés concentrant leurs efforts sur l'augmentation de leur pouvoir personnel aux dépens des autres – et de la société.

Dans ce chapitre, vous allez apprendre à donner une éthique à votre société, à déterminer la nature et les frontières de votre environnement politique, à soigner votre image en tant que manager, à déchiffrer les différents signaux de la communication, à identifier les règles tacites de votre société et, pour être prêt à toute éventualité, à vous défendre contre les manœuvres politiques des autres.

L'éthique et vous

Quand on voit aux actualités tous les scandales financiers qui se succèdent – emplois fictifs, faillites frauduleuses et évasion fiscale – et quand on connaît les conséquences dramatiques en matière d'équilibre boursier et économique à l'échelle mondiale, on en arrive à se demander si les responsables connaissent la différence entre le bien et le mal. Ou, s'ils la connaissent, s'ils s'en soucient le moins du monde.

Bien sûr qu'ils la connaissent, malgré les apparences. C'est une simple question d'éthique ou de déontologie. Heureusement, de plus en plus de chefs d'entreprise respectent la déontologie, non seulement parce que ce comportement est politiquement correct mais parce qu'il rapporte.

L'éthique est à la mode. Et c'est tant mieux pour tout le monde.

Qu'est-ce que l'éthique ?

Savez-vous ce qu'est l'éthique ? Si vous avez des doutes, en voici une brève définition : l'éthique est un ensemble de valeurs qui orientent les comportements et les activités – autrement dit, une façon de penser qui délimite nos actes. En bref, c'est agir au mieux pour tout le monde. Et pas seulement le dire. Le faire !

Bien que chaque individu ait sa propre éthique – fondée sur son éducation et ses expériences personnelles –, l'entreprise et ses cadres ont pour mission de fixer des normes déontologiques claires.

Dans l'entreprise, l'éthique exalte certains comportements et certaines qualités personnelles, notamment :

- L'honnêteté
- L'intégrité
- L'impartialité
- L'équité
- La loyauté
- Le dévouement
- La responsabilité
- La fiabilité

L'éthique, ça commence par vous. En tant que manager, vous devez donner l'exemple dans votre société – aussi bien aux autres managers qu'à tous les employés qui observent chacun de vos faits et gestes. Si vous adoptez un comportement contraire à la déontologie de l'entreprise, c'est comme si vous disiez que l'éthique n'a aucune importance. Résultat : personne n'y accordera d'importance.

En revanche, si vous respectez les exigences de l'éthique, tout le monde suivra votre exemple et les respectera. Au bout du compte, c'est votre éthique personnelle qui s'en trouvera renforcée. N'oubliez pas qu'en tant que manager, vous devez essayer de définir, respecter et élever vos propres critères en matière d'éthique personnelle.

Rédiger un code déontologique

Bien que nous ayons tous une idée assez précise de ce qui est conforme ou non à l'éthique, cette notion est relativement subjective et peut être interprétée différemment selon les individus. Au sein de l'entreprise, certains employés pensent, par exemple, qu'ils peuvent passer régulièrement des appels téléphoniques personnels, tandis que d'autres sont choqués par cette pratique.

Alors quelle est la solution pour mettre tout le monde d'accord dans une même société ? La rédaction d'un code déontologique.

En rédigeant un code déontologique, et en le faisant respecter, vous énoncez clairement et sans ambiguïté les normes déontologiques auxquelles chaque membre de la société – de la base au sommet de la hiérarchie – devra se conformer. Le code déontologique ne remplace pas la politique de la société. Au contraire, il la complète. Au lieu de laisser la définition de l'éthique à l'appréciation de chacun de vos employés, vous dites clairement que le vol, la violation du secret commercial, le harcèlement sexuel et autres comportements de ce genre sont inacceptables et passibles de licenciement. Une fois que chaque individu aura lu et signé un exemplaire du code, personne ne pourra prétendre ne pas savoir que tel ou tel comportement était répréhensible.

Un bon code déontologique repose sur les quatre principes suivants :

- Compatibilité avec la politique de l'entreprise
- Compatibilité avec les lois et règlements extérieurs à l'entreprise
- Respect des valeurs de l'entreprise
- Respect des valeurs individuelles

Bien sûr, pour être efficace, votre code déontologique devra aborder des questions beaucoup plus précises que les grandes lignes énoncées précédemment. Voici les thèmes les plus fréquemment traités :

- Égalité des chances
- Harcèlement sexuel
- Protection de la vie privée
- Confidentialité
- Conflits d'intérêt
- Primes
- Santé et sécurité des employés

Outre son efficacité au sein de l'entreprise, le code déontologique a l'avantage de faire connaître les valeurs d'une société à ses fournisseurs, à ses clients, à ses investisseurs, aux demandeurs d'emploi, aux médias et au grand public. Il montre aux autres que vous attachez de l'importance à l'éthique, que votre entreprise et ses employés travaillent dans le respect de cette éthique.

Les différentes parties d'un code déontologique

Un code déontologique complet se compose généralement des sept parties suivantes :

1. **Titre. Le titre doit être évocateur**. Par exemple : les valeurs de notre entreprise.
2. **Résumé**. Le résumé récapitule le contenu du code déontologique et montre clairement l'engagement des leaders de l'entreprise à respecter les règles de la déontologie.
3. **Sommaire**. Les grands titres du code sont répertoriés dans le sommaire par numéros de pages.
4. **Introduction**. L'introduction annonce l'importance du code, son étendue et les personnes auxquelles il s'applique.
5. **Énoncé des principales valeurs**. L'entreprise énumère et décrit ses principales valeurs en détail.
6. **Dispositions du code**. Cette partie est le corps du code. Elle indique la position de l'entreprise concernant diverses questions, notamment le harcèlement sexuel, le respect de la vie privée, les conflits d'intérêt, les primes, etc.
7. **Information et ressources**. Ressources à la disposition des employés qui souhaitent obtenir davantage d'informations ou un conseil sur un sujet précis.

À RETENIR

Bien sûr, il ne suffit pas de rédiger un code déontologique. Encore faut-il le respecter. Il ne vous servira à rien si vous le rangez dans un tiroir pour ne plus jamais vous y référer.

Respecter la déontologie

D'accord, vous avez un code déontologique, mais si vous ne le respectez pas dans vos transactions et relations professionnelles quotidiennes, à quoi vous sert-il ? Les questions déontologiques abondent dans le monde de l'entreprise. Certaines sont abordées dans le code de votre société, et d'autres non. Par exemple, que feriez-vous dans les cas suivants :

- Un de vos employés préférés vous donne des billets pour un match de foot.
- Une employée vous demande de ne pas tenir compte d'une légère infraction à la politique de la société.
- Vous avez vendu à un client un produit dont vous découvrez par la suite qu'il est défectueux, mais votre patron vous dit de fermer les yeux.
- Les résultats financiers de votre service sont en réalité inférieurs à ceux que votre patron présente au conseil d'administration.
- Vous découvrez que l'un de vos meilleurs employés n'a pas le diplôme qu'il a prétendu avoir lors de sa candidature au poste.
- Vous savez que l'un des produits que vous vendez n'a pas toutes les vertus que votre société lui prête.

Tous les jours, nous sommes amenés à trancher sur des questions déontologiques. Comment faire le bon choix ? Pensez toujours en termes d'éthique au sens large. Voici un bon moyen mnémotechnique pour vous aider à vous y retrouver :

- **É – Évaluer** les circonstances en tenant compte du contexte (culture, législation, politique, circonstances, relations, points de vue, émotions, valeurs, préjugés et religion).
- **T – Traiter** les individus dans un esprit de justice à l'intérieur du cadre établi. Justice ne signifie pas toujours égalité.
- **H – Hésiter** avant de prendre des décisions importantes.
- **I – Informer** les intéressés des critères fixés et/ou des décisions prises.
- **C – Créer** un environnement cohérent pour vous et votre équipe, et demander conseil en cas de doute (mais uniquement à des personnes honnêtes, que vous respectez).

Évaluer votre environnement politique

Quelle est l'importance de la politique sur votre lieu de travail ? En tant que manager, vous devez savoir prendre la température. Sinon, à la prochaine réunion, vous pourriez bien laisser échapper : « Pourquoi les cadres des ressources humaines sont-ils aussi réticents à recruter du personnel ? On dirait qu'il s'agit de leur argent ! » et apprendre que la responsable du service n'est autre que la belle-fille du patron.

Si vous êtes un peu mieux informé, vous aurez sans doute plus de tact dans cette situation. Vous avez donc tout intérêt à vous intégrer dans votre environnement politique. Vous serez plus efficace, et votre service et vos employés auront davantage de poids dans la société.

Connaître l'environnement politique de votre société

TRUC

Pour connaître l'environnement politique de votre société, posez à vos collègues des questions pertinentes. Celles-ci témoigneront de votre courtoisie, de votre maturité, de votre ambition et de votre instinct politique. En voici quelques exemples :

- Quelle est la meilleure façon d'obtenir quelque chose qui n'a pas été prévu dans le budget ?
- Comment puis-je faire sortir de l'entrepôt un produit dont mon client a besoin aujourd'hui alors que je n'ai pas le temps de remplir les papiers nécessaires ?
- Y a-t-il quelque chose que je puisse faire pour vous avant de partir ?

Les questions suivantes, en revanche, témoigneraient de votre manque de maturité politique et de votre inaptitude à jouer dans la cour des grands.

- À qui dois-je faire bonne impression pour obtenir immédiatement une augmentation ?
- Comment puis-je obtenir une promotion dans cette société sans ruiner ma vie de famille ni rester au bureau après 17 heures ?
- Combien de temps me faudrait-il pour devenir vice-président si je ne négligeais aucun moyen ?

TRUC

Si certaines questions vous donneront une idée de la configuration politique de votre société, vous pouvez faire bien plus pour évaluer votre environnement politique. Voici quelques conseils :

- **Observez la façon de travailler de ceux qui réussissent**. Combien de temps passent-ils à préparer leurs supérieurs, en discutant avec eux, avant de leur envoyer une demande formelle d'augmentation de leur budget ? Quelles tâches délèguent-ils et à qui ? Prenez exemple sur les personnes bien intégrées dans l'environnement politique de votre société.
- **Identifiez les comportements récompensés**. La direction offre-t-elle spontanément, avec enthousiasme et sincérité, des récompenses personnelles pour valoriser certains comportements ? Toutes les personnes qui ont participé au succès d'un projet sont-elles remerciées ou le chef de projet est-il le seul à obtenir un *feed-back* ? En observant le système de récompense de votre société, vous pouvez en déduire les comportements que les managers attendent de leurs employés et les adopter.
- **Observez les sanctions appliquées**. La direction sanctionne-t-elle durement les employés pour des erreurs relativement peu importantes ? Les employés sont-ils critiqués en public ou devant leurs collègues ? Tous les employés sont-ils tenus pour responsables de décisions, actions et erreurs dont ils n'ont pas pris l'initiative ? Ce comportement de la part des managers montre que ceux-ci n'encouragent pas la prise de risques. Dans ce cas, soyez d'apparence réservée tout en agissant discrètement dans les coulisses.
- **Observez le degré de formalité qui règne dans la société**. Lors d'une réunion du personnel, par exemple, vous ne pouvez pas vous permettre de dire : « C'est une idée stupide ! Pourquoi ferions-nous une chose pareille ? » Faites preuve de tact et de finesse : « C'est une idée intéressante. Examinons ensemble les avantages et les inconvénients qu'elle présente. » Le degré de formalité qui règne dans votre société vous donnera une idée de la façon dont vous devez agir pour vous conformer aux attentes des autres.

Identifier les acteurs clés

Maintenant que vous avez découvert que vous travaillez dans un environnement politique (en doutiez-vous réellement ?), vous devez en identifier les acteurs clés. Pourquoi ? Parce que ceux-ci peuvent vous aider à rendre votre service plus performant et jouer un rôle de mentor auprès de vous et de vos employés. Les acteurs clés sont des personnes politiquement astucieuses qui font avancer les choses. Ils se distinguent par leur tendance à prendre des décisions immédiates sans consulter leurs supérieurs, à utiliser le jargon de la société (*leadership interactif* ou *proactivité*) et à parler franchement en réunion ne serait-ce que pour demander : « Quel est notre objectif ? »

À RETENIR

Les personnes qui ont de l'influence ne sont pas nécessairement celles qui ont une position influente. Prenons un exemple : Marc est l'assistant du responsable des ventes. À première vue, il joue ni plus ni moins un rôle de coursier. Pourtant, c'est lui qui organise les rendez-vous de son patron et prépare l'ordre du jour des réunions du service. Il peut même opposer son veto à certaines actions de sa propre initiative. Étant donné que vous ne pouvez pas contacter le responsable des ventes sans passer par le fameux Marc, celui-ci a beaucoup plus de pouvoir dans la société que sa fonction ne l'indique.

Pour identifier les acteurs clés de votre société, posez-vous les questions suivantes :

- À qui demande-t-on conseil dans la société ?
- Quels employés sont considérés comme indispensables par les autres ?
- Quel est le bureau le plus proche de ceux des cadres supérieurs et quels sont les plus éloignés ? *(Sommes-nous arrivés en Sibérie ?)*
- Qui déjeune avec le président, les vice-présidents et autres membres de l'équipe d'encadrement ?

Lorsque vous aurez identifié les acteurs clés de votre société, vous découvrirez qu'ils ont des personnalités différentes. Nous avons classé les principaux types de personnalité par catégories pour vous aider à adapter votre approche à chaque acteur clé.

- **Les battants**. En général, ces individus dépassent largement les limites de leur fonction. Par exemple, un employé des achats se retrouve à négocier une fusion, ou un employé de l'entretien oriente la conception d'une nouvelle aile de l'usine selon ses goûts. En revanche, les individus moins sensibles à l'environnement politique ont tendance à ne faire que ce qu'on leur demande.
- **Les citoyens de la société**. Il s'agit d'employés diligents, travailleurs et fidèles à la société qui espèrent gravir les échelons lentement mais sûrement grâce à leurs efforts et à leur dévouement. Adressez-vous à eux pour obtenir des informations et des conseils à propos de la société. Ils vous apporteront leur soutien, surtout si vos idées semblent être dans l'intérêt de la société.
- **Les colporteurs de ragots**. Ils savent toujours tout ce qui se passe dans la société – généralement avant que les personnes concernées ne soient mises au courant. Partez du principe que tout ce que vous dites à ces individus sera répété. Par conséquent, ne critiquez jamais votre patron ou vos collègues devant eux.
- **Les sauveurs**. Ils adorent se faire remarquer en intervenant dans une situation problématique au dernier moment pour « sauver » un projet, un client, etc. Tenez-les au courant de vos activités afin de bénéficier de leur aide.

- **Les esprits de contradiction**. Ils ont l'autorité nécessaire pour anéantir vos idées et vos ambitions avec une simple remarque du genre : « Nous avons déjà essayé et ça n'a pas marché. » À chaque nouvelle proposition, ils répondent invariablement : « Si c'est une si bonne idée, pourquoi ne l'avons-nous pas déjà appliquée ? » Pour éviter toute opposition, vous avez intérêt à tenir ces individus à l'écart de votre processus de décision. Adressez-vous à d'autres personnes, susceptibles d'être intéressées par vos idées, ou reformulez votre proposition jusqu'à ce que vous trouviez une approche irréfutable.
- **Les experts techniques**. Toute société comporte des employés techniquement compétents dont l'avis éclairé peut être d'une grande utilité. Les experts peuvent prendre en charge une situation sans pour autant prendre le pouvoir. Essayez de bien les connaître – vous pouvez leur faire confiance.
- **Les geignards**. Certains employés ne sont jamais contents de leur sort. Si vous les côtoyez, vous aurez une vision pessimiste de votre environnement. Pire, votre patron pensera peut-être que vous êtes un geignard vous aussi. En outre, les promotions sont plus souvent accordées aux optimistes qu'aux pessimistes. Soyez optimiste ! C'est dans votre intérêt.

Redessiner l'organigramme de votre société

L'organigramme de votre société vous permet sans doute de déterminer quelle place occupe chaque individu dans la structure formelle de l'entreprise. Cela dit, il n'est d'aucune utilité pour connaître la structure informelle de l'environnement politique. Faites-vous votre propre organigramme. La figure 13-1 illustre un organigramme *officiel* classique.

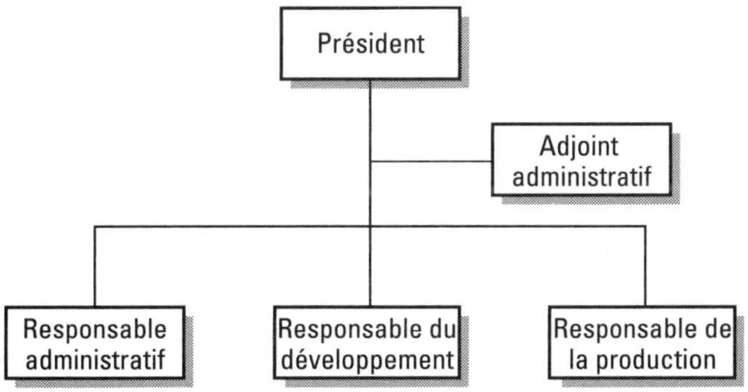

Figure 13-1 : Organigramme officiel.

TRUC

Commencez par chercher l'organigramme officiel de votre société. Ensuite, jetez-le. Maintenant, en vous basant sur vos observations et vos impressions, faites *mentalement* le véritable organigramme de votre société (personne ne doit avoir connaissance de votre schéma personnel). Commencez par les acteurs clés que vous avez déjà identifiés. Indiquez leur pouvoir les uns par rapport aux autres. Pour vous faire une idée, posez-vous les questions suivantes :

- **Avec qui ces personnes influentes ont-elles des relations ?** Représentez par des lignes continues les liens qui existent entre les personnes. Tenez compte des amis et des parents.
- **Quels sont les clans et leurs membres ?** Assurez-vous de relier entre eux tous les membres d'un même clan car, lorsque vous parlez à l'un d'eux, c'est comme si vous parliez à tous.
- **Qui sont les colporteurs de ragots ?** Utilisez des lignes continues pour représenter les communications entre personnes influentes et des lignes en pointillé pour les communications entre personnes qui ont peu d'influence.
- **Qui sont vos concurrents ?** Entourez les personnes susceptibles d'être en compétition avec vous lors de votre prochaine opportunité de promotion. Accordez-leur une attention toute particulière.
- **Qui ne fait pas partie de l'organigramme ?** Ne négligez personne. Aujourd'hui, le monde de l'entreprise change très vite. Une personne qui ne fait pas partie de l'organigramme le vendredi peut très bien y apparaître le lundi. Entretenez de bonnes relations avec tous vos collègues et ne coupez jamais les ponts avec quiconque. Sinon, c'est vous qui pourriez vous retrouver en dehors de l'organigramme…

Ce nouvel organigramme montre bien quelles sont les personnes qui ont réellement un pouvoir politique au sein de votre société. La figure 13-2 illustre le véritable fonctionnement d'une entreprise. Mettez votre organigramme à jour au fur et à mesure que vous obtenez des informations sur les personnes de votre entourage. Soyez attentif aux comportements révélateurs d'un certain type de relation – votre patron interrompt un collègue au milieu de sa phrase, par exemple – et intégrez vos observations dans votre analyse politique globale. Bien sûr, sachez que vous pouvez vous tromper. Vous ne pouvez pas connaître les relations interpersonnelles établies dans tous les services. Certains individus qui semblent avoir du pouvoir en ont en réalité beaucoup moins que d'autres, qui ont appris à utiliser leur pouvoir plus discrètement.

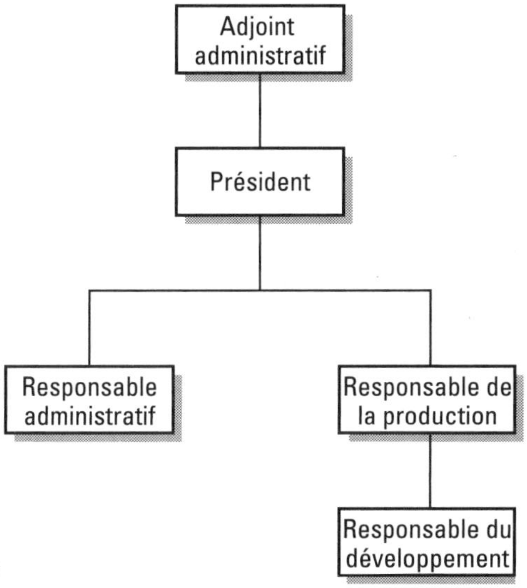

Figure 13-2 : Véritable fonctionnement de l'entreprise.

Les ficelles de la communication

La facilité avec laquelle vous communiquez témoigne de votre intégration dans la société. Mais, il faut du temps et de la pratique avant de pouvoir déchiffrer le véritable sens de la communication. Pour y parvenir, vous devez observer les comportements, lire entre les lignes et, lorsque cela est nécessaire, savoir obtenir des informations délicates.

Croire ce que vous voyez et non ce que l'on vous dit

Pour déchiffrer le véritable sens de la communication, soyez attentif au comportement de votre interlocuteur. Les valeurs et les priorités des autres transparaissent plus clairement dans ce qu'ils font que dans ce qu'ils disent.

Par exemple, si votre patron vous répète sans cesse qu'il essaie de vous obtenir une augmentation, observez les démarches qu'il a entreprises dans ce sens. A-t-il téléphoné à son supérieur ? A-t-il formulé une demande écrite ? S'est-il fixé un délai pour atteindre cet objectif ? Si ce n'est pas le cas ou si votre patron « attend une réponse » depuis des semaines, vous n'êtes pas près de recevoir votre augmentation. Pour contrecarrer cette situation, essayez de vous hisser dans la liste des priorités de votre patron en suggérant les mesures qu'il peut prendre. Vous serez peut-être amené à faire pratiquement tout le travail vous-même. Il se peut que votre patron ne soit pas un acteur clé dans la société. Faites tout ce que vous pouvez pour attirer l'attention de personnes véritablement influentes, susceptibles de suggérer votre augmentation.

Des outils pour le succès ?

Pour parfaire votre image politique, vous devez avoir les bons accessoires. Les gadgets suivants projetteront une image de pouvoir qui augmentera votre véritable pouvoir. Mensonge ! Malheureusement, certaines personnes croient à ce baratin. En réalité, les accessoires ont pour but de compenser la peur de n'avoir aucun pouvoir en tant que personne et donc un profond sentiment d'insécurité.

Téléphone portable. Il sonne toujours lorsque vous êtes en réunion. Vous répondez, vous excusez auprès des participants et expliquez que vous avez un client important en ligne.

Médicaments antiacides. Ne faites pas semblant d'avoir un ulcère si vous pouvez en avoir un ! Montrez votre dévouement illimité en posant une grosse boîte de comprimés sur votre bureau. Cela fera toujours bonne impression !

Montre Rolex. Abandonnez votre vieille montre pour un modèle de marque. Une montre en or avec bracelet en acier inoxydable attire davantage l'attention.

Stylo Mont-Blanc. Avec un stylo cher, tout ce que vous écrivez est forcément concis, spirituel et important (ou du moins, c'est ce que vous croyez !).

Fiche de score. Servez-vous de cette fiche pour distinguer les personnes en bonne position de celles qui se trouvent sur la pente descendante. Marquez les points à chaque événement politique et, lorsque vous avez suffisamment de points vous-même, tentez une approche.

Lire entre les lignes

À RETENIR

Ne prenez pas les communications écrites au pied de la lettre. Elles comportent généralement un message sous-jacent que vous devez découvrir. Voici un mémo classique, annonçant la restructuration de plusieurs services :

> Suite au départ de Jean Martille, le service clients fera désormais partie de la division des ventes, dirigée par Élisabeth Olsen, directrice adjointe. La division sera placée sous la direction de Thomas Rouen, directeur des ventes.

Ce mémo, relativement direct, semble n'exiger aucune deuxième lecture. Pourtant, si vous lisez entre les lignes, vous pourrez en tirer les conclusions suivantes :

> Jean Martille, qui ne s'est jamais entendu avec le directeur des ventes, a fini par faire un faux pas qui justifie son licenciement. Thomas Rouen a réussi à séduire le conseil d'administration pour élargir son empire, probablement grâce à l'augmentation de 30 % des ventes réalisée l'année dernière. Élisabeth Olsen a été nommée directrice adjointe pour une période temporaire, le temps pour elle de faire le sale boulot de Thomas Rouen, qui consiste notamment à se débarrasser du bois mort. Le directeur de ventes repartira ainsi sur de bonnes bases, avec 20 % de dépenses en moins et une augmentation quasiment garantie des bénéfices dès la première année. Tout cela s'intègre parfaitement dans son plan de carrière. (P.-S. : des félicitations s'imposent.)

Ce mémo a été écrit de façon neutre à dessein. À la première lecture, il semble tout simplement logique. Mais, si vous lisez entre les lignes, vous pouvez en déduire ce qui se passe vraiment. Bien sûr, vous devez vous garder de tirer des conclusions hâtives. Jean Martille a peut-être reçu une offre plus intéressante et la société a profité de son départ pour se réorganiser. Comparez vos conclusions avec celles de vos collègues pour avoir le fin mot de l'histoire.

Vérifier l'information

À RETENIR

En général, pour obtenir des informations, il vous suffit d'écouter attentivement les autres. Intéressez-vous à tout ce qui touche vos collègues et ceux-ci n'hésiteront pas à se confier. Une fois qu'ils ont commencé à parler, orientez la conversation vers d'autres sujets, comme les problèmes qu'ils rencontrent au bureau ou d'autres informations délicates. Posez des questions et fournissez vous-même des informations si nécessaire pour que l'échange soit équitable.

Après avoir établi des relations de confiance, vous devez trouver un moyen de vérifier vos informations pour déceler les rumeurs et les intérêts personnels. Voici quelques conseils :

- Déterminez au moins trois moyens d'obtenir des informations.
- Vérifiez vos informations auprès de deux sources différentes.
- Promettez l'anonymat chaque fois que possible.
- Posez des questions dont vous connaissez la réponse.
- Ayez une approche décontractée et non menaçante.
- Partez du principe que la première réponse est superficielle.
- Posez la même question de façon différente.
- Soyez réceptif à toutes les informations qui vous sont transmises.

Les règles tacites de la politique

ATTENTION !

Toute entreprise comporte des règles qui ne sont jamais écrites et rarement soumises à discussion. Ces règles tacites concernant bien souvent le comportement des salariés peuvent être déterminantes pour votre succès. Étant donné qu'elles ne sont pas explicites, vous devez les découvrir en observant votre entourage, en posant des questions pertinentes ou tout simplement en tirant les leçons de vos erreurs.

À RETENIR

Interpréter la politique de votre société

Même écrite noir sur blanc, la politique d'une société est rarement aussi transparente qu'elle y paraît. En général, il s'agit d'un ensemble de directives données par les cadres supérieurs en vue de résoudre des problèmes particuliers. Par exemple, si une employée porte des bijoux tape-à-l'œil, une discussion de deux ou trois minutes pourrait régler la question. Cependant, l'approche la plus courante consiste à créer un groupe de travail chargé de définir un code vestimentaire et des règles d'hygiène personnelle. Une fois la politique en vigueur, l'employée concernée peut ne pas se sentir visée et trouver le nouveau code très utile « pour tous ceux qui en ont besoin », c'est-à-dire tout le monde sauf elle.

Pour utiliser la politique de votre société à votre avantage, appliquez à la lettre les règles suivantes :

- Ne vous référez à la politique que lorsqu'elle va dans le sens de ce que vous voulez faire.
- Partez du principe qu'une politique contraire à vos intentions se destine uniquement aux autres.
- Faites remarquer l'inapplicabilité d'une politique que vous n'aimez pas en indiquant les éventuels abus et mauvaises interprétations.
- En cas de désaccord sur la mise en place d'une politique, affirmez que celle-ci est trop spécifique (pour une application générale) ou trop générale (pour des circonstances précises).
- Déclarez qu'aucune politique ne doit être rigide.

Il faut admettre que certaines politiques sont inapplicables. Reconnaissez-le et essayez de les modifier. Par exemple, si vous souhaitez que vos employés aient la possibilité de planifier eux-mêmes leurs tâches alors que cette pratique est contraire à la politique de la société, faites le maximum pour convaincre vos supérieurs de définir une nouvelle politique, compatible avec votre objectif.

ATTENTION !

Ne sous-estimez jamais l'importance des règles tacites de la politique de la société. Dans de nombreuses entreprises, ces règles sont tout aussi cruciales, si ce n'est plus, que celles qui sont écrites noir sur blanc.

Soyez aimable avec les autres

Plus vous aurez d'amis dans la société, mieux vous vous porterez. Si ce n'est pas encore fait, commencez dès à présent à créer des liens d'amitié avec votre entourage proche puis étendez vos relations au reste de la société. Mieux vous êtes vu par vos collègues, plus vous avez de chances de devenir leur manager à l'avenir. Cultivez leur soutien en leur demandant des conseils ou en leur offrant de l'aide.

Vous ne savez pas de qui vous dépendrez à l'avenir. Soyez aimable avec toutes les personnes que vous côtoyez car n'importe qui peut devenir votre supérieur.

Créez un réseau de relations en prenant l'habitude d'aider les nouveaux employés qui arrivent dans la société. Prenez-les sous votre aile pour leur expliquer comment les choses se passent concrètement. Lorsqu'ils prendront leurs marques puis seront nommés dans d'autres services de la société, vous disposerez d'un réseau efficace, grâce auquel vous pourrez obtenir l'aide et les informations dont vous aurez besoin.

Il est important que vous connaissiez bien votre entourage pour pouvoir éclaircir certaines rumeurs, obtenir des informations et faire passer indirectement des messages. En tant que manager, vous devez avoir des contacts nombreux et variés dans toute la société. Pour élargir votre réseau, procédez de la manière suivante :

- **Montrez-vous dans les couloirs**. Ceux qui marchent dans les couloirs sont plus vus que les autres. Lorsque vous recevez un appel téléphonique ou un e-mail, allez voir votre interlocuteur pour lui répondre en tête à tête. Cette pratique vous permettra en outre de rencontrer d'autres personnes en chemin.
- **Faites du sport dans votre société**. Rejoignez une équipe de sport pour rencontrer des employés issus de différents services. Bowling, golf ou tennis, vous trouverez sans doute une activité à votre goût. Si vous n'êtes pas très sportif, optez pour le bridge ou les échecs.
- **Intégrez un comité.** Qu'il s'agisse d'un comité chargé de la sécurité des employés ou de l'entretien des espaces communs, portez-vous volontaire. Vous rencontrerez de nombreuses personnes dans un cadre informel et une ambiance décontractée.

Ne négligez pas les intérêts personnels

Voici l'une des principales règles tacites de la politique d'entreprise : pour obtenir ce que vous voulez, donnez aux autres ce qu'ils veulent. Assurez-vous le soutien des autres en leur montrant ce qu'ils ont à y gagner. Dites-leur clairement ce que vous pouvez faire pour eux en échange de leur aide. Par exemple :

- **Avantages en nature**. Pour remercier un collègue de son aide, vous pouvez l'inviter à déjeuner.
- **Informations**. N'oubliez pas : l'information, c'est le pouvoir. Beaucoup de vos collègues feraient n'importe quoi pour obtenir certaines informations. Peut-être pouvez-vous les leur fournir.
- **Argent**. Si vous n'avez pas utilisé l'intégralité du budget qui vous est alloué pour votre matériel, financez une partie du projet d'un de vos collègues en échange de son aide. Si vous n'avez pas eu beaucoup de frais de déplacement, peut-être pourrez-vous lui permettre de rendre visite à un client résidant à Sydney.
- **Recommandation**. Les cadres supérieurs vous font confiance. Vous pouvez recommander un collègue pour un poste haut placé ou lui faire obtenir une récompense pour ses performances. Quelques mots de votre part peuvent tout changer dans la carrière d'un de vos collègues.

Nous ne vous suggérons pas de faire quelque chose d'illégal ou d'immoral. Lorsque vous rendez un service qu'on vous a fait, assurez-vous de respecter les règles et la politique de votre société. N'allez pas non plus à l'encontre de votre éthique personnelle pour faire avancer votre carrière.

Restez prudent dans les cocktails

Les réceptions et autres cocktails organisés au sein de l'entreprise sont des événements importants pour ceux qui souhaitent faire avancer leur carrière. Ces occasions sont souvent considérées comme de rares moments pendant lesquels tout le monde se trouve sur un pied d'égalité. Mais c'est faux. Les cadres supérieurs ont en effet l'occasion de montrer qu'ils sont des individus comme les autres, mais leurs subalternes, même s'ils peuvent leur poser des questions et rire de leurs plaisanteries, doivent rester extrêmement prudents.

N'oubliez jamais à qui vous parlez et faites attention à ce que vous dites. Ne vous lâchez pas au pique-nique de la société, ne donnez pas l'impression d'être un noceur et ne dites pas au directeur adjoint de votre division ce que vous pensez de lui – à moins qu'il ait bu encore plus que vous ! Lors de ces rencontres sociales, vous devez faire preuve de beaucoup de tact. Les convenances requièrent la maîtrise de certaines techniques.

- Utilisez le milieu de la pièce pour intercepter des personnes auxquelles vous souhaitez dire quelque chose de précis. Pour attirer leur attention, vous pouvez également aller vous resservir au buffet en même temps qu'elles.
- Lors de vos conversations, faites des compliments, adressez des félicitations et exprimez votre gratitude. Gardez un ton léger et évitez de parler boulot, sauf avec votre patron. Passez à une autre personne avant que celle avec qui vous discutez n'ait plus rien à dire et se mette à danser d'un pied sur l'autre. Ne faites pas de lèche-bottes. Au lieu d'être bien vu, vous seriez tout simplement discrédité.
- Partez immédiatement après le représentant le plus haut placé de la société. Si vous êtes contraint de partir avant lui, faites-lui part de vos raisons.

Managez votre manager

Pour bien vous intégrer dans l'environnement politique de votre société, vous devez savoir manager votre manager. Votre objectif est d'amener votre manager à faire ce qui est dans votre intérêt et celui de votre personnel. Voici quelques techniques éprouvées :

- **Informez votre manager de vos succès** : « Avec cette vente, j'ai dépassé le quota mensuel. »
- **Soutenez votre manager en réunion** : « Mme Ferrand a raison sur ce point. Nous devons vraiment réfléchir aux conséquences de ce changement pour nos clients. »
- **Faites l'éloge de votre manager auprès de personnes susceptibles de lui répéter vos propos** : « Mme Ferrand est probablement le meilleur manager avec lequel j'aie travaillé. »

Portez-vous volontaire pour une tâche qui fait partie du projet favori du supérieur de votre manager. Si vous faites du bon travail, vous serez sans doute sélectionné pour participer à un autre projet. Vous pouvez aussi essayer de voir si vous avez des centres d'intérêt en commun avec le supérieur de votre manager. Abordez le sujet lors d'une conversation informelle et prévoyez ensemble de vous revoir pour en discuter plus en détail. Ne soyez pas trop pressant. Vous ne devez pas donner l'impression de faire du lèche-bottes.

Progressez avec l'aide d'un mentor

À RETENIR

Pour réussir sur le long terme, il est essentiel pour vous d'avoir un mentor – un individu, généralement plus haut placé dans la société, qui vous fournit des conseils et vous guide dans votre progression. Mais il ne s'agit pas d'un simple conseiller. Votre mentor peut aussi intervenir en votre faveur à des niveaux de la société auxquels vous n'avez pas directement accès.

La personne que vous choisirez comme mentor (ou qui vous choisira, comme c'est souvent le cas) devra avoir de l'influence dans la société et ne pas hésiter à vanter vos mérites. Rien ne vous empêche d'avoir plusieurs mentors, avec lesquels vous établirez des relations de façon informelle au fil du temps.

Pour trouver un mentor, commencez par demander des conseils. S'ils sont utiles, demandez-en plus fréquemment. Après les conseils concernant votre travail, abordez les questions liées à la vie en entreprise et à la progression de votre carrière. Faites preuve de tact et de discrétion. Vos intentions ne doivent pas paraître suspectes.

- **La mauvaise approche** : « M. Ferry, vous savez, de nombreuses rumeurs circulent dans le service du marketing à propos de Lise et vous. Je pourrais les étouffer si c'était dans mon intérêt. Ce serait pour ainsi dire donnant-donnant. Qu'en pensez-vous ? »
- **La bonne approche** : « Voici le rapport que vous m'avez demandé, Mme Fabre. Le parallèle entre les couleurs et les tailles les plus vendues a donné des résultats très intéressants. Vous semblez faire partie des visionnaires de cette société. »

Soyez digne de confiance

Si vous suivez les traces d'une personne exceptionnellement performante et vous montrez digne de confiance, cette personne vous traitera comme un associé. Au fur et à mesure qu'elle gravira les échelons, elle vous entraînera avec elle. Si possible, accrochez votre wagon à plusieurs locomotives. Ainsi, si l'une d'elles sort des rails, vous ne vous retrouverez pas dans le décor.

Comment vous protéger ?

Vous n'êtes pas à l'abri de manœuvres politiques. Par conséquent, vous devez prendre des précautions pour vous protéger, vous et vos employés. Ces précautions vous seront également utiles si vos propres stratégies tournent mal. Tenez compte des recommandations suivantes.

Conservez des preuves

TRUC

Conservez tous les documents qui concernent le déroulement de votre projet, notamment en cas de modification ou de contretemps. Ces preuves vous protégeront contre les « oublis » et la manipulation de l'information à vos dépens. Voici quelques exemples de documents que vous devez conserver :

- Mémos de confirmation
- Rapports d'activité
- Dossiers
- Correspondance
- Notes

Ne faites pas de promesses que vous ne pouvez pas tenir

TRUC

Ne prenez pas d'engagements pour vos employés et vous si vous ne voulez pas ou ne pouvez pas les respecter. Ne faites aucune promesse en termes de délai et ne donnez aucune garantie de qualité. Sinon, vous perdriez tout contrôle et vous retrouveriez inutilement pieds et poings liés. Envisagez plutôt les solutions suivantes :

- **Faites des compromis** : si vous êtes contraint de prendre un engagement, essayez de trouver un compromis en demandant davantage de temps, de personnel, de fonds ou autres ressources.
- **Gonflez vos estimations** : si vous êtes tenu de prendre un engagement défini dans le temps, gonflez vos estimations (demandez plus de temps que vous pensez en avoir besoin) pour garder une marge de manœuvre. Si votre équipe termine plus tôt que prévu, elle en sera félicitée.
- **Rallongez les délais** : lorsque l'échéance approche, faites part à votre supérieur du moindre problème que votre équipe et vous rencontrez. Tenez-le régulièrement informé pour qu'il ne soit pas surpris si vous avez besoin de rallonger les délais.

Ne soyez pas transparent

TRUC

Afin d'obtenir un maximum de reconnaissance pour les efforts que votre équipe et vous fournissez, faites remarquer les succès de votre service. Ne passez pas à côté de ce que vous méritez.

- **Faites part du succès de vos projets**. Envoyez systématiquement un exemplaire de tous les projets accomplis et des lettres de félicitations adressées aux membres de votre équipe à votre patron et au supérieur de celui-ci.
- **Faites-vous représenter**. Demandez aux amis que vous avez dans la société de vous faire de la publicité. Insistez sur les accomplissements de vos employés. Si vous ne mentionnez que vos accomplissements personnels, vous donnerez l'impression de vous vanter.
- **Faites-vous remarquer**. Faites-vous connaître dans la société. Pour y parvenir, distinguez-vous du reste du lot par vos performances. Travaillez plus, travaillez mieux, répondez mieux aux besoins de la société, de vos clients, et vous serez remarqué !

TEST

Testez vos nouvelles connaissances

Nommez trois types d'acteurs clés.

A. Les battants, les vendeurs et les sauveurs.

B. Les présidents, les vice-présidents et les managers.

C. Les citoyens de la société, les esprits de contradiction et les adjoints administratifs.

D. Les sauveurs, les experts techniques et les geignards.

Nommez trois preuves de votre travail que vous pouvez conserver.

A. Mémos de confirmation, rapports d'activité et notes.

B. Rapports d'activité, rumeurs et insinuations.

C. Amnésie sélective, mémos déplacés et notes illisibles.

D. Autres.

Cinquième partie

Coups durs pour les managers

« Je n'ai jamais été très doué pour cette partie de mon travail et c'est pourquoi j'ai demandé à Lulu de nous rejoindre. Comme vous le savez, les affaires n'ont pas très bien marché ces derniers temps et... Lulu a de mauvaises nouvelles pour vous. »

Dans cette partie...

Personne n'a jamais dit qu'il était facile d'être manager. Gratifiant, oui, mais pas facile. Dans cette partie, nous vous présentons des stratégies pour bien gérer le changement au bureau, discipliner vos employés, effectuer des licenciements en douceur et prendre soin de vous.

Chapitre 14

Gérer le changement

Dans ce chapitre :

- Gérer les crises
- Supprimer les obstacles au changement
- Aider les autres à s'adapter au changement
- Inciter les autres à prendre des initiatives
- Reprendre le cours de votre vie

Rien n'est jamais permanent, ni dans la vie privée ni dans la vie professionnelle. Le changement a toujours été là et le sera toujours. Et, bien que de nombreuses personnes le considèrent comme une menace à éviter à tout prix, il représente de nouvelles opportunités d'évolution à saisir.

Qu'est-ce que cela signifie pour vous, en tant que manager ? Pour répondre en termes simples, disons que vous devez être plus performant que jamais. De plus, la plupart des entreprises ne sont plus des bastions du *statu quo* au milieu de la mer houleuse du changement, mais des bateaux qui naviguent agilement entre les reflets de la mer changeante. *Martin, nous avons décidé de réorganiser la division. À partir de demain, vous êtes responsable de notre nouvelle usine de Singapour. J'espère que vous aimez la cuisine chinoise !*

Le changement est devenu inévitable. Et plus les choses changent, plus les salariés sont nombreux à être touchés par le stress. Ce chapitre traite de la gestion du changement et autres pressions qui provoquent un stress de plus en plus important chez les managers et les employés.

Pourquoi se presser ?

À quoi ressemblent vos journées ? Vous arrivez au bureau, prenez une tasse de café et jetez un coup d'œil à votre agenda. Vous n'avez pas trop de réunions aujourd'hui : deux le matin et une seule cet après-midi. Vous allez enfin pouvoir travailler sur le budget que vous essayez de boucler depuis des semaines. Peut-être même aurez-vous le temps d'aller faire un tour pendant la pause déjeuner pour vous détendre un peu. Peut-on rêver mieux ? Ensuite, vous décrochez votre téléphone pour consulter vos messages. Sur les vingt-cinq messages qui se sont accumulés depuis votre dernière consultation, dix sont urgents. Même chose en ce qui concerne votre courrier électronique.

Tandis que vous commencez à réfléchir aux réponses que vous pouvez apporter à ces messages urgents, un employé surgit dans votre bureau pour vous faire part d'un problème qui requiert une intervention immédiate : le réseau informatique est en panne. Tant qu'il ne sera pas opérationnel, toutes les activités seront paralysées. Pendant que vous discutez de ce problème avec votre employé, votre patron vous téléphone pour vous dire de laisser tomber ce que vous êtes en train de faire car vous avez été choisi pour rédiger un rapport pour le président d'ici la fin de la journée.

Tant pis pour la préparation du budget. Et vous pouvez oublier votre promenade pendant la pause déjeuner. La journée s'annonce beaucoup plus mouvementée que prévu.

Distinguer l'urgence de la gestion des crises

L'urgence a sa place dans toute entreprise. Elle est la conséquence inévitable de l'évolution rapide de l'environnement économique mondial. L'informatisation, les nouveaux systèmes de télécommunication et la technologie de l'information légitiment l'urgence. Les entreprises doivent répondre rapidement aux besoins des clients. Pour réussir, elles doivent fournir les meilleures solutions avant les autres.

Contrairement à l'urgence, la gestion des crises est un véritable problème. Elle signifie que les managers, loin d'être *en tête* du changement, ne font que *réagir* au changement. Le fait que les crises les obligent à cesser toute activité prouve que leur société ne s'est pas adaptée à l'environnement économique et souffre d'un manque de planification. Aujourd'hui, les esprits visionnaires sont indispensables.

Identifier et gérer les crises

Certaines crises proviennent d'événements extérieurs sur lesquels vous n'exercez aucun contrôle en tant que manager. Par exemple, un client très important exige qu'une proposition lui soit soumise ce vendredi au lieu de vendredi prochain. Ou bien EDF vous informe que le courant sera coupé pendant plusieurs heures dans la zone où se trouve votre usine en raison de travaux de maintenance. Ou encore, tous les vols intérieurs sont annulés en raison d'une tempête particulièrement violente.

En revanche, de nombreuses crises surviennent en raison d'une mauvaise organisation. Et c'est à vous, en tant que manager, de les gérer. Voici quelques exemples de crises qui pourraient être évitées :

- Dans l'espoir qu'un besoin finisse par disparaître, vous avez négligé de prendre la décision nécessaire. Surprise ! Le besoin est toujours d'actualité et vous êtes désormais confronté à une crise.
- Un employé a oublié de vous transmettre un message important de la part d'un client. Résultat : vous êtes sur le point de perdre ce client. Encore une crise.
- Un de vos collègues n'a pas jugé utile de vous informer d'un changement important concernant le processus de fabrication. Fort de votre expérience, vous auriez pu voir rapidement que ce changement allait poser des problèmes de qualité sur le produit fini. Mais vous n'arrivez que pour payer les pots cassés. Une crise de plus à votre actif.

Vous devez être prêt à gérer toutes les crises dues à des événements extérieurs en faisant preuve de flexibilité, de présence d'esprit et de courage. Mais votre société ne doit pas devenir esclave de crises internes. Le management en fonction des crises passe à côté d'un élément important : la *planification*.

Vous définissez des objectifs pour que votre société soit la plus performante possible. Mais si vous les mettez toujours de côté pour pouvoir gérer les crises, autant ne pas perdre de temps à élaborer des plans. Et, dans ce cas, où va votre société ? (Reportez-vous au chapitre 7 pour comprendre l'importance d'avoir des plans et des objectifs.)

Si, en tant que manager, vous laissez survenir des crises sans cesse, non seulement vous minez le moral de vos employés, mais ceux-ci ne reconnaissent plus les véritables crises. Vous souvenez-vous de la fable qui raconte l'histoire d'un jeune garçon qui criait toujours « Au loup ! » ? Après avoir entendu plusieurs fausses alertes, les villageois ne prenaient même plus la peine de répondre à ses cris. Mais, un jour, les loups ont véritablement attaqué le bétail et personne n'a réagi. Si vos employés considèrent que les crises font partie de la routine, vous ne pourrez peut-être pas compter sur eux en cas d'événement grave.

Le changement est inévitable

Regardez les choses en face : le changement est inévitable. Vous pouvez l'ignorer mais pas l'empêcher. Personne ne peut arrêter le progrès. Vous pouvez vous isoler pour ne pas en subir les conséquences mais autant signer un arrêt de mort pour votre société et, très probablement, pour votre carrière.

Malheureusement, de nombreux managers semblent passer toute leur carrière à combattre le changement. Ils tentent de prévoir, de contrôler et de maîtriser le changement et ses effets sur leur société. Et pourtant, combattre le changement est une bataille perdue d'avance qui comporte son compte de blessures. Ulcère, crise cardiaque, dépression, cheveux blancs et perte de l'estime de soi sont autant de symptômes que l'on constate chez les personnes qui refusent le changement et perdent leur combat contre le stress qui en résulte.

Les quatre étapes du changement

Le changement n'est pas un long fleuve tranquille. S'il apporte sa dose d'excitation, il n'est pas de tout repos et vous n'en redemandez sans doute pas. Mais il ne s'arrête jamais et vous y répondez de votre mieux en franchissant non moins de quatre étapes.

1. **Nier le changement. Lorsque le changement survient, votre première réaction est de le nier.**

   Qui a bien pu avoir une idée pareille ? Non, cela ne va pas marcher. Et d'ailleurs, cela ne durera pas. On reviendra à nos bonnes vieilles méthodes. C'est ce qu'on appelle la politique de l'autruche. Une fois la tête dans le sable, vous ne voyez plus rien et vous croyez qu'il n'y a plus rien à voir.

2. **Résister au changement. À un certain stade, vous reconnaissez que le changement a bien eu lieu. Mais cela ne veut pas dire que vous allez l'accepter sans rien faire !**

   Non, je fais comme j'ai toujours fait. Cela a toujours fonctionné et il n'y a pas de raison pour que cela ne fonctionne pas aujourd'hui. La résistance est une réaction normale au changement – tout le monde résiste. Mais vous ne devez pas vous laisser dépasser. Plus vous vous adaptez rapidement, mieux c'est pour votre société et pour votre carrière.

3. **Explorer le changement. Maintenant, vous savez que toute résistance est inutile et vous vous dites que la nouveauté doit bien présenter quelques avantages.**

Hmmm… Ce changement a peut-être de bons côtés. Voyons ce qu'il peut m'apporter par rapport à ce qu'il me coûte. Au cours de cette étape, vous examinez les avantages et les inconvénients du changement et vous mettez au point une stratégie pour le gérer efficacement.

4. **Accepter le changement. À ce stade, vous avez véritablement intégré le changement dans votre façon de travailler.**

   Waoh ! Ce nouveau système fonctionne à merveille. Il est beaucoup plus efficace que le précédent. Le changement que vous avez nié et auquel vous avez si vigoureusement résisté fait désormais partie de la routine. Le changement est devenu le *statu quo.*

À l'issue de ces quatre réactions, vous avez effectué un cycle complet et vous êtes prêt à affronter un nouveau changement.

Combattez-vous le changement ?

Peut-être combattez-vous le changement sans en avoir véritablement conscience. Sans compter le nombre de cheveux blancs qui se multiplient sur vos tempes, comment vous en rendre compte ? Voici sept indicateurs de résistance au changement :

- **Vous jouez à un nouveau jeu avec d'anciennes règles**. Désolé de vous l'apprendre si brutalement, mais l'ancien jeu n'existe plus. *Kaput !* La globalisation a donné naissance à un nouveau jeu qui se joue avec de nouvelles règles. Par exemple, si vous faites partie de ces managers, de plus en plus rares, qui refusent d'apprendre à utiliser un ordinateur (ne riez pas, il en existe encore !), vous jouez avec les *anciennes* règles. La maîtrise de l'informatique et des technologies de l'information fait partie des *nouvelles* règles. Si vous ne respectez pas ces règles, cela signifie non seulement que vous résistez au changement mais que vous resterez sur la touche lorsque votre société suivra le chemin de l'avenir.
- **Vous esquivez les nouvelles tâches**. En général, vous avez deux « bonnes » raisons de refuser les nouvelles tâches. La première concerne votre charge de travail : vous êtes trop débordé pour assumer davantage de responsabilités. Si vous vous trouvez dans cette situation, souvenez-vous que les nouvelles méthodes peuvent vous permettre de travailler plus efficacement et même de réduire votre charge de travail. La seconde découle de votre peur de l'inconnu – autrement dit, de votre résistance au changement.

  ATTENTION !

  Esquiver les nouvelles tâches pour résister au changement est une façon de ralentir la progression de la société. De plus, cette attitude met votre propre carrière au point mort.

- **Vous ralentissez les processus**. La volonté de ralentir les choses face à l'arrivée d'un changement est une réaction courante, qu'il s'agisse d'une nouvelle tâche, d'une nouvelle méthode ou d'un nouveau créneau sur le marché. Nous prenons le temps d'examiner, d'analyser, et nous choisissons une réponse. Seulement, plus le changement est novateur, plus nous freinons.

  En tant que manager, si vous voulez rester compétitif, vous ne pouvez pas vous permettre de ralentir chaque fois qu'une nouveauté apparaît. À partir de maintenant, vous allez devoir passer de nouveauté en nouveauté. Vous avez donc tout intérêt à garder le pied au plancher si vous ne voulez pas que votre société soit à la traîne. Comment ? Pour accomplir davantage avec moins de ressources, concentrez-vous sur un minimum de tâches et déléguez le reste.

- **Vous voulez à tout prix contrôler l'incontrôlable**. Avez-vous déjà essayé d'empêcher le soleil de se lever le matin ? D'empêcher la pluie ou la grêle de tomber pendant un orage ? D'avoir 29 ans jusqu'à la fin de vos jours ? Regardez les choses en face : il y a beaucoup de choses dans votre vie que vous ne pouvez pas contrôler – essayer de les contrôler est une perte de temps.

  Qu'en est-il dans votre vie professionnelle ? Essayez-vous de combattre la restructuration planifiée par les cadres supérieurs, d'empêcher vos concurrents étrangers d'avoir accès à vos marchés intérieurs, ou de retarder l'acquisition de votre société par un groupe beaucoup plus important ? Le monde des affaires évolue et vous n'y pouvez rien. Vous avez une seule alternative : continuer à résister au changement en prétendant que vous le contrôlez (ce qui est impossible) ou vous adapter au changement pour l'utiliser à votre avantage.

- **Vous jouez un rôle de victime**. Pauvre de moi ! Cette réaction est la dernière dérobade à laquelle vous puissiez vous livrer. Au lieu d'accepter le changement et de vous y adapter pour en retirer le maximum de bénéfices, vous vous posez en victime en espérant que vos collègues vous plaindront (*Pauvre Sarah, elle doit faire face à une bande de parvenus qui concurrence dangereusement la société. Je me demande comment elle peut venir travailler tous les matins !*).

  Or, les entreprises ne peuvent pas se permettre d'employer des victimes. Si vous ne travaillez pas à 110 % de votre potentiel chaque jour, votre employeur vous remplacera par une personne prête à le faire.

- **Vous espérez que quelqu'un va vous simplifier les choses**. Dans l'entreprise hiérarchisée, les cadres supérieurs prenaient toutes les décisions susceptibles de simplifier le travail des employés. Mais l'empowerment a donné à chaque employé la responsabilité de prendre ses propres décisions.

Avec la globalisation et l'avènement de l'ère de l'information, les décisions doivent être prises rapidement. Par conséquent, ce sont aux employés qui sont confrontés directement aux problèmes de les prendre. Les cadres situés en haut de la hiérarchie n'ont pas toutes les clés en main pour le faire. Vous seul avez le pouvoir de vous simplifier les choses. Si vous attendez que quelqu'un le fasse à votre place, vous pouvez attendre encore longtemps.

- **Vous êtes paralysé comme une biche dans la lumière des phares**. Cet état correspond à la phase terminale de la résistance au changement. Vous êtes tellement dépassé qu'il vous semble que vous n'avez pas d'autre choix que de tout abandonner. Cette paralysie vous empêche non seulement de vous adapter au changement mais aussi d'effectuer vos tâches traditionnelles. Dans l'entreprise d'aujourd'hui, ce comportement peut mettre un terme à votre carrière.

Ne vous crispez pas. Au contraire, soyez en tête de l'évolution. Voici quelques idées pour vous en sortir : prenez des initiatives pour changer. Devenez un partisan enthousiaste du changement. Faites preuve de flexibilité et de réactivité. Soyez un modèle pour ceux qui continuent à résister au changement. Montrez-leur comment en tirer profit. Concentrez-vous sur ce que vous pouvez faire – et non sur ce que vous ne pouvez pas faire. Enfin, félicitez et récompensez ceux de vos employés qui ont accepté le changement et qui ont relevé le défi.

Si vous remarquez ces signes de résistance au changement chez vous ou chez vos collègues, sachez que tout n'est pas perdu. Si vous avez la volonté d'accepter le changement plutôt que de le combattre, vous représentez un potentiel important pour votre société et vous vous en sortirez. Donnez-vous une mission à remplir : devenez un leader du changement, et non un suiveur de la résistance.

Le changement nous concerne tous

Lorsque votre société est confrontée au changement – en raison de l'évolution des marchés, de la technologie, des besoins des clients, etc. –, n'oubliez pas que vous n'êtes pas le seul à devoir y faire face. Tous vos employés sont concernés. Or, si certains s'adapteront facilement, d'autres auront beaucoup de difficultés à s'acclimater à leur nouvel environnement. Soyez attentif aux employés qui résistent au changement ou qui ne parviennent pas à s'y adapter et aidez-les à faire la transition.

Voici quelques conseils pour aider vos employés à faire face au changement :

- **Témoignez de l'intérêt**. Les managers sont très occupés, mais ne le soyez jamais au point de négliger vos employés, surtout s'ils ont des difficultés dans leur travail. Montrez de l'intérêt pour ce qu'ils traversent et aidez-les autant que vous le pouvez.

- **Prévenez de l'imminence du changement**. Rien n'est plus déconcertant pour les employés que d'être surpris par un changement auquel ils ne s'attendaient pas. Autant que possible, donnez-leur un aperçu des éventuels changements à venir et tenez-les régulièrement au courant de l'évolution de la situation.
- **Demandez du *feed-back***. Dites à vos employés que leurs suggestions sont les bienvenues en ce qui concerne les différentes façons de gérer les problèmes ou, au contraire, de profiter des opportunités qui découlent du changement.
- **Soyez à l'écoute**. Quand vos employés se trouvent dans une situation stressante, ils ont envie d'en parler – cela fait partie du processus d'adaptation. Prenez le temps de bavarder de façon informelle avec eux et encouragez-les à faire part de leurs inquiétudes concernant les changements auxquels ils doivent faire face.
- **Ne minimisez pas la situation**. Il est inutile d'effrayer vos employés en leur laissant entendre que tout va mal. Cela dit, ne minimisez pas non plus la réalité. Soyez franc et honnête avec vos employés et traitez-les en adultes.
- **Impliquez vos employés**. Impliquez vos employés dans l'élaboration des mesures à prendre pour faire face au changement et donnez-leur des responsabilités pour les inciter à prendre des décisions.
- **Restez tourné vers l'avenir**. Donnez à vos employés une vision de l'avenir qui encourage chacun à s'adapter au changement pour en tirer profit et en faire bénéficier l'entreprise.

Le changement peut être traumatisant. Soyez attentif à la façon dont vos employés le vivent et aidez-les à y faire face. Non seulement ils apprécieront votre soutien, ce qui augmentera leur loyauté envers vous et votre société, mais ils auront meilleur moral et seront, par conséquent, plus productifs.

Encourager l'initiative

Pour aider vos employés à s'adapter au changement, n'hésitez pas à leur donner la possibilité de prendre en charge leur propre travail. Incitez-les à prendre des initiatives pour améliorer leur façon de travailler et à concrétiser leurs idées.

La réussite d'une entreprise dépend grandement de la possibilité ou de l'impossibilité pour les employés de prendre des initiatives.

Aux États-Unis, plusieurs sociétés récompensent l'initiative.

- **Un exemple pour tous** : Federal Express, société américaine de transport express, offre un Faucon d'Or aux employés qui dépassent leurs limites pour satisfaire les clients. Un des gagnants a, par exemple, pris l'initiative de commander de nouveaux formulaires d'expédition pour un client régulier après avoir remarqué que celui-ci avait oublié de modifier son code postal dans l'adresse de l'expéditeur.
- **Toujours plus loin** : le groupe pharmaceutique CIC récompense les employés qui prennent l'initiative d'aider les autres en allant au-delà de leurs attributions avec un prix d'excellence et une prime de 300 dollars. Toute personne informée de l'initiative d'un employé, supérieur ou collègue, peut proposer une nomination pour ce prix.
- **Petit à petit** : la chaîne de restaurants El Torito offre aux employés qui font davantage que ce que l'on attend d'eux des chèques-déjeuner, pour une valeur globale de 1 000 euros, qu'ils peuvent accumuler et retirer tous les mois.

En tant que manager, vous devez donner à vos employés la liberté de prendre des initiatives. Ainsi, non seulement ils accueilleront mieux le changement, mais ils créeront une entreprise plus efficace et fourniront un meilleur service aux clients. Encouragez-les à faire des suggestions et à les mettre en pratique. Voici concrètement ce que vous pouvez leur demander :

- Cherchez des moyens d'améliorer les systèmes et élaborez un plan d'action.
- Concentrez-vous sur les domaines qui ont le plus d'impact sur l'entreprise.
- Concrétisez vos idées et participez personnellement à la mise en pratique de vos suggestions.
- Ayez une vision d'ensemble. Essayez d'apporter des améliorations dans toute l'entreprise et pas uniquement dans votre service.
- Ne faites pas de suggestions futiles, susceptibles de vous discréditer et de vous distraire de ce qui est vraiment important.

Quand tout le reste échoue

Si vous avez fait tout ce que vous pouvez pour gérer le changement et prendre le contrôle de votre vie professionnelle, mais sans succès, peut-être avez-vous un problème plus profond qui n'apparaît pas à la surface.

Lorsque vous lisez un livre, vous arrive-t-il de regretter de ne pas l'avoir écrit ? Lorsque vous allez à un séminaire, vous arrive-t-il de penser que vous auriez pu diriger la formation ? Vous êtes-vous déjà demandé ce que cela fait de monter sa propre affaire et d'être son propre patron ?

Si vous avez répondu « Oui » à n'importe laquelle de ces questions, vous ne serez pas véritablement heureux tant que vous n'aurez pas réalisé votre rêve. Peut-être souhaitez-vous commencer une nouvelle carrière ou changer de société ; obtenir une promotion au sein de votre société ; reprendre les études pour obtenir un diplôme ; ou tout simplement prendre des vacances ou ne serait-ce qu'un peu de repos. Découvrez quel est votre rêve et faites le maximum pour le réaliser. Vous pouvez le faire !

TEST

Testez vos nouvelles connaissances

Quelles sont les quatre étapes du changement ?

A. S'effondrer, contrecarrer, s'enferrer et démissionner.

B. Organiser, étiqueter, dater et archiver.

C. Accuser, dissimuler, attendre et rentrer chez soi.

D. Nier, résister, explorer et accepter.

Chapitre 15

Discipliner les employés : le bâton et la carotte

Dans ce chapitre :

- Discipliner vos employés
- Vous concentrer sur les performances
- Pratiquer une discipline à deux vitesses
- Découvrir les quatre composantes de la discipline
- Élaborer un programme d'amélioration
- Mettre en œuvre votre programme d'amélioration

L'idéal, pour vous, serait que tous vos employés effectuent correctement leurs tâches à tous moments. Mieux encore : qu'ils aiment tous votre société autant que vous. Gagner à la loterie, ce serait bien aussi, mais peut-être vaut-il mieux ne pas démissionner dès aujourd'hui…

Autant l'admettre, vos employés feront toujours des erreurs et certains auront même un comportement, disons, inapproprié. Toutes les entreprises sont confrontées à des problèmes de comportement. Cela ne doit donc pas vous inquiéter outre mesure. En revanche, si vos employés font régulièrement des erreurs graves, ne répondent pas aux critères de performances exigés ou montrent qu'ils préféreraient travailler ailleurs en ignorant la politique de la société, vous devez prendre immédiatement des mesures disciplinaires. Pourquoi ?

Premièrement, les employés qui ne sont pas suffisamment performants ou affichent un comportement inapproprié coûtent plus cher à votre société que ceux qui répondent aux critères de performances et font leur part de travail. Les performances et les comportements insatisfaisants ont des conséquences directes sur l'efficacité de votre équipe.

Deuxièmement, si les autres employés voient que vous n'attachez pas d'importance au manque de performances, ils n'auront aucune raison de poursuivre leurs efforts. *Marc s'en sort très bien en faisant le minimum. Je ne vois pas pourquoi j'en ferais davantage !* Non seulement vous vous créerez davantage de problèmes en tant que manager, mais les performances de toute votre équipe diminueront.

Dans ce chapitre, vous allez découvrir l'importance de gérer les problèmes de performances avant qu'ils ne deviennent ingérables. Vous apprendrez à vous baser uniquement sur les performances, et non sur la personnalité, et à créer un système de discipline efficace et adapté à votre situation.

Discipliner vos employés

La discipline est devenue la bête noire des managers. En raison des abus dont beaucoup de salariés ont été victimes, le terme *discipline* évoque d'interminables diatribes, des remarques embarrassantes en public, et bien pire encore. Que signifie-t-il pour vous ? Pour votre société ? Vos employés apprécient-ils la discipline ? L'appréciez-vous ?

De nombreux salariés confondent *discipline* et *sanction*. Ce sont pourtant deux notions tout à fait différentes – du moins, si la discipline est pratiquée correctement. Le terme *discipline* vient du latin *disciplina*, qui signifie *enseignement* ou *apprentissage*. Le terme *sanction* est l'équivalent du terme *punition*, qui vient du latin *punire*, lui-même dérivé de *poena*, qui signifie *peine*.

À RETENIR

La discipline est censée être une pratique *positive*. Elle consiste à faire part des problèmes aux employés afin que ceux-ci puissent prendre les mesures nécessaires pour les résoudre avant qu'ils ne prennent de l'ampleur. L'objectif premier de la discipline n'est pas de sanctionner les employés mais de les aider à être performants. Bien sûr, vos efforts n'aboutiront pas toujours et, parfois, vous n'aurez pas d'autre solution que de licencier ceux dont les performances demeurent insatisfaisantes.

La discipline doit porter sur les deux points suivants :

- **Performances insuffisantes**. Chaque employé doit atteindre son objectif. Celui du réceptionniste, par exemple, consiste peut-être à répondre au téléphone à la seconde sonnerie au plus tard. Celui du responsable des ventes est d'augmenter le chiffre d'affaires annuel de 15 %. Lorsqu'un employé ne répond pas aux critères de performances exigés pour la réalisation de son objectif, vous devez avoir recours à une certaine forme de discipline.

- **Comportement inapproprié**. Certains employés peuvent avoir un comportement inacceptable aussi bien envers vous qu'envers votre société. Si un employé est régulièrement absent sans raison médicale valable, par exemple, vous devez là encore avoir recours à la discipline. Le harcèlement sexuel ou la menace sont également des comportements à corriger – d'urgence.

La discipline peut aller du simple conseil (« Guillaume, vous m'avez rendu ce rapport avec un jour de retard. Je compte sur vous pour me remettre les prochains dans les délais. ») au licenciement (« Désolé, Marie, je vous ai prévenue que je ne tolérerais pas davantage d'insubordination. Vous êtes licenciée. »). Entre ces deux extrêmes, il existe tout un éventail d'options auxquelles vous pouvez recourir selon la nature du problème, sa gravité et les antécédents de l'employé. Par exemple, si un employé habituellement performant fait une erreur accidentelle, la discipline sera moins sévère que pour un employé qui répète constamment les mêmes erreurs.

La discipline doit suivre de près l'incident. Comme pour la récompense, votre message sera d'autant plus porteur et pertinent qu'il sera immédiat. Si vous laissez passer trop de temps, l'employé ne se souviendra plus exactement de ce qu'il a fait. De plus, vous laisserez entendre que le problème n'est pas très grave car, sinon, vous auriez réagi plus tôt.

Pour être efficace, la discipline doit intervenir avant que la situation ne s'aggrave. En tant que manager, vous devez remettre vos employés sur les rails. Si vous ne le faites pas, vous ne pourrez vous en prendre qu'à vous-même si les performances dégringolent et si l'escalade de l'insubordination devient ingérable. Les employés ont besoin d'être soutenus et guidés par leur manager pour savoir ce que celui-ci attend d'eux. Sans ce soutien, ils ont des difficultés à garder le cap.

Attention : soyez attentif aux comportements que vous récompensez. Après une analyse en profondeur, vous découvrirez peut-être que vous encouragez inconsciemment des comportements négatifs et des performances insuffisantes.

Ne remettez pas la discipline au lendemain. Ne détournez pas le regard en espérant que vos employés changeront de comportement par eux-mêmes. Sinon, vous feriez du tort à ceux qui ont besoin de vos conseils, à ceux dont les performances sont satisfaisantes et à votre société. Agissez avant qu'il ne soit trop tard. Agissez dès maintenant.

Basez-vous sur les performances et non sur la personnalité

Vous êtes manager, pas psychiatre ni psychologue – même si vous avez parfois l'impression d'être là uniquement pour conseiller vos employés. Votre travail ne consiste pas à analyser la personnalité ou les actes de vos employés, mais à évaluer leurs performances en fonction des critères que vous avez fixés avec eux et à être attentif aux éventuelles violations de la politique de la société. Si vos employés affichent des performances qui respectent ou surpassent les critères fixés, récompensez-les de leurs efforts (pour en savoir plus sur la récompense et la motivation des employés, reportez-vous au chapitre 5). Si leurs performances ne sont pas à la hauteur des critères fixés, prenez immédiatement des mesures disciplinaires.

Cela n'exclut pas la compassion. Une baisse de performances peut être due à des problèmes familiaux, à des difficultés financières ou autres difficultés n'ayant aucun rapport avec le travail. Donnez à vos employés la possibilité de surmonter ces difficultés – proposez-leur un congé ou une redistribution temporaire des tâches –, mais faites-leur savoir qu'ils devront remonter la pente au bout du compte.

TRUC

Si un de vos employés est submergé par des problèmes personnels ou d'autres types de difficultés, encouragez-le à se faire aider par un thérapeute ou un conseiller.

Dans un souci d'équité, et pour être sûr de vous baser uniquement sur les performances et non sur la personnalité, veillez à ce que tous vos employés connaissent la politique de la société et les critères de performances fixés. Lorsque de nouveaux employés sont recrutés, sont-ils mis au courant de la politique de la société ? Lorsqu'un représentant du service des ressources humaines « dépose » un nouvel employé à votre porte, prenez-vous le temps de discuter avec celui-ci de la philosophie et des pratiques de votre service ? Analysez-vous régulièrement avec vos employés leurs critères de performances pour les mettre à jour ? Si vous avez répondu « Non » à n'importe laquelle de ces questions, mettez-vous au travail dès maintenant !

À RETENIR

Lorsque vous avez recours à la discipline, faites preuve de cohérence et d'équité. Si vous devez agir immédiatement après la baisse de performances ou le problème de comportement, vous ne devez pas tirer de conclusions hâtives avant d'avoir toutes les données en main. Bien sûr, il est simple de prouver qu'un employé a rendu un rapport avec une semaine de retard. Cela dit, connaître les tenants et les aboutissants d'une affaire de harcèlement sexuel demande beaucoup de discernement. Avant de prendre des mesures disciplinaires, renseignez-vous et agissez impartialement, sans favoritisme. Si vous êtes injuste, vous risquez de perdre le respect de vos employés, voire d'être traîné devant les tribunaux.

Si votre rôle est de signaler à vos employés leurs problèmes de performances ou de comportement et de les aider à redresser la barre, n'oubliez pas qu'ils sont les seuls responsables de leurs actes. Vous ne pouvez pas, et ne devez pas, faire leur travail à leur place. Ne les couvrez pas lorsqu'ils font des erreurs ou des écarts. Excusez les incidents occasionnels mais pas les problèmes répétés.

La discipline à deux vitesses

Comme nous l'avons expliqué au début de ce chapitre, la discipline porte sur les deux points suivants : performances insuffisantes et comportement inapproprié. La discipline à deux vitesses comprend une série de mesures pour les problèmes de performances et une autre pour les problèmes de comportement. Ces deux vitesses se justifient par le fait que la mauvaise conduite est généralement un acte délibéré et donc beaucoup plus grave qu'une baisse de performances. Les employés ne sont pas toujours directement responsables de leurs problèmes de performances et peuvent corriger leurs erreurs grâce à une formation ou au *coaching* de leur manager.

À RETENIR

Le système à deux vitesses reflète le concept de *discipline progressive*. Pour obtenir le résultat souhaité, vous devez toujours choisir la mesure la moins sévère. Par exemple, si l'employé réagit à un avertissement oral, inutile d'insister. Vous pouvez vous consacrer à autre chose. S'il ne change rien, passez à l'étape suivante : l'avertissement écrit. Le but est de l'amener à corriger son comportement avant que vous ne passiez aux étapes plus musclées, comme la réduction de salaire, la rétrogradation ou (glups !) le licenciement.

Lorsque vous avez recours à la discipline, demandez-vous si le problème de votre employé est lié à ses performances ou à son comportement. Ensuite, identifiez la meilleure façon de faire passer votre message. Si la transgression est mineure – un manque d'attention, par exemple –, tenez-vous-en à l'avertissement oral. En revanche, si vous avez surpris votre employé en train de dormir dans son bureau, soyez sévère. C'est à vous de juger.

À RETENIR

Dans tous les cas, la discipline doit suivre immédiatement la transgression. Le problème doit être réglé avant qu'il ne s'aggrave. Il serait complètement vain d'avoir recours à la discipline seulement une fois par an lors de l'évaluation des performances.

Note : la discipline telle qu'elle est pratiquée dans votre société peut être différente de celle que nous décrivons dans ce chapitre. Si vous avez affaire à des employés syndiqués, vous devez respecter le contrat conclu entre le syndicat et votre société. Par exemple, peut-être êtes-vous tenu d'accepter la présence d'un représentant du syndicat lorsque vous vous réunissez avec d'autres cadres pour prendre des mesures disciplinaires à l'encontre d'un employé syndiqué. Dans ce cas, prenez soin de revoir la politique de votre société et la convention collective avant d'entreprendre quoi que ce soit.

Problèmes de performances : la première vitesse

Si vous avez fait votre travail correctement, chacun de vos employés a des objectifs précis et des critères de performances à respecter. Les objectifs sont simplement des tâches à effectuer au sein d'un poste. Les critères de performances sont des critères d'évaluation que vous définissez en collaboration avec vos employés pour évaluer leurs performances. Ils constituent la base des évaluations des performances que vous effectuez de façon formelle et régulière.

Si chaque société a sa propre méthode pour réaliser ses évaluations des performances, les employés sont généralement répartis selon trois catégories :

- Performances remarquables
- Performances acceptables
- Performances inacceptables

En matière de discipline, donnez toujours la priorité aux performances inacceptables. Bien sûr, vous devez aider les bons employés à devenir encore meilleurs, mais votre rôle consiste avant tout à identifier ceux qui ne répondent pas aux critères de performances et à corriger ce manque de performances.

Voici plusieurs mesures à prendre, classées par ordre de sévérité. N'oubliez pas de commencer par la moins sévère et de passer à l'étape suivante uniquement si vous n'obtenez pas les résultats souhaités.

- **Recommandation orale**. Cette forme de discipline est sans doute la plus courante. La plupart des managers commencent par cette étape lorsqu'ils veulent corriger les performances d'un employé. Vous pouvez faire des recommandations oralement tout au long de la journée. Il peut s'agir d'une simple phrase dite dans un couloir (*Marie, lorsqu'un client fait une réclamation, vous devez me le faire savoir*) ou d'une discussion plus formelle dans votre bureau (*Thomas, je vois que vous ne comprenez pas l'importance de vérifier les adresses avant d'expédier les commandes. Vous devez prendre les mesures nécessaires pour résoudre ce problème. Voyons ensemble comment vous pouvez procéder*). Les recommandations orales ne sont généralement pas consignées dans le dossier de l'employé.

- **Recommandation écrite**. Lorsqu'un employé ne réagit pas favorablement à une recommandation orale ou lorsque l'ampleur du problème le justifie, vous devez opter pour la recommandation écrite. Cette pratique rend le processus plus formel car elle laisse une trace écrite du problème de performances. Convoquez l'employé dans votre bureau pour lui fournir votre recommandation écrite en tête à tête. Laissez-lui le temps de lire le document, puis entamez avec lui une discussion sur la façon dont il peut améliorer ses performances. Ce document doit être intégré à son dossier.
- **Évaluation des performances négative**. Si les recommandations orale et écrite échouent, l'employé mérite une évaluation des performances négative. Bien sûr, celle-ci n'a généralement lieu qu'une fois par an et son efficacité n'est donc pas immédiate. Cela dit, si vous avez déjà fait une recommandation écrite, vous devez passer à l'étape suivante.
- **Rétrogradation**. La répétition d'évaluations des performances négatives ou un manque de performances grave peuvent aboutir à une rétrogradation. En général, ce transfert à un échelon inférieur de la hiérarchie s'accompagne d'une réduction de salaire. Regardez les choses en face : certaines personnes sont recrutées ou promues à des postes auxquels elles ne sont pas à leur place. Elles ne sont pas responsables de cette situation, mais vous ne pouvez pas les laisser échouer en permanence si aucune formation ou recommandation de votre part ne peut les amener à un niveau de performances acceptable. Bien que démoralisante, la rétrogradation leur donne la possibilité d'assumer correctement une fonction à leur portée. Avant de recourir à la rétrogradation, essayez toujours de trouver pour l'employé un poste de niveau équivalent mais plus adapté à son profil afin qu'il reste motivé et ne perde pas confiance en lui. Cette approche sera aussi satisfaisante pour la société que pour l'employé.
- **Licenciement**. Quand tout le reste échoue, le licenciement est la dernière forme de discipline que vous pouvez appliquer. Si vous avez déjà licencié un employé, vous savez que ce n'est pas une partie de plaisir. Envisagez cette option uniquement après avoir essayé toutes les autres. Après tous les licenciements abusifs qui ont abouti à des procès ruineux, inutile de dire que vous devez apporter la preuve du manque de performances en vous appuyant sur des faits précis. Pour en savoir plus sur le licenciement, reportez-vous au chapitre 16.

Problèmes de comportement : la seconde vitesse

Les problèmes de comportement sont beaucoup plus graves que le manque de performances car ils relèvent de l'éthique de l'employé. De plus, il est beaucoup plus facile d'améliorer les performances que de corriger une attitude ou un mode de pensée.

Même la terminologie utilisée pour désigner les différentes étapes de la discipline appliquée en cas de comportement inapproprié montre que ce problème est plus grave que le manque de performances. Par exemple, la première étape n'est plus une *recommandation* orale mais un *avertissement* oral. N'hésitez donc pas à être plus sévère : passez la seconde vitesse !

La discipline qui résulte d'un problème de comportement doit avoir des conséquences immédiates. S'il faut un certain temps à un employé pour améliorer ses performances à l'aide d'un programme de préparation ou d'une formation, le comportement inapproprié doit cesser immédiatement. Dites clairement qu'aucune récidive ne sera tolérée. La répétition de problèmes comportementaux peut conduire rapidement à la suspension et au licenciement.

- **Avertissement oral**. Lorsque le problème est mineur ou s'il se pose pour la première fois, faites savoir à l'employé que vous ne tolérerez pas davantage son comportement en lui donnant un avertissement oral. (*Jacques, je vois que vous faites pression sur Laure pour qu'elle aille déjeuner avec vous alors qu'elle vous a dit à de nombreuses reprises qu'elle n'était pas intéressée. C'est inadmissible. Je vous demande de cesser ce harcèlement immédiatement*). Très souvent, un avertissement oral qui montre à l'employé que vous êtes au courant de sa conduite suffit à régler le problème.
- **Avertissement écrit**. Malheureusement, lorsque vous donnez un avertissement oral, le message ne passe pas toujours. Dans ce cas, l'avertissement écrit s'impose. Vous pouvez même aller directement à cette étape si le comportement le justifie. L'avertissement écrit, qui doit être donné par le supérieur direct de l'employé, signifie que l'attitude de celui-ci sera indiquée dans son dossier.
- **Blâme**. Un problème comportemental grave ou répété peut conduire au blâme. Le blâme se présente sous la même forme que l'avertissement écrit mais, au lieu d'être donné par le supérieur direct de l'employé, il est donné par un cadre supérieur. Il représente la dernière chance pour l'employé de corriger son comportement avant la suspension, la rétrogradation ou le licenciement.
- **Suspension**. Vous pouvez avoir recours à la suspension, congé obligatoire sans solde, en cas de problème comportemental très grave ou répété malgré toutes les mesures précédentes. Peut-être est-il préférable d'éloigner un employé de son lieu de travail pendant un certain temps pour assurer la sécurité des autres employés ou remonter le moral de l'équipe. Si vous souhaitez faire des recherches concernant d'éventuelles accusations dont un employé ferait l'objet, vous pouvez également demander une suspension non disciplinaire. Dans ce cas, l'employé est généralement payé pendant que vous (le responsable des ressources humaines ou tout autre représentant de la société) éclaircissez l'affaire.

- **Rétrogradation**. Bien que vous puissiez rétrograder un employé pour un problème de comportement, ce n'est pas très recommandé. La rétrogradation n'est utile qu'en matière de performances, s'il y a une chance pour que l'employé règle son problème à un poste comportant moins de responsabilités.
- **Licenciement**. Vous pouvez procéder directement au licenciement dans des cas particulièrement alarmants : infraction grave aux règles de sécurité, vol, insubordination flagrante et autres problèmes comportementaux graves. Le licenciement peut également résulter de la répétition de problèmes qu'une discipline moins sévère n'a pas résolus. Pour en savoir plus sur le licenciement, reportez-vous au chapitre 16.

Les cinq composantes de la discipline

La discipline comporte quatre parties importantes. Prenez garde de n'en négliger aucune.

À RETENIR

Quel que soit le genre de discipline que vous choisissiez, votre approche doit toujours être la même (à l'exception du licenciement, en raison de son caractère définitif). Elle doit se décomposer en quatre parties destinées à faire comprendre à l'employé quel est le problème, pourquoi c'est un problème et comment il peut le résoudre.

Décrire le problème

Un de vos employés a fait quelque chose d'inadmissible. De quoi s'agit-il ? Soyez extrêmement précis dans votre description du problème. Évitez à tout prix les remarques vagues et insignifiantes du genre : « Vous vous comportez mal », « Vous faites beaucoup d'erreurs » ou « Je n'aime pas votre façon de travailler ».

À RETENIR

Faites toujours le lien avec des critères de performances précis qui n'ont pas été respectés ou des règles qui n'ont pas été observées. Indiquez clairement ce que l'employé a fait et quand il l'a fait. Et n'oubliez pas de vous baser sur les faits et non sur la personnalité de l'employé.

Voici quelques exemples :

- « La semaine dernière, vous avez fait moins de 250 pièces par heure. »
- « Votre test de dépistage a révélé une consommation importante de stupéfiants. »

- « Les trois rapports que vous m'avez fait parvenir contiennent de nombreuses erreurs de calcul. »
- « Vous êtes arrivé en retard trois jours sur cinq cette semaine. »

Montrer les répercussions sur l'équipe

Lorsqu'un employé a un problème de performances ou de comportement, l'équipe en ressent toujours les effets. Par exemple, si un employé est constamment en retard, quelqu'un d'autre est obligé de faire son travail en attendant qu'il arrive. Cet autre employé doit donc délaisser sa propre tâche, ce qui réduit l'efficacité de l'équipe. De même, si un employé se rend coupable de harcèlement sexuel, les personnes qui en sont victimes sont abattues et donc moins efficaces.

Reprenons les exemples de la première partie. Voici comment vous pourriez poursuivre votre raisonnement :

- « À cause de vos performances insuffisantes, l'équipe n'a pas atteint son objectif de la semaine. »
- « La consommation de drogue est contraire à la politique de notre société. »
- « Ces erreurs m'obligent à revoir votre travail en détail, ce qui me fait perdre du temps. »
- « À cause de vos retards, Margaux a dû abandonner son travail pour faire le vôtre. »

Indiquer les mesures à prendre

Il est inutile de dire à votre employé qu'il a fait quelque chose d'inacceptable si vous ne lui expliquez pas ce qu'il doit faire pour améliorer ses performances ou corriger son comportement. Dites-lui clairement ce que vous attendez de lui en vous basant sur les critères de performances établis ou la politique de la société.

Procédez comme suit :

- « À partir de maintenant, vous devez faire au moins 250 pièces par heure. »
- « Vous allez devoir prendre un rendez-vous auprès d'un spécialiste de la toxicomanie. »

- « J'attends que les rapports que vous me transmettrez à l'avenir ne comportent aucune erreur de calcul. »
- « Je vous demande d'être à votre bureau à 9 heures précises tous les matins. »

Prévenir des risques

Bien sûr, vous devez prévenir votre employé des risques qu'il prend s'il ne redresse pas la barre. Indiquez-lui les mesures que vous prendriez s'il devait y avoir récidive. Faites passer votre message sans ambiguïté et veillez à ce qu'il soit bien compris.

Terminez de la manière suivante :

- « Si vous ne répondez pas aux critères de performances, vous devrez suivre une formation afin d'améliorer vos compétences. »
- « Si vous refusez de consulter un spécialiste, vous serez suspendu pendant cinq jours. »
- « Si vous n'êtes pas plus consciencieux dans votre travail, j'indiquerai ce manque de performances dans votre dossier. »
- « Si vous arrivez encore en retard, je demanderai au directeur de vous donner un blâme. »

Apporter un soutien émotionnel

Apportez à votre employé un soutien émotionnel en exprimant votre reconnaissance pour les efforts qu'il fait. Soyez sincère – vous voulez vraiment qu'il s'améliore.

La discipline s'accompagne aussi de phrases réconfortantes :

- « Essayons d'éviter cela à l'avenir – je sais que vous pouvez y arriver. »
- « Je veux vraiment que ça marche – voyons ensemble ce qui pourrait vous aider. »
- « Y a-t-il quelque chose que je puisse faire pour vous aider à vous améliorer ? »
- « Il n'y a aucune raison pour que cela se reproduise – je compte sur vous pour arranger ça ! »

Rassembler le tout

Après avoir réfléchi aux quatre parties de vos mesures disciplinaires, rassemblez-les pour en faire part à vos employés. Lors de la discussion que vous aurez avec chacun d'eux, vous entrerez sans doute davantage dans les détails mais vous devrez au moins communiquer les informations suivantes :

- « La semaine dernière, vous avez fait moins de 250 pièces par heure. À cause de vos performances insuffisantes, l'équipe n'a pas atteint son objectif de la semaine. À partir de maintenant, vous devez faire au moins 250 pièces par heure. Si vous ne répondez pas aux critères de performances, vous devrez suivre une formation afin d'améliorer vos compétences. »
- « Votre test de dépistage a révélé une consommation importante de stupéfiants. La consommation de drogue est contraire à la politique de notre société. Vous allez devoir prendre un rendez-vous auprès d'un spécialiste de la toxicomanie. Si vous refusez de consulter un spécialiste, vous serez suspendu pendant cinq jours. »
- « Les trois rapports que vous m'avez fait parvenir contiennent de nombreuses erreurs de calcul. Ces erreurs m'obligent à revoir votre travail en détail, ce qui me fait perdre du temps. J'attends que les rapports que vous me transmettrez à l'avenir ne comportent aucune erreur de calcul. Si vous n'êtes pas plus consciencieux dans votre travail, j'indiquerai ce manque de performances dans votre dossier. »
- « Vous êtes arrivé en retard trois jours sur cinq cette semaine. À cause de vos retards, Margaux a dû abandonner son travail pour faire le vôtre. Je vous demande d'être à votre bureau à 9 heures précises tous les matins. Si vous arrivez encore en retard, je demanderai au directeur de vous donner un blâme. »

Élaborer un plan d'amélioration

Les managers adorent les plans : plans pour la réalisation d'un projet, plans pour le respect des objectifs financiers de la société et plans pour élaborer d'autres plans. Dans le cadre de la discipline, il existe un autre plan : le *plan d'amélioration des performances*. Celui-ci est essentiel au processus de discipline car il définit des mesures précises, que l'employé doit prendre pour améliorer ses performances dans un délai déterminé.

Si le problème de performances de l'employé est mineur et n'a justifié qu'une recommandation orale, il serait probablement excessif d'élaborer un plan d'amélioration. En ce qui concerne les problèmes de comportement, étant donné qu'ils doivent être résolus immédiatement, ils ne nécessitent pas non plus de plan d'amélioration. En revanche, si l'employé affiche régulièrement des performances insuffisantes malgré des mesures disciplinaires relativement sévères, le plan d'amélioration s'impose.

Un plan d'amélioration des performances se compose de trois parties :

- **Objectif**. L'objectif donne à l'employé une indication précise de ce qu'il doit faire pour améliorer ses performances. Il doit être directement lié aux critères de performances. Par exemple : « Accomplir toutes les tâches dans les délais » ou « Arriver au bureau à 9 heures précises tous les jours ».
- **Calendrier**. Un bon plan ne sert à rien s'il ne s'inscrit pas dans un calendrier précis. C'est comme si vous mangiez un cornet de glace sans glace ou regardiez la télévision sans le son. Un plan doit s'accompagner d'un délai d'exécution et, s'il est complexe, d'échéances intermédiaires.
- **Ressources/Formation requises**. Le plan doit également comporter un résumé des ressources ou de la formation nécessaires à l'amélioration des performances de l'employé.

Voici un exemple de plan d'amélioration des performances concernant un salarié qui fait régulièrement des erreurs de frappe dans ses documents.

Plan d'amélioration des performances

Jean Sordel

Objectif :

- Ne pas faire plus de deux fautes de frappe par document.

Calendrier :

- Atteindre l'objectif mentionné ci-dessus dans les trois mois qui suivent l'élaboration de ce plan.

Ressources/Formation requises :

- Participation à un cours de remise à niveau en dactylographie et relecture. Cette formation devra être effectuée dans les deux mois qui suivent l'élaboration de ce plan.

Mettre en œuvre le plan d'amélioration

Après avoir élaboré un plan d'amélioration des performances, vous devez vous assurer qu'il ne prend pas la poussière sur les étagères de votre employé. Effectuez un suivi pour vérifier que l'employé concrétise le plan et progresse vers l'objectif fixé. Bien sûr, le suivi prend du temps mais ce n'est pas du temps perdu. Et puis, si vous ne trouvez pas le temps de vérifier les progrès de votre employé, ne vous étonnez pas s'il ne trouve pas le temps de travailler sur son plan…

Votre employé évolue-t-il vers son objectif ? Est-il dans les délais ? Dispose-t-il des ressources et de la formation nécessaires ? Si ce n'est pas le cas, vous devez insister sur l'importance du plan et découvrir pourquoi il ne l'a pas mis en œuvre comme prévu.

Pour aider votre employé à mettre en œuvre son plan d'amélioration, vous pouvez prévoir une série de réunions quotidiennes, hebdomadaires ou mensuelles pour évaluer ses progrès. Plus le plan est vaste, plus le suivi doit être fréquent. Les réunions présentent deux avantages :

- Elles vous donnent l'occasion d'obtenir les informations dont vous avez besoin pour évaluer la progression de l'employé vers son objectif.
- Elles prouvent à l'employé que vous attachez de l'importance à ses progrès. Si vous montrez l'intérêt que vous portez au plan d'amélioration, l'employé en fera sa priorité.

À RETENIR

Prenez le temps d'effectuer un suivi des plans d'amélioration des performances que vous élaborez. L'une des plus grandes difficultés pour un manager consiste à se trouver confronté à un employé qui s'améliore sous surveillance puis se relâche à nouveau. Respectez votre plan. Si un employé n'est pas à la hauteur des critères que vous avez fixés, il n'est tout simplement pas à sa place.

TEST

Testez vos nouvelles connaissances

Quelles sont les deux vitesses de la discipline ?

A. Performances insuffisantes et comportement inapproprié.

B. Discipline progressive et licenciement.

C. Recommandation et coaching.

D. Autres.

Quelles sont les trois parties d'un plan d'amélioration des performances ?

A. Recommandation orale, recommandation écrite et évaluation des performances négative.

B. Recommandation écrite, avertissement écrit et blâme.

C. Objectif, calendrier et ressources/formation requises.

D. Début, milieu et fin.

Chapitre 16

Trop peu, trop tard ! La résiliation du contrat de travail

Dans ce chapitre :

- Connaître les différents types de résiliation
- Effectuer une série de licenciements économiques
- Prendre les précautions nécessaires avant de licencier un employé
- Licencier un employé en trois étapes
- Choisir le bon moment pour licencier un employé

Il n'est pas toujours facile d'être manager. Si vous en entendez un dire le contraire, soit il plaisante, soit il ment. C'est une fonction motivante et gratifiante, mais certainement pas facile. Parmi toutes les tâches délicates qu'un manager doit accomplir, le licenciement est la plus pénible. Même avec le temps, on ne s'y habitue jamais vraiment.

La procédure qui mène au licenciement – définir des objectifs, rassembler des informations, évaluer les performances, recourir à la discipline et remplir les formulaires – n'est pas spécialement difficile. Ce qui est lourd à porter, c'est la charge émotionnelle qu'implique le licenciement, notamment lorsqu'il s'agit d'une personne avec laquelle vous avez travaillé pendant longtemps et partagé une histoire commune. Cela dit, vous n'avez parfois pas d'autre solution que de dire à un employé que vous n'avez plus besoin de ses services.

Même si vous voulez vraiment aider un employé à réussir au sein de votre société, il peut arriver que son emploi ne se justifie plus. La vraie question qui se pose est la suivante : qui va s'en rendre compte le premier et prendre les mesures nécessaires ?

La résiliation d'un contrat de travail n'est pas nécessairement laissée à votre discrétion. Certains employés quittent leur emploi de leur propre initiative en démissionnant. Avec un peu de chance, vous bénéficierez d'un préavis de quelques semaines. Mais, dans tous les cas, vous allez devoir vous lancer dans un long processus de recrutement. Pour en savoir plus sur le recrutement des employés, reportez-vous au chapitre 4.

Ce chapitre traite des différents types de résiliation du contrat de travail, des motifs de résiliation, de la différence entre un licenciement classique et un licenciement économique, et de l'importance de justifier vos actions au moyen de preuves écrites.

Les différents types de résiliation du contrat de travail

La résiliation du contrat de travail n'est pas nécessairement synonyme de licenciement. Le licenciement n'est que la forme la plus explosive (renseignez-vous auprès d'un manager qui a eu affaire à un employé qui a littéralement explosé lors de son licenciement) de la résiliation du contrat de travail, laquelle se présente sous différents aspects selon la situation.

On distingue deux différents types de résiliation du contrat de travail : la résiliation volontaire, dont l'employé prend l'initiative, et la résiliation involontaire, imposée par l'employeur contre la volonté de l'employé.

La résiliation volontaire du contrat de travail

Un employé a de nombreuses raisons de démissionner. Il peut trouver un emploi comportant davantage de responsabilités ou plus rémunérateur, considérer que son travail ne lui apporte plus rien, être en conflit avec ses collègues ou son supérieur, ou bien quitter son emploi en raison du stress, d'obligations familiales, d'une maladie ou autres raisons personnelles.

En général, la démission s'impose à l'employeur. Toutefois, elle peut aussi être encouragée. Il arrive aussi qu'un employé reste assez longtemps dans une société pour y prendre sa retraite. Personne ne semble jamais rester assez longtemps où que ce soit pour prendre sa retraite. Par conséquent, cet événement est souvent un choc pour l'employé.

Les principaux motifs de la résiliation volontaire du contrat de travail sont donc les suivants :

- **Démission (spontanée)** : la démission spontanée consiste pour l'employé à quitter son poste au sein de votre société sans y être incité. Malheureusement, ce sont souvent les meilleurs qui partent. Bien que vous ne puissiez pas obliger vos employés à rester éternellement dans votre société (ce qui ne serait pas souhaitable, de toute façon), vous pouvez faire en sorte qu'ils ne démissionnent pas en raison d'une mauvaise gestion des problèmes. Sachez qu'un renouvellement important du personnel indique que les conditions de travail sont trop stressantes ou que le manager a un comportement inapproprié.
- **Démission (encouragée)** : la démission encouragée consiste a suggérer à un employé de quitter son poste. Ce genre de démission est une mesure destinée à sauver la face d'un employé sur le point d'être licencié. Avant d'opter pour le licenciement, vous pouvez offrir à l'employé l'opportunité de démissionner. Cette approche réduit la douleur d'être licencié et ne fait pas de tort dans le cadre d'une recherche d'emploi.
- **Retraite** : la retraite a lieu en fin de carrière, lorsque l'employé met un terme définitif à sa vie active.

La résiliation involontaire du contrat de travail

Évidemment, la résiliation involontaire du contrat de travail n'est pas aussi facile à gérer. C'est une expérience pénible aussi bien pour le manager que pour l'employé. Aussi, vous devez être sûr d'avoir épuisé toutes les autres options avant d'avoir recours à cette ultime sanction. Il existe deux types de résiliation involontaire :

- **Licenciement économique** : le licenciement économique, effectué dans le cadre d'une réduction du personnel, consiste à licencier un certain nombre d'employés pour des raisons financières. Si, par exemple, votre société perd plusieurs clients importants et donc une partie de son chiffre d'affaires habituel, pour rééquilibrer son bilan, elle devra réduire ses coûts salariaux en effectuant des licenciements.

  Chaque entreprise a sa propre politique en matière de licenciements économiques. Dans certaines sociétés, le dernier employé recruté est le premier à partir. Dans d'autres, ce sont les performances qui déterminent l'ordre des départs. La plupart donnent la priorité aux employés qui ont subi un licenciement économique lorsqu'elles retrouvent leur santé financière et recrutent à nouveau.
- **Licenciement** : un employé est licencié lorsqu'il n'y a aucun espoir qu'il améliore ses performances ou lorsque son comportement est si répréhensible que le licenciement est le seul choix possible.

La loi interdit toute discrimination sur le lieu de travail ; aucun employé ne peut être licencié en raison de son âge, de sa race, de son sexe, de sa couleur, de sa religion, de ses origines ni pour tout autre motif discriminatoire. Ignorer la loi revient à s'exposer à des procès pénibles et coûteux. La simple *possibilité* de discrimination, lors du processus de licenciement ou de toute autre activité, peut vous coûter cher. En effet, la plupart des employés qui portent une affaire de licenciement abusif au tribunal ont gain de cause.

Motifs légitimes de licenciement

Même si vous vous gardez de toute discrimination, vous devez être très prudent lorsque vous décidez d'effectuer un licenciement. Vous n'êtes pas à l'abri de poursuites judiciaires, surtout si les motifs du licenciement sont polémiques.

Cela dit, il existe un consensus sur certains comportements jugés passibles de licenciement. Certains de ces comportements sont même considérés comme des délits qui méritent un licenciement immédiat (sans avertissement écrit, blâme ou suspension). En voici quelques exemples :

- **Maltraitance verbale** : la maltraitance verbale comprend la calomnie, le harcèlement, les insultes et autres comportements similaires. Vos employés ont le droit de travailler dans une ambiance sereine. Quant à la maltraitance verbale des clients et autres partenaires commerciaux, elle ne peut que nuire à l'entreprise. Si l'un de vos employés continue à maltraiter les autres verbalement malgré vos avertissements, vous pouvez le licencier sans craindre d'éventuelles répercussions juridiques.
- **Incompétence** : malgré vos efforts incessants pour les former, certains de vos employés ne sont pas faits pour leur travail. Si vous avez essayé de les aider et s'ils ne parviennent toujours pas à accomplir leurs tâches conformément aux critères de performances fixés, mieux vaut que vos chemins se séparent, dans leur intérêt comme dans celui de la société.
- **Répétition de retards injustifiés** : vos employés doivent respecter leurs horaires de travail. Les retards risquent de les empêcher de terminer leurs tâches dans les délais et donnent un très mauvais exemple à ceux qui font l'effort d'être ponctuels. Si l'un de vos employés continue à arriver en retard au bureau alors que vous l'avez prévenu que vous ne toléreriez pas davantage ce comportement, vous avez une bonne raison de le licencier.
- **Insubordination** : l'insubordination – le refus délibéré d'effectuer ses tâches – justifie un licenciement immédiat sans préavis. Si certains managers encouragent leurs employés à essayer de comprendre ce qui motive leurs décisions, une fois les décisions prises, les employés doivent s'y soumettre. Si vos employés refusent de suivre vos directives, la relation de base employeur/employé est rompue et vous n'avez aucune raison de tolérer leur insubordination.

- **Violence physique** : la plupart des sociétés prennent la violence et les menaces de violence très au sérieux. Les employés ont le droit de travailler dans un environnement sûr. Par conséquent, les employeurs ont le devoir de le leur fournir. La violence physique met la sécurité de vos employés en péril et les détourne de leurs tâches. Si un employé menace un de ses collègues ou un client, ou bien concrétise cette menace, vous pouvez le licencier immédiatement.
- **Vol** : le vol de biens appartenant à la société, aux employés et aux clients est un autre motif légitime de licenciement. Si vous prenez un employé sur le fait, vous pouvez le licencier immédiatement sans préavis. Si vous avez des preuves du délit, vous avez également la possibilité de le licencier pour vol sans aucun risque.
- **Alcoolisme et toxicomanie** : si un employé est ivre ou sous l'influence de stupéfiants sur son lieu de travail, vous pouvez le licencier immédiatement. Cela dit, beaucoup de sociétés offrent à leurs employés la possibilité de suivre un programme d'assistance aux toxicomanes ou de rejoindre les Alcooliques anonymes. Dans de nombreux cas, les employés peuvent se désintoxiquer et reprendre leur travail.
- **Falsification de l'information** : la falsification de l'information peut aboutir à un licenciement immédiat. Elle peut avoir lieu lors du processus de recrutement (mensonges concernant les études, les diplômes ou l'expérience) ou pendant que l'employé est en poste (faux rapports financiers, fiches de présence falsifiées, tricherie aux examens lors des formations, etc.).

Motifs de l'hésitation des managers à licencier

Comme vous le savez, licencier un employé n'est pas la façon la plus agréable de passer son après-midi. Si les motifs légitimes de licenciement mentionnés dans la section précédente sont clairs et sans ambiguïté, ils ne rendent pas la tâche plus facile.

Certains managers évitent d'avoir recours au licenciement pour les raisons suivantes :

- **Peur de l'inconnu** : licencier un employé peut être une perspective effrayante – surtout la première fois. Votre employé va-t-il se mettre à pleurer ? Faire une crise cardiaque ? Devenir fou ? Vous donner un coup de poing ? Ne vous inquiétez pas, il y a une première fois pour tout le monde. Malheureusement, la dernière fois ne semble jamais arriver avant la retraite.
- **Charge émotionnelle** : si l'on considère que vous passez un tiers de vos journées au bureau, il est normal que vous développiez des relations d'amitié avec certains de vos employés. Cela ne présente aucun inconvénient jusqu'à ce que vous soyez obligé d'avoir recours à la discipline ou de licencier l'un de vos amis. Il est toujours difficile de licencier un employé et *a fortiori* une personne à laquelle vous vous êtes attaché.

- **Peur de donner une mauvaise image** : si vous devez licencier un de vos employés, que va-t-on penser de vous en tant que manager ? Dans le cas d'un licenciement économique, est-ce de votre faute si la société n'a pas atteint ses objectifs ? S'il s'agit d'un licenciement classique, avez-vous fait une erreur de recrutement ? De nombreux managers préfèrent supporter les problèmes de performances de leurs employés plutôt qu'attirer l'attention sur leurs propres défaillances – que celles-ci soient réelles ou perçues comme telles.
- **Risques de poursuites judiciaires** : la crainte de poursuites judiciaires suffit souvent à dissuader les managers de toute velléité de licenciement. Les employés ayant de plus en plus souvent recours à la justice, certains managers ont une peur panique du licenciement.
- **Espoir de voir disparaître le problème** : c'est ça, vous pouvez toujours attendre…

Effectuer une série de licenciements économiques

Réduction du personnel, restructuration, appelez cela comme vous voulez, les causes et les conséquences sont toujours les mêmes : votre société a besoin de réduire ses coûts salariaux et certains de vos employés doivent partir.

Le licenciement économique, bien que traumatisant pour ceux qui en sont victimes, se distingue du licenciement classique en termes de culpabilité. Les employés concernés font correctement leur travail. Ils sont productifs, fidèles et dévoués. Les véritables coupables sont généralement des facteurs extérieurs, comme l'évolution du marché, une fusion ou une acquisition, ou bien une augmentation de la concurrence due à la globalisation.

Lorsque vous n'avez pas d'autre solution que d'effectuer une série de licenciements économiques, procédez de la manière suivante :

1. **Déterminez l'ampleur du problème et identifiez les services concernés.**

   Quelle est l'ampleur de la crise financière ? Est-il possible que la tendance s'inverse rapidement ? Si certains produits ou services ne se vendent pas, quels sont les départements concernés ?

2. **Bloquez le recrutement.**

   Il serait absurde de recruter des employés en période de licenciement économique à moins que le poste ne soit absolument essentiel. Par exemple, si votre réceptionniste démissionne alors que vous avez toujours besoin de quelqu'un pour répondre au téléphone et recevoir les visiteurs, recrutez-en un autre. Mais, en règle générale, songez que vous risquez de devoir licencier vos nouvelles recrues et surtout que vos employés actuels auront l'impression que vous vous moquez d'eux.

3. **Préparez des listes provisoires d'employés à licencier.**

   Après avoir déterminé l'ampleur du problème et identifié les services concernés, sélectionnez les employés susceptibles d'être licenciés. Commencez par isoler les employés qui ont le plus d'expérience et de compétences dans les domaines dont la société a besoin. Puis indiquez sur vos listes les employés dont les compétences et l'expérience ne correspondent plus aux besoins de la société.

4. **Prévenez tous les employés de la nécessité de procéder à une série de licenciements économiques.**

   Dès que la vague de licenciements économiques semble inévitable, faites-le savoir *immédiatement* et largement à l'avance à tous les employés. Exposez-leur clairement les problèmes financiers auxquels votre société est confrontée et encouragez-les à faire des suggestions pour réduire les coûts ou améliorer l'efficacité. Certaines suggestions peuvent permettre d'économiser suffisamment d'argent pour éviter la vague de licenciements économiques ou, du moins, en réduire l'ampleur. Soyez à l'écoute.

5. **Explorez toutes les autres options.**

   Pouvez-vous réduire les coûts en améliorant les processus, en comptant sur le pourcentage de clients perdus, ou bien en proposant des rétrogradations ou des retraites anticipées ? Certains employés peuvent-ils être transférés dans des services moins touchés par la crise financière ? Pouvez-vous réduire les dépenses discrétionnaires autorisées dans le cadre de voyages d'affaires ou de rénovation de locaux, ou bien reporter certains investissements ?

6. **Dressez la liste définitive des employés à licencier.**

   Après avoir mis la société sens dessus dessous pour trouver des moyens de réduire les coûts, dressez la liste définitive des employés à licencier. Classez les employés par ordre de priorité au cas où un changement vous permettrait d'en retirer de la liste. La plupart des sociétés ont une procédure bien définie pour effectuer ce classement – surtout si les salariés sont représentés par un syndicat. Cette procédure privilégie généralement les salariés permanents par rapport aux employés temporaires et tient compte de l'ancienneté et/ou des performances. Si vous n'avez aucune politique en la matière, établissez vous-même vos critères de sélection. Basez-vous sur l'expérience de vos employés et sur le temps qu'ils ont passé à travailler pour la société. Gardez-vous de toute discrimination à l'encontre d'une certaine catégorie de salariés – les plus âgés, par exemple.

7. **Informez les employés concernés.**

   À ce stade, de nombreux employés doivent être quasiment paralysés par la peur d'être dans le wagon des licenciés. Dès que votre liste est terminée, prévenez les employés concernés. Pour vous acquitter de cette tâche ingrate, optez de préférence pour la communication en tête à tête.

8. **Fournissez un service de reclassement aux employés licenciés.**

   Si vous avez le temps et les moyens, fournissez un service de reclassement et de conseil aux employés licenciés. Vous pouvez, par exemple, proposer une formation en matière de rédaction de CV, une préparation aux entretiens de recrutement, la création d'un réseau de relations ou une planification financière, et permettre aux employés d'utiliser les ordinateurs, fax et téléphones de l'entreprise pour effectuer leur recherche d'emploi. Si vous pouvez fournir des pistes ou des contacts, n'hésitez pas à le faire.

9. **Licenciez.**

   Rencontrez chaque employé un par un pour remplir les formulaires de licenciement. Expliquez tout ce qui concerne l'indemnité de licenciement, les allocations de chômage et autres mesures prises par la société. Récupérez les clés, les badges d'identification et tout matériel appartenant à la société. Accompagnez chaque employé licencié jusqu'à la sortie du bâtiment et souhaitez-lui bonne chance.

10. **Rassemblez les rescapés.**

   TRUC

   Réunissez tous les employés qui restent pour leur dire que, maintenant que la vague de licenciements est passée, la société est en bonne voie pour recouvrer sa santé financière. Expliquez-leur que, pour éviter d'autres licenciements économiques, toute le monde va devoir faire des efforts afin de surmonter ce ralentissement momentané du cycle économique.

Prudence avant de licencier un employé

ATTENTION !

Le licenciement d'un employé est une tâche pénible en soi. Mais il y a pire : être traîné devant les tribunaux pour licenciement abusif. Bien que la plupart des sociétés disposent d'une procédure claire en matière de discipline, certains managers oublient d'en tenir compte dans le feu de l'action. Or, ce simple oubli donne à l'ancien employé le droit d'obtenir une indemnité financière considérable.

Avant de licencier un employé pour faute, assurez-vous de pouvoir répondre aux critères suivants et d'être absolument irréprochable. Vous avez tout intérêt à être prudent.

- **Pièces justificatives** : n'oubliez pas que vous devez toujours pouvoir justifier un licenciement. Si vous licenciez un employé en raison d'un manque de performances, votre décision doit reposer sur des arguments précis. Si vous effectuez un licenciement pour vol, vous devez pouvoir apporter la preuve de ce vol. Vous n'aurez jamais trop de preuves. Cette règle s'applique pour toutes les mesures que vous prenez envers un employé et *a fortiori* en cas de licenciement.
- **Avertissement** : vos employés connaissent-ils leurs critères de performances *à l'avance* ? Avez-vous fait part de vos attentes ainsi que des pratiques et politiques en vigueur au sein de la société ? Avez-vous averti vos employés des risques auxquels ils s'exposaient s'ils n'amélioraient pas leurs performances ? Le licenciement pour manque de performances sans préavis est généralement considéré comme abusif. En revanche, certains comportements, comme la violence physique, le vol et la fraude, justifient un licenciement immédiat sans préavis.
- **Temps de réponse** : avez-vous donné à vos employés le temps d'améliorer leurs performances ? Le temps nécessaire à l'amélioration des performances dépend de la nature du problème. Si, par exemple, il s'agit de retards répétés, l'employé doit corriger son comportement immédiatement. En revanche, si l'employé doit améliorer ses performances dans le cadre d'un projet long et complexe, l'amélioration peut prendre des semaines voire des mois.
- **Applicabilité** : les pratiques et politiques de votre société sont-elles applicables ? Les critères de performances fixés sont-ils à la portée du salarié moyen ? La sanction est-elle proportionnelle à la gravité du problème ? Mettez-vous à la place de l'employé. Si c'était vous qui étiez licencié, le licenciement vous paraîtrait-il justifié ? Soyez honnête.
- **Possibilité de faire appel** : votre société donne-t-elle à vos employés la possibilité de faire appel de votre décision auprès de vos supérieurs ? En tant que supérieur direct, vous risquez de manquer de recul ou d'être trop impliqué émotionnellement, ce qui peut entraîner une erreur de jugement de votre part. Il est important que l'employé menacé de licenciement puisse bénéficier d'un point de vue objectif sur son cas.

Licencier un employé en trois étapes

À RETENIR

Souvenez-vous : si vous devez signaler à vos employés leurs erreurs ou leurs problèmes et les aider à s'en sortir, ce sont eux les seuls responsables de leurs performances et de leur comportement. Lorsque vous arrivez à la dernière mesure disciplinaire avant le licenciement, rappelez-leur leur responsabilité et leur liberté de choix. Ils doivent s'améliorer ou partir. C'est à eux de choisir ; cela ne dépend pas de vous.

Si vous partez du principe qu'un employé a fait son choix et que ce choix consiste à continuer à se comporter ou à travailler de façon inappropriée, alors la balle est dans votre camp. Et le meilleur choix que vous puissiez faire est de licencier l'employé avant qu'il nuise davantage à la société.

Lorsque vous licenciez un employé, vous devez avoir deux objectifs à l'esprit. Premièrement : expliquer clairement les motifs du licenciement. Selon les experts juridiques, de nombreux salariés accusent leur employeur de licenciement abusif uniquement dans l'espoir de découvrir la véritable raison de leur licenciement. Deuxièmement : diminuer l'animosité de votre employé envers vous et votre société en veillant à préserver sa dignité pendant tout le processus de licenciement. N'attirez pas sur vous la colère d'un employé potentiellement instable.

Le licenciement doit avoir lieu en tête à tête et en privé. Votre entretien avec l'employé doit être concis et aller droit au but. Prévoyez cinq à dix minutes. Il ne s'agit pas d'un débat. Votre rôle consiste simplement à informer l'employé de son licenciement. C'est un moment difficile à passer, mais dites-vous que c'est la meilleure chose à faire pour tout le monde.

- **Annoncez à l'employé qu'il est licencié**. Dites-lui en termes simples et non équivoques que vous avez pris la décision de le licencier. Précisez que tous les éléments ont été pris en compte. Ajoutez que cette décision a été approuvée par les cadres supérieurs, ce qui la rend définitive. Si vous avez appliqué un système de discipline progressive pour essayer de corriger le comportement de l'employé, cette annonce ne devrait pas être une surprise. Cela dit, quelles que soient les circonstances, un licenciement provoque toujours un choc émotionnel.
- **Décrivez les motifs du licenciement**. Si le licenciement est dû à un problème de comportement, citez la politique qui n'a pas été respectée et montrez en quoi elle n'a pas été respectée. S'il est dû à un manque de performances, rappelez à l'employé vos conseils et vos tentatives pour l'aider à améliorer ses performances ainsi que les incidents qui ont suivi et conduit au licenciement. Tenez-vous-en aux faits.
- **Indiquez la date à laquelle le licenciement sera effectif et expliquez le processus de licenciement**. Un licenciement est généralement effectif le jour où vous l'annoncez à l'employé. La présence d'un employé licencié au sein de la société serait inconfortable pour tout le monde et doit être évitée. Si vous offrez une indemnité de licenciement, dites-le clairement et expliquez à l'employé quand il touchera son dernier salaire et comment il doit procéder pour récupérer ses effets personnels dans son bureau. Remplissez le formulaire de licenciement avec lui.

Un licenciement peut être assez traumatisant. Attendez-vous à tout. Un employé peut s'effondrer ; un autre peut devenir belliqueux et vous agresser verbalement. Pour désamorcer ce genre de réactions, appliquez les techniques suivantes :

- **Faites preuve d'empathie**. N'essayez pas de minimiser la nouvelle. Montrez-vous compréhensif. Le licenciement est l'une des épreuves les plus difficiles qu'un individu puisse traverser. Si votre employé se met à pleurer, n'essayez pas de l'arrêter. Donnez-lui un mouchoir et poursuivez.
- **Employez un ton neutre et ferme**. Même si votre employé craque, vous devez conserver une attitude calme et professionnelle. Ne lui laissez pas croire qu'il peut encore négocier et vous faire changer d'avis. Soyez ferme et montrez que votre décision est définitive.
- **Gardez le contrôle**. Si vous devez permettre à l'employé d'exprimer ses sentiments, ne le laissez pas vous détourner de votre objectif : l'informer de votre décision de le licencier. S'il devient agressif, demandez-lui de se ressaisir sans quoi vous mettrez un terme à votre entretien.

Pour vous faciliter la tâche, vous pouvez également lire, lors de votre entretien avec l'employé, un texte que vous avez écrit au préalable. Grâce à cette méthode, vous êtes sûr de n'oublier aucune information importante et vous pouvez directement glisser votre document dans le dossier de l'employé.

Voici un exemple concernant une employée dont les performances ont été constamment insatisfaisantes :

« Catherine, j'ai décidé de résilier votre contrat de travail dès aujourd'hui en raison de votre incapacité à répondre aux critères de performances que nous avons définis ensemble l'année dernière, lors de votre recrutement. Nous avons discuté de votre manque de performances à de nombreuses reprises au cours de l'année. La recommandation écrite que je vous ai faite le 5 octobre vous précisait que vous aviez un mois pour améliorer vos performances sans quoi vous seriez licenciée. Vous n'avez pas atteint cet objectif et je n'ai donc pas d'autre solution que de procéder à votre licenciement, qui prend effet aujourd'hui même. Julie, membre du personnel des ressources humaines, est ici pour vous fournir toutes les informations nécessaires concernant votre dernier salaire et vos indemnités de licenciement, et vous demander les clés de votre bureau ainsi que le mot de passe de votre messagerie vocale. »

Quel est le meilleur moment pour licencier ?

Chaque manager a sa propre opinion sur le jour et l'heure les plus appropriés pour licencier un employé. Et vous, qu'en pensez-vous ? Préférez-vous vous acquitter de cette tâche le lundi, le vendredi, tôt le matin, en fin de journée ?

TRUC

Nous pensons qu'il est préférable de licencier le vendredi plutôt qu'en début de semaine. Ainsi, l'employé peut prendre le week-end pour se remettre de ses émotions, consulter les offres d'emploi sur le journal du dimanche et commencer immédiatement sa recherche d'emploi. Si vous licenciez un employé le lundi, vous cassez complètement son rythme.

En ce qui concerne l'heure, nous pensons là encore que le plus tard sera le mieux. Si vous attendez l'heure de fermeture des bureaux, l'employé sera moins harcelé de questions par ses collègues. Il aura la possibilité de ranger tranquillement ses affaires dans son bureau en conservant sa dignité et son amour-propre. De plus, il sera trop tard pour qu'il fasse un scandale auprès de votre patron, de vos clients ou de vos collègues.

Si vous licenciez un employé en début de journée, il devra faire face à ses collègues et leur expliquer pourquoi il range ses affaires et s'apprête à quitter les locaux escorté par un membre de la sécurité. Votre but n'est pas de sanctionner ni d'embarrasser vos employés, mais de rendre le processus de licenciement aussi indolore et humain que possible. Permettez-leur de garder la tête haute en leur annonçant leur licenciement à une heure où ils n'auront pas à supporter le regard des autres.

TEST

Testez vos nouvelles connaissances

Quels sont les deux types de résiliation involontaire du contrat de travail ?

A. Retraite et démission.

B. Démission et licenciement.

C. Licenciement économique et retraite.

D. Licenciement et licenciement économique.

Donnez cinq bonnes raisons de licencier un employé.

A. Incompétence, insubordination, vol, alcoolisme et toxicomanie, et falsification de l'information.

B. Comportement désagréable, franc-parler, refus d'autorité, demande d'augmentation, tendance à parler le premier.

C. Travailler trop tard, ne pas prendre de pauses, oublier d'éteindre la cafetière, travailler le week-end, et rapporter du travail à la maison.

D. Autres.

Chapitre 17

Prendre soin du numéro un

Dans ce chapitre :

- Trouver un équilibre entre vie professionnelle et vie privée
- Travailler trop dur
- Reconnaître le stress
- Gérer le stress avant qu'il ne soit trop tard

La journée type d'un manager n'est pas de tout repos : des projets à boucler en urgence, des réunions qui s'enchaînent, sans compter les imprévus… Il est facile de tomber dans la spirale sans fin du travail. Vous vous investissez à fond dans votre travail ? Il n'y a rien de mal à ça. Mais si votre vie privée finit par en pâtir, alors vous avez un problème.

Le problème, c'est que le travail devient votre priorité, si bien que tout le reste, y compris vous-même, passe automatiquement au second plan. Résultat : vous mangez sur le pouce, vous ne faites pas suffisamment d'exercice et votre santé se détériore. Vous travaillez jour et nuit, vous ne pouvez pas partir en vacances ni prendre un peu de distance par rapport à votre travail et vous êtes sous pression. Au bout du compte, vous gâchez vos relations avec vos proches, las d'attendre que vous leur fassiez une place dans votre vie.

Peu importe votre rang dans la société, l'importance de votre travail, le montant de votre rémunération, vous devez prendre soin de vous avant tout. Votre priorité, c'est vous. Si vous faites attention à vous, vous serez en excellente forme et deviendrez un meilleur atout pour votre société, vos clients et vos employés. De plus, vous aurez une plus grande espérance de vie et profiterez mieux de votre retraite bien méritée. Tentant, non ?

Concilier vie professionnelle et vie privée

Trouver un équilibre entre vie professionnelle et vie privée, ce n'est pas toujours facile. Il faut bien pouvoir payer les factures, se nourrir, s'habiller – et s'offrir quelques extras, comme une chaîne hi-fi ou une voiture de sport.

Or, pour avoir tout cela, il faut de l'argent. Et pour avoir de l'argent, il faut travailler.

D'un autre côté, on a tous une vie en dehors du travail. On a des amis, une famille, un compagnon ou une compagne, un époux ou une épouse. Et puis, il y a les loisirs, les clubs, les associations, les passions et beaucoup d'autres façons de s'occuper. Parfois, il suffit de regarder un coucher de soleil pendant quelques minutes pour changer complètement d'état d'esprit.

Et pourtant, de nombreux cadres sous pression passent de plus en plus de temps au bureau, emportent du travail à la maison et travaillent même pendant les vacances et lorsqu'ils sont malades ou indisposés.

Récolter les fruits d'une vie équilibrée

Ne négligez pas votre vie privée au profit de votre vie professionnelle. Les individus qui ont une vie équilibrée sont plus heureux, en meilleure santé, plus productifs et beaucoup plus faciles à vivre. De plus, ils fournissent un meilleur service aux clients. En revanche, ceux qui laissent leur travail empiéter sur leur vie privée prennent de gros risques.

Une vie équilibrée bénéficie à tous : à l'individu lui-même, à son entreprise, à son/sa conjoint(e), à sa famille et à ses proches. Vous en doutez ? Réfléchissez :

- Les employés sont en meilleure santé et plus heureux. Ils ont une plus grande estime d'eux-mêmes et se sentent davantage appréciés de leur employeur.
- Les employés exercent un plus grand contrôle sur leur vie professionnelle.
- Les employés sont plus motivés, plus efficaces et plus productifs.
- Les employés font preuve d'une plus grande loyauté et d'un engagement sans faille.
- Les relations entre employés et managers s'améliorent.
- L'absentéisme diminue.

- Le nombre de congés de maladie et d'accidents du travail diminue.
- La société devient un employeur réputé.
- La société garde ses employés plus longtemps.

Regardez-vous ? Êtes-vous aux commandes de votre vie ou est-ce votre travail qui décide de tout le reste ? Vos relations avec vos proches sont-elles en train de se détériorer ? Êtes-vous un étranger pour votre famille et vos amis ? Avez-vous l'impression d'être constamment sous pression ? Êtes-vous toujours submergé au point que vos performances au travail en pâtissent ?

Et vos employés ? Sont-ils dans le même état que vous ? Si c'est le cas, vous devez réagir dès maintenant. Le plus tôt sera le mieux.

Rendre l'entreprise plus flexible

Vos employés et vous devez vous donner les moyens de rééquilibrer votre vie en faveur de votre vie privée. Comment allez-vous convaincre les décideurs de la pertinence de ce choix et les amener à modifier la politique de la société dans ce sens ?

Vous devez monter un dossier convaincant en vue de créer une entreprise plus flexible, c'est-à-dire énoncer clairement les avantages de ces changements pour votre société. Proposez un programme pilote, qui ne sera maintenu que s'il donne des résultats positifs. Montrez les conséquences de la mise en place de conditions de travail alternatives pour vos clients (dans la plupart des cas, les horaires flexibles bénéficient aux clients, car ils rallongent les heures ouvrées) et pour le fonctionnement de l'entreprise en général.

Étape n° 1 : identifier les principaux besoins de l'entreprise

Votre société a-t-elle vraiment besoin d'adopter des conditions de travail alternatives ? Pourquoi ? Interrogez vos employés pour savoir ce qu'ils en pensent. Identifiez les principaux besoins de votre société et déterminez les conditions de travail alternatives les plus appropriées. Consultez vos supérieurs et les syndicats pour distinguer les conditions acceptables des conditions inacceptables. Chiffrez les bénéfices et les coûts de la mise en place du changement prévu. Soumettez vos idées et votre analyse à vos supérieurs.

Étape n° 2 : mettre en place de nouvelles procédures

TRUC

Pour que le changement soit efficace, et pour vous assurer que tous les employés seront traités de la même façon, mettez en place des procédures claires avant que le programme ne soit adopté définitivement.

Étape n° 3 : amorcer une période d'essai

Quand on souhaite effectuer un changement aussi lourd de conséquences pour les employés d'une entreprise, il faut d'abord passer par une période d'essai. Faites part à tous les employés des nouvelles procédures mises en place et assurez-vous qu'ils les comprennent. Invitez-les à participer à votre programme et à l'appliquer. Au bout d'un mois ou deux, analysez les résultats pour déterminer s'ils sont positifs ou négatifs.

Étape n° 4 : adopter le changement de manière définitive

Adoptez définitivement les procédures élaborées au cours de la troisième étape et créez une nouvelle politique. Inaugurez votre nouveau programme et continuez à aller de l'avant !

Nouvelles façons de travailler

En tant que manager, vous devez non seulement prendre soin de vous-même mais veiller à ce que vos employés ne montrent pas de signes de surmenage ou d'épuisement. Si les employés avaient déjà les moyens de trouver un équilibre entre leur vie professionnelle et leur vie privée – le travail à temps partiel, par exemple –, ils ont désormais beaucoup plus d'options, notamment :

Horaires flexibles : les employés arrivent au bureau et en repartent à l'heure qui leur convient à l'intérieur des horaires fixés par la direction.

Horaires à la semaine : les employés répartissent leurs heures de travail hebdomadaires comme bon leur semble et peuvent ainsi se libérer un jour dans la semaine.

Remplacements : les employés peuvent se faire remplacer par un collègue et permuter lorsqu'ils le désirent.

Emploi du temps à la demande : les employés élaborent eux-mêmes leur emploi du temps de la semaine ou du mois.

Temps partagé : les employés partagent un poste à plein-temps avec un collègue de sorte que chacun travaille à mi-temps.

Télétravail : les employés travaillent depuis leur domicile, un jour ou deux par semaine ou à plein-temps.

Éviter de devenir boulomaniaque

À RETENIR

Le boulot, c'est comme l'alcool, c'est à consommer avec modération ! Malheureusement, de nombreuses personnes, managers et employés, sont accros au boulot. Considérez que vous êtes accro à partir du moment où vous arrivez au bureau tôt le matin pour en repartir tard dans la soirée. Vous travaillez pendant des heures en pensant que vous ne pouvez pas faire autrement. Le travail prend le pas sur le reste de votre vie, ce qui vous laisse peu de temps à consacrer à vos amis, à votre famille ou aux loisirs qui vous permettraient de décompresser après une dure journée de travail.

Si le surmenage est votre lot quotidien, si vous perdez de vue tout ce qui n'est pas lié à votre travail, c'est que vous êtes boulomaniaque. Attention ! Non seulement vous négligez votre famille et votre vie sociale, mais vous êtes moins efficace et productif au bureau. Même si vous avez l'impression de faire davantage de choses en rallongeant vos horaires de travail, vous en faites probablement moins.

Comment savoir si vous êtes un accro du boulot ? Voici sept symptômes caractéristiques de la boulomania :

- Lorsque vous sortez, vous parlez essentiellement de votre travail.
- Vous faites des rêves au sujet de votre travail.
- Vous prenez rarement des jours de congé et ne partez jamais en vacances.
- Lorsqu'il vous arrive de partir en vacances, vous emmenez du travail avec vous et interrogez régulièrement votre répondeur.
- Vous travaillez plus de quarante-cinq heures par semaine.
- Vous n'avez pas le temps de déjeuner, alors vous sautez le repas ou mangez sur le pouce dans votre bureau.
- Vous êtes absolument convaincu que vous n'êtes pas boulomaniaque, bien que vous présentiez beaucoup des symptômes précédents.

Alors, combien de ces symptômes avez-vous reconnus ? Regardez-vous dans la glace et soyez honnête. Les autres vous disent-ils que vous travaillez trop ? Vos relations en dehors du travail se détériorent-elles ? Avez-vous des difficultés à vous détendre et à vous amuser ? Si c'est le cas, prenez les mesures suivantes pour vaincre cette terrible dépendance :

- Réduisez vos heures de travail. Ne faites pas d'heures supplémentaires.
- Faites clairement la distinction entre votre vie professionnelle et votre vie privée. Laissez votre travail au bureau lorsque vous rentrez à la maison.
- Passez davantage de temps avec vos amis et votre famille.
- Levez le pied !
- Prenez des vacances (n'emmenez pas de travail et ne passez pas au bureau avant la fin de vos vacances).
- Faites de l'exercice – régulièrement et pas une fois de temps en temps.
- Prenez le temps de déjeuner, en dehors du bureau de préférence.

Prenez le temps dès maintenant de vous libérer de votre dépendance au travail. Vous y parviendrez si vous essayez. Lâchez prise et vous deviendrez rapidement quelqu'un d'autre. Allez-y ! Qu'est-ce que vous avez à perdre (à part un ulcère ou deux) ?

Identifier les symptômes du stress

À RETENIR

Même si vous luttez vaillamment contre le stress, il est en partie inévitable. Vous êtes un leader du changement dans votre société et vous élaborez des plans flexibles qui permettent de gérer l'imprévu ? D'accord. Mais les personnes avec lesquelles vous travaillez n'ont peut-être pas un comportement aussi positif. Les différentes façons de travailler et de s'adapter au changement sont susceptibles de créer une situation de stress.

De plus, le stress auquel vous êtes soumis au bureau est accentué par celui que vous subissez dans votre vie privée. Par exemple, vous avez des difficultés à payer les traites de votre maison. Ou bien votre moitié et vous êtes encore en conflit sur la façon dont il convient de faire sortir le dentifrice du tube. Pire, le fisc vient de vous téléphoner pour un petit problème de déclaration concernant vos impôts des trois dernières années.

Comment évaluer votre stress ? La liste suivante vous aidera à jauger l'ampleur du stress que vous subissez aussi bien dans votre vie professionnelle que dans votre vie privée – l'une rejaillissant sur l'autre, il est important d'identifier toutes les sources de stress.

ATTENTION !

Le tableau 17-1 dresse la liste des symptômes du stress. Cochez ceux qui vous concernent. Si vous avez plus de deux symptômes, réagissez dès maintenant. Gérez votre stress avant qu'il ne soit trop tard !

Tableau 17-1 Les symptômes du stress

Symptôme	***Oui, je l'ai !***
Agressivité	
Hostilité	
Maux de tête	
Troubles digestifs	
Troubles du sommeil	
Susceptibilité	

Symptôme	***Oui, je l'ai !***
Manque de discernement	
Nervosité	
Hypertension	
Ulcère	
Fatigue	
Anxiété	
Dépression	
Pertes de mémoire	
Manque de concentration	
Sautes d'humeur	

N'importe lequel de ces symptômes est révélateur d'un problème de stress. Plus la liste est longue, plus les retombées physiques et psychologiques sont graves. Heureusement, il existe des moyens de bien gérer le stress. Si vous ne pouvez pas le supprimer, vous pouvez en réduire les effets négatifs. Apprenez à contrôler votre stress avant qu'il ne contrôle votre vie.

Gérer votre stress

Vous êtes-vous déjà demandé pourquoi tant d'entreprises accordent beaucoup d'importance à la gestion du stress ? La réponse est très simple : en situation de stress, les salariés sont moins efficaces. Et, par conséquent, la société est moins performante.

La gestion du stress telle qu'elle est préconisée dans les séminaires et autres stages de formation consiste à traiter les symptômes et non les causes du stress. Cette approche est insatisfaisante. Les salariés sont censés acquérir des techniques de relaxation alors que personne n'exige des cadres supérieurs qu'ils prennent des décisions plus appropriées et plus rapides. La formation insiste sur la pensée positive, qui doit rendre aux employés leur estime de soi alors que ceux-ci ne sont pas véritablement écoutés sur leur lieu de travail. Le personnel doit apprendre à bien gérer son temps, mais le manque de planification continue à provoquer crise sur crise.

À RETENIR

Ces exemples montrent bien que vous ne pouvez compter que sur vous-même pour réduire votre stress. Mais rassurez-vous, la gestion du stress n'est pas aussi difficile qu'on pourrait le croire. Elle repose sur un principe fondamental : *changer* ce que vous pouvez changer et *accepter* ce que vous ne pouvez pas changer.

Changer ce que vous pouvez changer

Vous pouvez faire beaucoup de choses pour changer votre environnement professionnel et réduire votre stress. Voici la liste des mesures que vous pouvez prendre. Si certaines vous semblent évidentes, sans doute avez-vous déjà pensé à les prendre sans parvenir à concrétiser vos bonnes résolutions. Alors, attelez-vous à la tâche et cessez de remettre au lendemain ce qui pourrait bien vous sauver la vie !

- **Restez en forme**. L'exercice est très bon pour la santé, tant sur le plan physique que sur le plan psychologique. Il permet de se libérer du stress. Lorsque vous êtes stressé, votre corps épuise ses stocks de vitamines et de minéraux. Par conséquent, surveillez votre alimentation. Mangez des fruits et des légumes. Soyez doublement vigilant lorsque vous prenez le volant. Ce n'est pas parce que vous êtes en voyage d'affaires que vous devez négliger votre alimentation et oublier de faire de l'exercice.

  À RETENIR

  Résistez à la tentation de vous arrêter chez Pizza Hut lorsque vous attendez votre avion à l'aéroport. En voyage, vous devez faire un effort supplémentaire pour respecter votre régime alimentaire et faire de l'exercice. Et la petite tasse de café que vous prenez tous les matins en allant travailler ? Elle contient au moins 10 000 calories ! D'accord, on exagère un peu mais faites attention.

- **Faites-vous plaisir**. Si vous ne vous faites pas plaisir, à quoi bon ? Vous allez passer environ un quart voire un tiers de votre vie d'adulte à travailler. Bien sûr, vous avez besoin d'argent et de la satisfaction que l'on retire d'un travail bien fait, mais ne vous prenez jamais au sérieux au point de ne pas passer de bons moments avec vos collègues.

  Lorsque vous prendrez votre retraite, préférerez-vous que l'on se souvienne de vous comme du manager qui avait toujours un œil sur le *cash-flow* ou comme d'une personne qui a changé la vie de ses employés en rendant leur travail plus satisfaisant ?

- **Apprenez à dire non**. Vous pouvez satisfaire certaines personnes à certains moments, mais vous ne pouvez pas satisfaire tout le monde en même temps. Reconnaissez que vous ne pouvez pas tout faire à moins de ne rien faire correctement. Lorsque vous avez déjà beaucoup de travail, si quelqu'un essaie de vous en donner davantage, vous devez être capable de dire non.

- **Détendez-vous**. La relaxation est un élément extrêmement important de la gestion du stress. Lorsque vous vous détendez, vous vous videz la tête et vous rechargez vos batteries.

  Chaque minute compte. Vous souvenez-vous de ce qu'est une pause ? Peut-être n'en avez-vous pas pris depuis si longtemps que vous êtes rouillé. Lorsque vous faites une pause pour vous détendre, sortez réellement du cadre de votre routine. Sortez de votre bureau et allez vous changer les idées ailleurs. Si vous restez dans votre bureau, vous risquez de recevoir un appel téléphonique auquel vous vous sentirez obligé de répondre (peut-être est-ce important !) ou d'être sollicité par quelqu'un qui vous demandera toute votre attention (*Excusez-moi, Charles, j'espère que je ne vous interromps pas ; j'ai vraiment besoin de votre aide*). Allez vous promener en dehors de votre immeuble. Respirez le parfum des fleurs. Écoutez les oiseaux chanter. Bref, détendez-vous !

- **Gérez votre emploi du temps**. Si vous ne gérez pas vous-même votre emploi du temps, quelqu'un le fera à votre place sans tenir compte de vos intérêts personnels. Notez vos réunions et vos rendez-vous sur votre agenda personnel.

  TRUC

  Si quelqu'un vous invite à assister à une réunion, n'acceptez pas systématiquement. Renseignez-vous sur l'objet de la réunion et sur votre rôle éventuel. Si vous pensez que votre présence n'est pas nécessaire, abstenez-vous. Pour pouvoir respecter vos objectifs et vos priorités, vous ne devez pas vous laisser envahir par ceux des autres. Refusez catégoriquement de gérer les problèmes qui ne sont pas les vôtres.

- **Rationalisez votre travail**. Pourquoi rendre les choses plus compliquées qu'elles ne le sont ? En tant que manager, vous êtes bien placé pour chercher des moyens d'améliorer les processus de travail. Revoyez tout avec le maximum de recul et supprimez les étapes inutiles. Simplifiez, réduisez et condensez. Économisez les efforts de vos employés. Les erreurs sont ainsi moins nombreuses et, au bout du compte, vous serez moins stressé.

- **Regardez le bon côté des choses**. Soyez optimiste. Cherchez ce qu'il y a de bien dans tout ce que vous faites et chez toutes les personnes que vous rencontrez. Vous vous sentirez beaucoup mieux et vos collègues seront portés par votre énergie. Soyez un ambassadeur de l'optimisme : vous réduirez à la fois votre stress et celui de votre entourage.

Accepter ce que vous ne pouvez pas changer

Il existe des choses contre lesquelles vous ne pouvez rien faire. Essayer de les changer ne peut que vous conduire à une situation de stress et d'échec. Ne vous rendez pas malade. Si vous ne pouvez pas changer ce qui est immuable, il ne vous reste qu'une solution : changer vous-même.

- **Capitulez**. Arrêtez de combattre le changement. Vous ne faites qu'augmenter votre stress – ainsi que votre tension artérielle et le nombre de comprimés que vous prenez contre les douleurs d'estomac. Cédez au changement et intégrez-le dans votre façon de travailler. Au lieu d'essayer de ramer à contre-courant, laissez-vous emporter.

  Admettez que vous pouvez utiliser le changement à votre avantage. Faites en sorte que votre société et vous en retiriez le maximum de bénéfices.

- **Ne le prenez pas personnellement**. Vous n'êtes pas le seul à être concerné par le changement. Tout le monde en ressent les effets. En revanche, chacun a sa propre réaction. La question est de savoir comment vous réagissez au changement. Vous retirez-vous dans votre coquille ? Êtes-vous agacé et en colère ? Ou faites-vous face ?

- **Adaptez votre comportement**. Il est parfois difficile de prendre du recul. Après avoir passé plusieurs années dans une société, vous commencez à avoir la grosse tête. Comment votre société pourrait-elle survivre sans vous ? Seulement voilà, plus personne ne vous demande votre avis et cela vous rend amer. De plus, vous en avez assez d'effectuer des tâches triviales. Vous êtes bien au-dessus de ça !

  Avant de vous mettre dans tous vos états, songez que de nombreuses personnes se retrouvent chaque mois à quelques euros du découvert bancaire. Combien de temps pourriez-vous survivre si vous perdiez votre travail ? Ne croyez pas que cela n'arrive qu'aux autres. À votre avis, qui sera évincé en premier : ceux qui font tout pour être performants ou ceux qui pensent qu'ils n'ont plus rien à prouver ? Adaptez votre comportement avant que quelqu'un ne vous remette à votre place !

- **Ne vous posez pas en victime**. Vous avez deux possibilités : être le marteau ou l'enclume. Si vous vous posez en victime du changement, vous arrêtez de le combattre (ce qui est une bonne chose) mais vous n'essayez pas de vous y adapter. N'abandonnez pas. Ne vous mettez pas en retrait dans votre propre société. Refusez d'être une victime du changement. Au contraire, soyez son plus grand fan !

- **Maîtrisez votre colère**. Ne vous mettez pas en colère lorsque les choses ne se déroulent pas comme vous le souhaitez. La colère est une façon improductive d'utiliser votre temps et votre énergie. Vous fâcher à cause de ce que vous ne pouvez pas changer vous empêche de vous concentrer sur ce que vous pouvez changer.

  TRUC

  Que faites-vous lorsque vous êtes bloqué dans les embouteillages aux heures de pointe ? Est-ce que vous perdez votre sang-froid ? Est-ce que vous faites monter votre tension artérielle ? Votre colère vous permet-elle d'aller plus vite et d'arriver chez vous plus tôt ? Non ! Au lieu de perdre votre temps à essayer de changer ce qui ne peut l'être, détendez-vous en écoutant la radio ou un programme de formation sur cassette. Oubliez votre colère et plongez-vous dans une activité relaxante ou productive.

- **Ne vous formalisez pas pour des détails**. Au cours d'une journée de travail, vous faites beaucoup d'activités routinières : remplir des formulaires, écouter les messages de votre messagerie vocale, répondre à vos e-mails, etc. Les activités vraiment importantes sont rares. N'oubliez pas que 80 % de vos activités aboutissent à 20 % des résultats que vous obtenez. Ne vous formalisez donc pas pour des détails. Si vous devez vous inquiéter, faites-le au moins pour des choses qui en valent la peine !

Exercices de réduction du stress

Tout en essayant de changer ce que vous pouvez changer et d'accepter ce que vous ne pouvez pas changer, vous pouvez faire des exercices pour réduire votre stress. Ces exercices sont très pratiques car vous pouvez les effectuer partout : au bureau, à la maison ou dans votre voiture en allant travailler. De plus, ils sont efficaces pour tous les types de stress, quelle qu'en soit la source. La prochaine fois que vous sentez votre estomac se nouer et votre tension artérielle monter en flèche, essayez les techniques suivantes :

- **Respiration contrôlée**. Inspirez ; expirez. Inspirez ; expirez. C'est tout simple. Prenez votre respiration, retenez-la quelques secondes et expirez lentement. Le stress quittera votre corps en même temps que votre souffle. La respiration contrôlée a un effet apaisant.

  Lorsque vous vous sentez stressé, vous pouvez également faire l'exercice de yoga suivant : inspirez lentement par une narine en posant un doigt sur votre nez pour fermer l'autre narine. Retenez votre respiration pendant huit secondes et expirez encore plus lentement par l'autre narine. Ensuite, inversez la procédure en commençant par l'autre narine. Faites cet exercice quatre fois de suite. Vous devriez vous sentir parfaitement détendu.

- **Pensée positive**. Oubliez tous les aspects négatifs de votre vie en vous concentrant sur ce qui est positif. Dites-vous, par exemple : « J'ai bien cerné les besoins de ce client » ou « J'ai fait du bon travail sur ce projet. Je suis impatient d'en commencer un autre pour en retirer autant de satisfaction ». Plus vous serez positif, moins vous serez stressé. De plus, vous serez d'une compagnie beaucoup plus agréable pour ceux qui travaillent avec vous.

- **Relaxation progressive**. Cet exercice très efficace a été découvert par une personne qui était en train de jouer au bowling. Alors qu'elle avait le bras fatigué à force de lancer la boule sur la piste, quelqu'un l'a appelée et elle a lâché la boule. Hmmm… bien vu !

Toutefois, la relaxation progressive peut vous être bénéfique lorsque vous n'êtes pas au bowling. Allongez-vous dans une pièce sombre. Contractez les muscles de vos pieds pendant quelques secondes et relâchez-les. Ensuite, faites de même avec vos mollets : contractez vos muscles puis relâchez-les. Continuez à remonter le long de votre corps jusqu'à ce que vous arriviez au sommet de votre crâne. Pour finir, contractez tous vos muscles en même temps, puis relâchez-les. Toute la tension de votre corps disparaîtra et vous vous sentirez parfaitement détendu.

- **Voyage mental**. L'imagination est un outil très puissant. Où que vous soyez, vous pouvez voyager où vous voulez et quand vous voulez. Lorsque tout le service frappe à votre porte, que le téléphone sonne dès que vous raccrochez et que tout le monde semble avoir des problèmes mais aucune solution, prenez des vacances en voyageant dans votre tête.

  Fermez votre porte, activez votre messagerie vocale, éteignez les lumières, inclinez le dossier de votre chaise ergonomique et laissez votre esprit vagabonder. Imaginez-vous sur une barque, sous les rayons du soleil, bercé par le flot d'une rivière et le gazouillis des oiseaux. Partez loin, très loin de votre bureau.

- **Rire**. Ne prenez pas les choses au sérieux au point de perdre votre sens de l'humour. Faites-vous plaisir dans votre travail et prenez du bon temps avec vos collègues pour vous libérer du stress. Si vous ne savez pas vous amuser, votre entourage vous trouvera ennuyeux et aura tendance à vous fuir. Le rire est un bon remède contre le stress. Il vous rappellera qu'il n'y a pas que le travail dans la vie.

Si, malgré vos efforts pour réduire votre stress, devenir un leader du changement et prendre le contrôle de votre vie professionnelle, vous êtes toujours stressé, peut-être avez-vous un problème plus profond qui n'apparaît pas à la surface. Dans ce cas, n'hésitez pas à demander de l'aide – auprès d'un thérapeute ou d'une personne qui a de l'expérience.

Testez vos nouvelles connaissances

Devez-vous vous formaliser pour des détails ?

A. Oui, tous les détails comptent.

B. Non, mieux vaut se concentrer sur ce qui en vaut la peine.

C. Peut-être ; tout dépend de quel côté du lit vous vous êtes réveillé aujourd'hui.

D. Autres.

Sixième partie

Outils et techniques de management

« Les nouvelles technologies m'ont vraiment aidé à m'organiser. Je mets les rapports sous le PC, les budgets sous mon portable et les mémos sous mon pager. »

Dans cette partie...

Bien que vous ne soyez pas obligé d'être un expert technique pour devenir manager, vous avez tout intérêt à vous familiariser avec les nouvelles techniques de management. Dans cette partie, vous allez apprendre à maîtriser les bases de la comptabilité et de la budgétisation, et comprendre l'importance de la technologie. Vous découvrirez également comment développer les compétences de vos employés et intégrer les dernières tendances du management.

Chapitre 18

Budgétisation, comptabilité et autres activités financières

Dans ce chapitre :

- Créer votre budget
- Connaître les astuces des professionnels de la budgétisation
- Maîtriser les principes de base de la comptabilité
- Interpréter un bilan

Toute entreprise est basée sur l'argent. Même si les rouages de votre service sont parfaitement huilés, si vos produits sont novateurs et vos employés performants, vous et votre société seriez en péril si vous n'aviez pas d'argent. Si votre chiffre d'affaires diminue et si les budgets se resserrent au sein de votre société, il est urgent de reprendre la situation en main (ou de revoir votre CV et de solliciter votre réseau de contacts).

En tant que manager, vous devez maîtriser les principes de base de la budgétisation et de la comptabilité. Lorsque vos collègues vous parlent de *marge brute d'autofinancement*, de *compte de résultat* et de *bilan*, n'aimeriez-vous pas pouvoir faire autre chose que de hocher la tête ? Bonne nouvelle : vous n'êtes pas obligé de vous inscrire dans une école de commerce pour comprendre ces notions de base !

Si les ordinateurs et les réseaux informatiques constituent le système nerveux central d'une entreprise, la comptabilité et les finances (ainsi que l'argent qu'elles évaluent) représentent ses éléments vitaux : veines, artères, plaquettes et globules. Par conséquent, lorsque votre entreprise se sent un peu nauséeuse et sujette aux vertiges, qu'est-ce que cela signifie ? Vous avez raison : elle a besoin d'une petite infusion d'argent !

Dans ce chapitre, vous allez comprendre l'importance de la budgétisation et apprendre à dresser un budget en utilisant les techniques éprouvées de professionnels. Vous découvrirez ensuite les principes de base de la comptabilité. Rassurez-vous, notre but n'est pas de faire de vous un comptable (ouf !), mais de vous aider à vous débarrasser de cet air perplexe qui s'affiche malgré vous sur votre visage dès que quelqu'un parle de bilan ou de marge brute d'autofinancement. Et n'oubliez pas : même si vous êtes fonctionnaire ou si vous travaillez pour une association à but non lucratif, peut-être intégrerez-vous un jour le secteur privé. Dans ce cas, vous serez heureux d'avoir digéré toutes ces notions.

Le monde merveilleux des budgets

Les budgets constituent la base des résultats escomptés en fonction de laquelle les managers évaluent les résultats effectifs. Les résultats effectifs sont révélés par les systèmes de comptabilité, qui génèrent des rapports permettant également d'effectuer des comparaisons. Avec toutes ces informations, les responsables du budget jouent un rôle de médecin pour évaluer la santé financière de l'entreprise.

D'après le dernier rapport comptable, votre chiffre d'affaires est inférieur au budget. Vous devez savoir pourquoi. Les prix sont-ils trop élevés ? Vos clients ne sont-ils pas livrés assez rapidement ? Un de vos concurrents a-t-il mis au point un nouveau produit qui vous a retiré une part de marché ? Les coûts salariaux sont-ils supérieurs au budget ? Peut-être que vos employés font trop d'heures supplémentaires, ce qui a abouti à une réduction de la qualité de la production et à la nécessité de retravailler les produits.

En ces temps où tout évolue, pourquoi prendre la peine de dresser des budgets ? Vous passez des heures à les préparer et, le lendemain, ils sont déjà obsolètes. Bien sûr, l'évolution rapide du monde de l'entreprise rend la planification plus difficile, mais celle-ci n'en reste pas moins nécessaire. Si vous n'avez pas de plan ni d'objectifs à long terme, vous vous disperserez et les ressources seront gaspillées ici et là. Les budgets représentent les projets que vous faites pour l'avenir et vous donnent un point de départ pour les concrétiser. Ils vous indiquent le coût du recrutement des employés dont vous avez besoin, et celui des biens matériels, des investissements, et autres ressources nécessaires. Vous pouvez les modifier à tout moment – les meilleurs budgets sont les plus flexibles.

Si vous êtes un manager expérimenté, vous savez à quel point les budgets sont essentiels. Un budget représente le financement global nécessaire pour mettre en œuvre un projet. Par leur interaction avec les cadres moyens lors du processus de budgétisation, les cadres supérieurs peuvent avoir un impact considérable sur l'orientation de l'entreprise. À leur tour, les cadres moyens jouent un rôle important par le biais des requêtes budgétaires qu'ils soumettent aux cadres supérieurs.

Les budgets déterminent le nombre de personnes qui font partie de votre personnel et le montant de leur salaire ; les ressources financières dont vous disposez pour améliorer votre lieu de travail ou acheter le matériel nécessaire (ordinateurs, photocopieurs, etc.) ; et les fonds qui vous permettront de mener à bien vos projets. Et puis ils vous donnent l'opportunité d'utiliser le tout nouveau tableur que votre société a acheté l'année dernière.

Grâce aux budgets, vous pouvez évaluer votre progression vers vos objectifs. Par exemple, si vous n'êtes qu'à la moitié de l'exercice alors que vous avez déjà utilisé 75 % de votre budget, vous pouvez en déduire immédiatement que vous aurez des problèmes si le montant de vos dépenses à venir risque d'être du même ordre. Soit vous avez sous-évalué vos dépenses de l'année, soit vous avez fait trop de dépenses. Dès lors que les résultats prévus au budget diffèrent des résultats effectifs, vous devez vous demander pourquoi.

Les budgets vous donnent également la possibilité de faire de chouettes graphiques ou diagrammes qui impressionneront à la fois vos employés et les cadres supérieurs. Imaginez-vous dans la salle du conseil : une fois la lumière éteinte, les yeux de toutes les personnes présentes se rivent sur votre présentation. Des graphiques et histogrammes à colonnes en trois dimensions et en couleur apparaissent sur l'écran. La télécommande du rétroprojecteur en main, vous avez le contrôle de la situation. Il n'y a rien de tel que de présenter des chiffres de façon attrayante pour obtenir l'attention d'un groupe de managers !

Selon la taille de votre société, le processus de budgétisation peut être relativement simple ou très complexe. Tout peut faire l'objet d'un budget. Voici quelques exemples :

- **Budget salarial** : le budget salarial se compose de l'ensemble des salaires attribués à tous les postes de la société.
- **Budget commercial** : le budget commercial est une estimation du nombre de produits ou services qui seront vendus au cours d'une période déterminée. Le chiffre d'affaires global est obtenu en multipliant le nombre d'unités par le prix unitaire.
- **Budget de production** : le budget de production est dressé à partir du budget commercial, les chiffres correspondant aux unités à vendre étant repris en termes de coût salarial, coût du matériel et autres dépenses requises pour produire chaque unité.
- **Budget de dépenses** : le budget de dépenses se compose de toutes les dépenses susceptibles d'être effectuées au sein d'un service pendant le cours normal des opérations. Il prend en compte les voyages d'affaires, les formations, les fournitures de bureau et autres dépenses de ce genre.

- **Budget d'investissement** : le budget d'investissement est un projet d'acquisition d'immobilisations (ordinateurs, mobilier de bureau, matériel, usine) destinées à assurer le fonctionnement de l'entreprise.

Dresser un budget

Il existe deux façons de dresser un budget : la bonne et la mauvaise. La mauvaise consiste à faire une photocopie du dernier budget et de la soumettre en tant que nouveau budget. La bonne consiste à rassembler des informations à partir du plus grand nombre de sources possible, à revoir et à vérifier ces informations, et à faire preuve de bon sens pour en déduire des conjectures. Un budget est un pronostic – une série de prévisions pour l'avenir. Et son efficacité dépend de la fiabilité des informations sur lesquelles il se base et de votre bon sens.

Comment dresser un budget concrètement ? Où pouvez-vous obtenir des informations ? À qui devez-vous vous adresser ? Les possibilités semblent infinies. Cependant, une fois que vous connaissez les coûts et leur provenance, le processus de budgétisation est relativement simple. Passez quelques appels téléphoniques, organisez quelques réunions, relisez quelques rapports comptables récents, examinez quelques chiffres, et bingo : votre budget est terminé ! D'accord, c'est une version un peu résumée de la réalité. Mais voici les principales étapes de la préparation d'un budget.

- **Revoyez attentivement les documents et les instructions dont vous disposez**. Il est toujours utile de revoir les documents que le personnel de la comptabilité vous a fournis pour préparer votre budget et de lire les instructions qui les accompagnent. Même si votre société utilise la même procédure depuis plusieurs années, des changements ont peut-être eu lieu.

  Peter a passé un nombre d'heures incalculable à préparer un budget annuel concernant l'assurance de sa société – budget qu'il dresse tous les ans. Et, lorsqu'il a enfin lu les instructions, il s'est rendu compte que ce n'était plus la peine de le faire. Oups !

- **Rencontrez le personnel**. Dès le début du processus de budgétisation, rencontrez votre personnel pour solliciter des informations. Dans certains cas, vous aurez besoin de données précises. Par exemple, il peut vous être utile de savoir combien de voyages d'affaires vos vendeurs ont l'intention de faire l'année prochaine. Il vous arrivera aussi de devoir tenir compte des suggestions d'un employé en particulier. Par exemple, un assistant peut vous demander une augmentation. Un autre peut vous indiquer que le système téléphonique en place n'est plus adapté pour répondre aux besoins des clients et qu'un nouveau système devrait être inscrit au budget. Quoi qu'il en soit, votre personnel vous fournira des informations très importantes que vous devrez prendre en compte.

- **Rassemblez les données**. Procurez-vous une copie des anciens budgets et de tous les rapports comptables, et comparez les chiffres inscrits aux budgets avec les résultats effectifs. Les anciens budgets étaient-ils excédentaires ou déficitaires ? De combien ? Si vous n'avez pas de documents de référence, trouvez d'autres sources d'informations susceptibles de vous guider dans la préparation de votre budget. Quel chiffre d'affaires espérez-vous atteindre ? Qu'est-ce que cela vous coûtera ? Aurez-vous besoin de recruter davantage d'employés, de louer de nouveaux locaux ou d'acheter du matériel ou des fournitures ? Ensuite, prenez en compte la possibilité d'une augmentation ou d'une réduction inattendue du chiffre d'affaires.
- **Faites preuve de bon sens**. Les données brutes et les faits sont très importants dans le processus de budgétisation. Ils constituent une source d'informations objective et impartiale sur laquelle vous pouvez baser vos décisions. Toutefois, il n'y a pas que les faits qui comptent – loin de là ! La budgétisation n'est pas une science exacte. En tant que manager, vous devez *interpréter* les données en faisant preuve de bon sens pour déterminer les résultats les plus probables.

  Par exemple, chaque année, Peter prévoit un budget de maintenance des locaux plus important que ce qu'il pourrait justifier poste par poste. Il sait que quelque chose d'imprévu surgira inévitablement dans le courant de l'année et qu'il est préférable de gonfler le budget dès le départ pour pouvoir y faire face. Ainsi, lorsque le patron décidera de faire construire vingt bureaux supplémentaires ou de faire refaire tous les papiers peints du bâtiment, l'argent sera immédiatement disponible.

  Si vous n'avez pas beaucoup d'expérience, vous avez sans doute une tendance naturelle à vous baser davantage sur les données. Au fur et à mesure que vous vous perfectionnerez dans le management et la budgétisation, vous apprendrez à vous fier à votre jugement.
- **Dressez le budget**. Selon la procédure habituelle, remplissez le formulaire prévu à cet effet et envoyez-le aux personnes en charge du budget ou saisissez vous-même les chiffres sur le tableur. Vous obtenez un projet de budget que vous pouvez revoir et modifier avant de le finaliser. Ne vous inquiétez pas s'il est incomplet. Vous aurez bientôt l'occasion de remplir les cases vides.
- **Vérifiez les résultats et corrigez le budget**. Revoyez votre projet de budget et regardez s'il vous paraît adéquat. Avez-vous oublié des sources de revenu ou des dépenses potentielles ? Les chiffres semblent-ils réalistes ? Sont-ils cohérents par rapport à ceux des années précédentes ? Sont-ils trop élevés ou trop bas ? Saurez-vous les expliquer lorsque vous les présenterez aux cadres supérieurs ? Essayez différents scénarios jusqu'à ce que le résultat vous convienne. Lorsque vous êtes satisfait, signez votre budget et soumettez-le à vos supérieurs. Félicitations ! Vous avez réussi !

À RETENIR

La précision de votre budget dépend essentiellement de deux facteurs : la fiabilité des données dont vous disposez et le bon sens dont vous avez fait preuve pour interpréter ces données. Si le bon sens en matière de budgétisation vient avec l'expérience, la fiabilité des données dépend de vos sources d'information. Pour obtenir des données, vous avez le choix entre trois approches :

- **Partir de zéro**. En l'absence de données de référence, si vous venez de créer une entreprise ou si vous souhaitez repartir sur des bases nouvelles, vous allez devoir dresser votre budget uniquement à partir d'estimations actuelles. Cette procédure connue sous le nom de *budgétisation base zéro* consiste d'abord à évaluer les besoins en termes de personnel, matériel, voyages d'affaires, publicité et autres ressources. Ensuite, il ne vous reste qu'à chiffrer chacun de ces besoins. Les résultats d'une budgétisation base zéro sont souvent très différents de ceux que l'on obtient en utilisant des données de référence.
- **Utiliser des données de référence**. Le moyen le plus facile d'obtenir des données pour dresser un budget consiste à utiliser les résultats de l'exercice précédent. Si l'avenir n'est pas toujours à l'image du passé – surtout lorsque de profonds changements ont eu lieu entre-temps –, les données de référence peuvent être très utiles dans une entreprise relativement stable.
- **Opter pour une approche mixte**. De nombreux managers effectuent un mélange de ces deux méthodes. Ils rassemblent les chiffres de l'exercice précédent et les comparent à leurs estimations. Ensuite, ils revoient les anciens chiffres à la hausse ou à la baisse en fonction de leur vision de la réalité présente.

Sortir un lapin de votre chapeau ou autres astuces budgétaires

Dans toute entreprise, les budgets et le processus de budgétisation recèlent une part de mystère. Que vous soyez à la tête d'une entreprise unipersonnelle ou du gouvernement, vous pouvez avoir recours à certaines astuces budgétaires pour être sûr d'obtenir toutes les ressources dont vous avez besoin.

La budgétisation est un jeu dont il faut connaître les règles. Ceux qui le maîtrisent prospèrent tandis que les autres sont condamnés à travailler éternellement avec des ressources, un matériel, un salaire et autres raffinements de la vie en entreprise largement insuffisants. En tant que manager, il est dans votre intérêt d'apprendre les règles du jeu.

TRUC

Les dix meilleures excuses pour dépasser un budget

Les managers doivent toujours avoir de bonnes excuses pour justifier un dépassement de budget. Il faut admettre que tenter de prévoir l'avenir d'une entreprise soumise à une constante évolution n'est pas plus facile que d'essayer de tirer un moucheron avec un lance-pierres à cent pas. Qu'à cela ne tienne, votre patron exige que vous respectiez votre budget, tout comme vous l'exigez de la part de vos employés. Heureusement, en ces temps où l'avenir est de plus en plus flou, vous disposez d'au moins dix bonnes excuses pour dépasser votre budget :

1. Les rapports comptables doivent être erronés.
2. N'avez-vous pas reçu la révision de mon budget ?
3. Comment aurais-je pu savoir qu'il allait pleuvoir (insérez votre propre excuse ici) cette année ?
4. Vous n'allez pas ergoter sur deux misérables millions d'euros, n'est-ce pas ?
5. Ne vous inquiétez pas, nous en tiendrons compte l'année prochaine.
6. C'est mon assistant qui a dressé le budget – il a dû faire une erreur.
7. C'est un investissement pour l'avenir.
8. Le service de Catherine (insérez le nom d'un autre manager ici) ne m'a pas fourni l'aide qui m'avait été promise.
9. Nous nous en sortons mieux que l'année dernière !
10. Deux ans sur trois, ce n'est pas si mal, n'est-ce pas ?

À RETENIR

Le but du jeu est d'intégrer au budget suffisamment de fonds supplémentaires pour pouvoir travailler, tout simplement. Dans le pire des cas, vous avez juste assez de ressources pour protéger vos employés et les fonctions vitales de l'entreprise. Et dans le meilleur des cas, il vous reste de l'argent après avoir effectué toutes les dépenses nécessaires. Soit vous rendez l'argent au service de comptabilité et recevez les félicitations de vos supérieurs pour votre expertise en gestion des ressources, soit vous l'utilisez pour acheter du matériel dont votre service a besoin depuis longtemps. Votre objectif est de dépenser chaque centime des montants budgétés afin que votre budget ne soit pas réduit l'année suivante.

Vous pouvez jouer ce jeu ouvertement, lorsque vous préparez votre budget, ou discrètement au cours de l'exercice. Les sections suivantes vous indiqueront comment procéder.

Manœuvres budgétaires à découvert

Voici quelques astuces auxquelles les professionnels ont recours lors de la préparation d'un budget. Si ces techniques s'appliquent en priorité dans le cadre d'un projet nouveau ou en pleine évolution, vous pouvez les utiliser pour n'importe quel budget. Il est vrai que nous exagérons sur certains points, mais il y a quand même beaucoup de vérité dans tout cela.

- **Gonflez vos dépenses**. Simple mais efficace. L'idée est de surévaluer vos dépenses à venir afin que vos cibles budgétaires soient faciles à atteindre. Lorsque vous bouclez votre projet sans dépasser votre budget, vous passez pour un héros et vous disposez d'une petite cagnotte pour rejouer d'ici la fin de l'année. Dans cette situation, tout le monde est gagnant.
- **Alignez vos requêtes budgétaires sur les valeurs de la société**. Si vous voulez gonfler votre budget dans un certain domaine, basez-vous sur l'une des valeurs phares de votre société – la qualité, par exemple. Et lorsque votre patron vous demande pourquoi vous avez triplé votre budget en matière de mobilier de bureau, répondez-lui tout simplement que vos employés ont besoin d'un grand bureau en noyer pour faire un travail de qualité.
- **Formulez plus de requêtes que nécessaire pour pouvoir en abandonner sans problème**. Vos requêtes budgétaires ne doivent pas sembler déraisonnables. N'oubliez pas que vous jouez en équipe ! Lorsque vous préparez votre budget, ajoutez des éléments que vous n'avez pas vraiment l'intention d'utiliser. Ainsi, lorsque votre patron vous mettra la pression pour que vous réduisiez votre budget (ce qui ne manquera pas d'arriver), vous pourrez abandonner sans hésiter ce qui ne vous est pas vraiment utile et conserver ce qui l'est.
- **Projetez-vous dans le temps**. Précisez que vos requêtes budgétaires représentent un investissement pour l'avenir de la société. Expliquez ce que rapportera cet investissement à terme. *Si nous doublons notre budget salarial, nous attirerons les talents dont la société a besoin pour devenir le leader du marché.*
- **Soyez prêt à défendre votre budget**. L'attaque est la meilleure défense. Vous devez connaître vos chiffres sur le bout des doigts et pouvoir justifier chaque poste budgétaire en détail. Ne confiez pas cette tâche à quelqu'un d'autre. C'est le moment de montrer vos talents de manager !

Rester dans les limites du budget

TRUC

Lorsque vous prenez la tête d'un nouveau service ou lancez un nouveau projet, vous devez surveiller votre budget pour vous assurer de ne pas le dépasser. Si vos dépenses commencent à excéder votre budget, prenez rapidement les mesures nécessaires. Voici quelques méthodes utilisées par des managers expérimentés pour rester dans les limites d'un budget :

- **Gelez les dépenses discrétionnaires**. Certaines dépenses, comme les salaires, les prestations sociales et l'électricité, ne peuvent pas être réduites sans mettre les performances en péril. D'autres, comme l'achat d'une nouvelle moquette, la modernisation du parc informatique ou les voyages d'affaires en première classe, sont discrétionnaires et peuvent être supprimées sans affecter les performances. Le gel des dépenses discrétionnaires est le moyen le plus rapide et le moins douloureux de réaligner vos dépenses réelles sur vos dépenses budgétées.
- **Gelez le recrutement**. Même si vous avez budgété de nouvelles recrues, vous pouvez économiser beaucoup d'argent en gelant le recrutement. Vous faites des économies non seulement sur les salaires mais aussi sur les prestations sociales, comme l'assurance-maladie, et sur les frais généraux, comme l'eau, l'électricité et l'entretien. De plus, étant donné que vous ne mettez pas en péril le salaire ni les prestations sociales de vos employés actuels, tout le monde est satisfait de cette décision. Bien sûr, certains postes importants doivent peut-être être pourvus, que vous ayez des problèmes budgétaires ou non. À vous de déterminer quels sont les postes qui doivent être pourvus en cas de vacance et ceux qui peuvent être couverts par les efforts d'autres employés.
- **Reportez le lancement de produits et de projets**. Les phases de lancement de nouveaux produits ou projets consomment beaucoup d'argent. En les remettant à plus tard, vous pouvez réintégrer les limites de votre budget. Parfois, quelques semaines ou quelques mois suffisent.
- **Gelez les salaires**. Nous entrons dans une phase qui a des répercussions directes sur les salariés, ce qui ne va pas leur plaire. La plupart des salariés sont habitués à ce que leur salaire augmente régulièrement. Bien que les augmentations ne soient plus très généreuses, ils y attachent beaucoup d'importance. Cela dit, si vous avez réduit tout le reste et devez encore vous serrer la ceinture, vous n'avez pas d'autre solution que de geler les salaires à leur niveau actuel.

- **Licenciez des employés et fermez des usines**. Vous faites des affaires pour gagner de l'argent, pas pour en perdre. Lorsque les ventes sont insuffisantes pour compenser vos dépenses – malgré les mesures mentionnées précédemment – vous devez agir de façon draconienne. Votre ultime chance consiste à licencier des employés et à fermer des usines. Pour en savoir plus sur le licenciement, reportez-vous au chapitre 16.

Que la budgétisation fasse partie de vos responsabilités de manager ou non, vous devez être capable de compter les dépenses de la société et ses rentrées d'argent. Dans la section suivante, vous trouverez toutes les informations dont vous avez besoin pour maîtriser les bases de la comptabilité.

Les principes de base de la comptabilité

Le plan comptable qui occupe des gigaoctets de mémoire sur le réseau informatique de votre société repose sur quelques principes fondamentaux qui déterminent la façon dont les dépenses et les rentrées d'argent sont désignées, consignées et analysées. (Si vous voulez rendre le personnel de la comptabilité complètement fou, dites que vous avez remarqué une erreur de deux ou trois centimes dans les rapports comptables et que vous voulez savoir d'où elle vient !)

Certains managers pensent qu'ils n'ont pas besoin de maîtriser les rouages de la comptabilité et des finances. Ils ont tort. En tant que manager, vous devez connaître les bases de la comptabilité aussi bien que le personnel de votre service comptable. Fort de ces connaissances, vous pourrez exercer un certain contrôle sur l'avenir financier de votre société et vous aurez beaucoup plus de chances de survivre à la prochaine vague de licenciements économiques.

Ne vous laissez pas distancer lorsque vous entendez des comptables parler de *RSI*, de *comptes clients* et de *bénéfices non distribués*. Lorsque vous aurez lu cette section, vous serez véritablement aux commandes !

L'équation comptable

La situation financière d'une entreprise évolue tous les jours. Un manager dépense de l'argent pour acheter une agrafeuse et il est remboursé par la caisse de dépenses courantes. La société utilise la ligne de crédit de sa banque pour payer les factures de ses fournisseurs. Elle reçoit des chèques de ses clients et les encaisse. Elle distribue les salaires de ses employés. Chacune de ces *transactions financières* et beaucoup d'autres ont leur place dans l'équation comptable.

L'équation comptable est la suivante : l'*actif* d'une société est égal à la somme de son *passif* et de son *capital*.

Actif = Passif + Capital

Cette équation toute simple est à la base du plan comptable très complexe utilisé pour consigner chaque transaction financière et fournir des rapports aux décideurs mais aussi aux actionnaires, aux bailleurs de fonds, au fisc et autres personnes ayant un intérêt dans la société.

Examinons l'équation comptable de plus près. Voici la définition et la composition de chaque élément de l'équation :

Actif

L'actif englobe tout ce que la société possède, c'est-à-dire essentiellement ses ressources financières et économiques. Les éléments d'actif les plus courants sont les suivants :

- **Caisse** : cet élément d'actif représente l'argent sous toutes ses formes, notamment les espèces, les comptes courants, les fonds de placement et les titres négociables en Bourse comme les actions et les obligations. Plus la caisse est importante, mieux c'est.
- **Comptes clients** : les comptes clients désignent l'argent que les clients qui achètent des biens et des services à crédit doivent à votre société. Par exemple, si votre entreprise vend une boîte de disquettes à une autre entreprise et lui facture la vente au lieu d'exiger un paiement immédiat, cette obligation devient un compte client jusqu'à ce que vous receviez le règlement. Vous avez donc tout intérêt à avoir de nombreux comptes clients, à moins que les sociétés ou les particuliers qui vous doivent de l'argent quittent la ville ou vous paient régulièrement avec six mois de retard.
- **Stock** : le stock est la valeur des marchandises en vente dans votre société, des produits finis que vous avez fabriqués mais pas encore vendus et des matières premières nécessaires à la fabrication des produits finis. Le contenu du stock est transféré à la caisse ou dans un compte client lorsqu'il est vendu. Le stock doit faire l'objet d'un roulement constant car l'immobilité signifierait que vous ne réalisez aucune vente.
- **Actif transitoire** : l'actif transitoire regroupe les biens et les services que votre société a déjà payés mais pas encore utilisés. Par exemple, votre société paie peut-être sa cotisation annuelle pour l'assurance responsabilité civile en début d'année, avant que la police d'assurance prenne effet. Si la police est supprimée dans le courant de l'année, une partie de la cotisation est remboursée à la société.

- **Équipement** : l'équipement est l'ensemble des biens – machines, bureaux, ordinateurs, téléphones, etc. – que votre société achète pour assurer son fonctionnement. Par exemple, si vous vendez du matériel informatique, vous devez acheter des rayonnages pour entreposer vos stocks et des chariots de levage pour les déplacer. Au fur et à mesure que l'équipement vieillit, il perd de la valeur. Pour tenir compte de cette dépréciation, vous comptabilisez l'*amortissement* de l'équipement en répartissant son coût sur sa durée de vie.
- **Biens immeubles** : les biens immeubles comprennent les terrains, les bâtiments et les installations que votre société possède ou contrôle. Il peut s'agir de bureaux, d'usines, d'entrepôts, de points de vente, de fabriques, de fermes ou autres propriétés immobilières.

Il existe deux types d'actif : l'*actif réalisable à court terme* et l'*actif immobilisé.*

L'actif réalisable à court terme peut être réalisé (converti en argent) en un an. C'est ce qu'on appelle l'*actif disponible.* Dans la liste précédente, la caisse, les comptes clients, le stock et l'actif transitoire font partie de l'actif réalisable à court terme. Ce type d'actif s'avère très utile lorsque la société rencontre des problèmes financiers et doit obtenir des liquidités rapidement pour distribuer les salaires ou payer ses fournisseurs.

L'actif immobilisé se réalise en plus d'un an. Dans la liste précédente, l'équipement et les biens immeubles font partie de l'actif immobilisé. Si vous avez besoin de liquidités, ce type d'actif ne vous sera pas d'une grande aide à moins que vous ne puissiez le mettre en hypothèque pour obtenir un prêt.

Passif

Le passif est l'ensemble des dettes que votre société a envers des particuliers, des entreprises, des banques, etc. Ces dettes sont contractées en dehors de la société. Le passif est donc l'ensemble des créances que les particuliers et les entreprises ont sur l'actif de votre société. Les éléments de passif les plus courants sont les suivants :

- **Comptes fournisseurs** : les comptes fournisseurs sont les dettes que votre société a envers les entreprises et les particuliers auxquels elle a acheté des biens et des services. Par exemple, si vous allez dans une papeterie pour acheter un ou deux stylos et faites mettre cet achat sur le compte de votre société, vous ouvrez un compte fournisseur. En cas de besoin, vous pouvez conserver des liquidités en retardant les paiements à vos fournisseurs. Cela dit, faites attention à ne pas mettre vos autorisations de crédit en péril.

- **Effets à payer** : les effets à payer sont les portions d'emprunts contractés auprès de particuliers, d'établissements financiers ou autres organismes que votre société doit rembourser dans l'année. Si, par exemple, votre société contracte un emprunt sur 90 jours pour augmenter son stock de disquettes et satisfaire un accroissement rapide de la demande, cet emprunt est un effet à payer.
- **Charges à payer** : les charges à payer sont les dépenses diverses effectuées par la société. Il s'agit notamment des salaires, des congés maladie, des impôts et des intérêts sur les emprunts.
- **Obligations exigibles** : les grandes sociétés peuvent émettre des obligations pour obtenir des fonds destinés au financement de certains objectifs, comme l'agrandissement des locaux. Les obligations exigibles représentent les sommes dues aux particuliers et aux entreprises qui ont investi dans les obligations.
- **Hypothèques** : pour acheter des biens immeubles, une société peut contracter un emprunt à long terme connu sous le nom d'hypothèque. Contrairement à un emprunt classique, l'*hypothèque* bénéficie d'une garantie offerte par le bien immeuble qu'elle finance. Par exemple, si votre société n'effectue pas ses versements pour rembourser l'hypothèque qui a servi à financer ses locaux, la propriété des locaux est transférée à l'entité qui a émis l'hypothèque – généralement une banque ou un groupe d'investisseurs.

Comme l'actif, le passif se divise en deux catégories : le *passif exigible à court terme* et le *passif exigible à long terme*.

Le passif exigible à court terme est remboursé en un an. Dans la liste précédente, les comptes fournisseurs, les effets à payer et les charges à payer font partie du passif exigible à court terme.

Le passif exigible à long terme est remboursé en plus d'un an. Dans la liste précédente, les obligations exigibles et les hypothèques font partie du passif exigible à long terme.

Capital

Le capital est l'ensemble des biens des propriétaires de la société. Les propriétaires peuvent être quelques individus qui ont fondé la société ou des milliers de personnes qui ont acheté des actions de la société. Le capital est la part d'actif d'une société après le paiement de tous les éléments de passif.

Les éléments les plus courants du capital sont les suivants :

- **Capital versé** : le capital versé est l'investissement, généralement monétaire, que les propriétaires font dans la société. Par exemple, si votre société vend des actions à des investisseurs, l'argent de la vente fait partie du capital versé.

- **Bénéfices non distribués** : ces bénéfices sont réinvestis par l'entreprise et non distribués sous forme de dividendes aux actionnaires. Une certaine partie des bénéfices est conservée afin d'augmenter les résultats de l'entreprise ainsi que le montant des dividendes versés aux actionnaires.

Comptabilité en partie double

La comptabilité en partie double est la méthode utilisée pour consigner les transactions financières qui constituent la base de la comptabilité moderne. Inventée en 1494 par Luca Pacioli, un moine franciscain qui s'ennuyait (il a dû vraiment s'ennuyer pour inventer la comptabilité !), la comptabilité en partie double est fondée sur le principe suivant : toute transaction financière peut être consignée en termes de *recettes* (ou actif) et en termes de *dépenses* (ou passif).

Prenons un exemple : votre société achète à un fabricant un stock de disquettes d'une valeur de 1 000 euros pour le revendre à ses clients. Elle ouvre un compte auprès du fabricant et celui-ci lui facture les 1 000 euros au lieu d'exiger un paiement immédiat. Vous souvenez-vous de l'équation comptable que nous avons vue au début de ce chapitre ? Dans notre exemple, l'équation serait la suivante :

Actif	=	Passif	+	Capital
1 000 €	=	1 000 €	+	0 €
(Stock)		(Comptes fournisseurs)		

Dans cet exemple, l'actif (stock) augmente de 1 000 €, soit le coût de l'achat des disquettes. En même temps, le passif (comptes fournisseurs) augmente également de 1 000 €. Cette augmentation représente la dette que vous avez contractée auprès du fournisseur. De cette façon, l'équation se vérifie. Imaginez les centaines ou les milliers de transactions financières qui se font à l'intérieur de votre système de comptabilité tous les jours, toutes les semaines ou tous les mois. Whao ! Et vous vous demandiez pourquoi tout le monde se plaint toujours de la lenteur du système informatique !

Les principaux états financiers

Le but de la comptabilité est de fournir des informations utiles aux managers, aux salariés, aux bailleurs de fonds, aux fournisseurs, aux actionnaires, aux investisseurs et autres personnes physiques ou morales ayant un intérêt financier dans votre société. Et, croyez-nous, ces personnes sont nombreuses.

TRUC

Faire ou acheter ?

Toute entreprise est confrontée au dilemme suivant : faire (c'est-à-dire fabriquer ou prendre en charge en utilisant son propre personnel) ou acheter les biens et services nécessaires à son fonctionnement. Par exemple, imaginez que vous décidiez de poster un vigile à la réception de votre société pour assurer la sécurité de vos clients. Allez-vous recruter un nouvel employé ou faire appel à une société spécialisée dans les services de sécurité ?

Pour prendre cette décision, vous devez tenir compte du coût de chaque option. Disons que dans le cas A, vous recrutez un vigile à plein-temps à 6 euros l'heure. Dans le cas B, une société de services de sécurité vous fournit un vigile pour 8 euros l'heure. *A priori*, le recrutement d'un nouvel employé revient moins cher. Si le vigile travaille 2 000 heures par an, dans le cas A, vous dépensez 12 000 euros par an et, dans le cas B, vous dépensez 16 000 euros par an. En employant le vigile, vous économisez 4 000 euros par an. C'est exact ?

Peut-être pas. Réfléchissons ensemble :

Cas A : recrutement d'un vigile

Salaire horaire = 6 €

Prestations sociales : 35 % = 2,10 €

Taux frais généraux : 50 % = 3 €

Rémunération globale = 11,10 €

Nombre d'heures par an = 2 000

Coût salarial annuel = 22 200 €

Augmentation assurance responsabilité civile = 4 000 €

Uniformes/entretien = 1 000 €

Équipements divers = 500 €

Coût global annuel = 27 700 €

Cas B : recours à une société de services de sécurité

Salaire horaire = 8 €

Rémunération globale = 8 €

Nombre d'heures par an = 2 000

Coût global annuel = 16 000 €

Surprise ! Si vous recrutez un vigile, au lieu d'économiser 4 000 euros par an, vous dépensez près de 12 000 euros de plus par an car il est plus cher de recruter un employé que d'en louer les services. Pour avoir une idée précise du coût que représente le recrutement d'un nouvel employé, vous devez ajouter au salaire de base, les prestations sociales, comme l'assurance-maladie, et les frais généraux, comme l'électricité ou la climatisation. De plus, vous devez tenir compte de l'augmentation du coût de votre assurance responsabilité civile, et du coût des uniformes, de l'entretien des uniformes et des équipements divers (lampe torche, matraque, menottes).

En revanche, si vous faites appel à une société de services de sécurité, celle-ci supporte tous les coûts relatifs aux prestations sociales, aux frais généraux, à l'assurance, aux uniformes et aux équipements. Vous ne payez que le salaire horaire. De plus, si le vigile ne vous convient pas, il vous suffit de passer un appel téléphonique pour obtenir un remplaçant immédiatement. Pas de souci de licenciement ni d'indemnités.

Maintenant, quelle est la solution qui vous semble la meilleure ?

Pratiquement tout le monde s'intéresse à la santé financière de votre société. Les managers parce qu'ils veulent pouvoir identifier et régler d'éventuels problèmes ; les salariés parce qu'ils veulent travailler pour une société qui offre un bon salaire et une certaine stabilité, les bailleurs de fonds et les fournisseurs parce qu'ils veulent savoir s'ils peuvent étendre le crédit, et les actionnaires et les investisseurs parce qu'ils veulent savoir si leur investissement est utilisé à bon escient ou gaspillé.

C'est pour toutes ces raisons que les comptables ont inventé les *états financiers*.

Les états financiers ne sont rien de plus que des rapports, destinés aux personnes qui ne font pas partie du service comptable, qui indiquent les montants de certains comptes ou groupes de comptes à une date précise ou au cours d'une période donnée. Chaque type d'état financier présente un intérêt unique pour chaque personne qui le consulte. Les sections suivantes donnent un panorama des principaux états financiers que vous êtes susceptible d'avoir entre les mains au cours de votre carrière de manager.

Le bilan

Le bilan est un rapport qui indique le montant de l'actif, du passif et du capital d'une société à une date précise. C'est une sorte de photographie de la situation financière de la société. Bien qu'il puisse être dressé à tout moment, le bilan est généralement préparé à la fin de l'exercice comptable, qui peut durer un an, un trimestre ou un mois.

La figure 18-1 illustre un bilan classique.

Comme vous pouvez le voir, le bilan indique les montants de tous les grands postes budgétaires de chacun des trois éléments de l'équation comptable. En examinant ces montants, les managers peuvent identifier d'éventuels problèmes et prendre les mesures nécessaires pour les régler. Par exemple, dans le bilan illustré ici, le stock est relativement élevé par rapport aux autres éléments d'actif. Un manager expérimenté sait que, dans ce cas, la société risque d'avoir des problèmes si elle a besoin de liquidités dans l'immédiat – élément d'actif assez bas, comme en témoigne le montant de la caisse.

Le compte de résultat

Le bilan est un document important mais de nombreuses personnes veulent avant tout connaître le résultat. La société a-t-elle gagné ou perdu de l'argent ? Autrement dit, quels ont été ses profits et ses pertes ? C'est ce qu'indique le *compte de résultat* (ou compte de pertes et profits).

Exemple de bilan

ACTIF	31 janvier 2007
ACTIF RÉALISABLE À COURT TERME	
Banque et caisse	458 000 €
Comptes clients	11 759 000 €
Stock	154 000 €
Actif transitoire	283 000 €
Impôts remboursables	165 000 €
Actif réalisable à court terme global	12 819 000 €
Équipement et mobilier	
Équipement	4 746 000 €
Mobilier, installations et rénovations	583 000 €
	5 329 000 €
Dotation aux amortissements	2 760 000 €
	2 569 000 €
Coûts nets des logiciels informatiques	3 199 000 €
Provisions nettes et autres	260 000 €
	18 847 000 €
PASSIF ET CAPITAUX PROPRES	
PASSIF EXIGIBLE À COURT TERME	
Effets à payer	1 155 000 €
Comptes fournisseurs	2 701 000 €
Charges à payer	2 065 000 €
Impôts à payer	0 €
Impôts différés	990 000 €
Portion de dettes exigibles à long terme	665 000 €
Passif exigible à court terme global	7 576 000 €
DETTES EXIGIBLES À LONG TERME, moins portion courante	864 000 €
LOYER DIFFÉRÉ	504 000 €
IMPÔTS DIFFÉRÉS	932 000 €
CAPITAUX PROPRES	
Actions ordinaires	76 000 €
Capital versé supplémentaire	803 000 €
Bénéfices non distribués	8 092 000 €
	8 971 000 €
	18 847 000 €

Figure 18-1 : Un bilan classique.

Le compte de résultat est le montant des sources de revenus de la société, auquel est soustrait le montant des sources de dépenses pour obtenir le revenu net ou les pertes nettes sur une période donnée. Si le bilan est une photographie de la situation financière de la société, le compte de résultat s'apparente plutôt à un film.

La figure 18-2 illustre un compte de résultat simplifié.

Revenus

Le revenu est le montant des sommes gagnées par la société grâce à la vente de biens et services et à d'autres sources de revenus, comme les intérêts, les loyers, les royalties, etc. Pour obtenir le chiffre d'affaires net, les réfactions et retours accordés sur ventes sont déduits du montant des ventes de biens et services.

Dépenses

Les dépenses englobent tous les coûts supportés par la société. À des fins comptables, les dépenses sont divisées en deux catégories :

- **Coût des ventes** : pour une société qui vend des marchandises à des particuliers ou à des entreprises, ce chiffre représente le coût d'achat des marchandises vendues. En soustrayant le coût des ventes du revenu, vous obtenez la *marge brute* ou *bénéfice brut*.
- **Dépenses d'exploitation** : les dépenses d'exploitation sont tous les autres coûts nécessaires au fonctionnement de la société. Elles sont généralement subdivisées en deux catégories : les *frais commerciaux*, qui englobent les coûts relatifs au marketing, à la publicité, à la promotion du produit et au fonctionnement des magasins, et les *frais de gestion*, qui englobent tous les frais administratifs liés à la gestion de la société. Parmi les frais de gestion figurent les salaires du personnel de la comptabilité, du service informatique et du service des achats, ainsi que le coût des installations, comme le paiement des loyers.

Revenu net ou pertes nettes

En faisant la différence entre les revenus et les dépenses (après calcul des produits financiers ou des charges financières et paiement des impôts), on obtient le revenu net (ou bénéfice net) ou les pertes nettes. Ce chiffre, qu'on appelle également le résultat, est celui qui renseigne le plus sur la santé financière de l'entreprise. De nombreux cadres se sont retrouvés à la rue lorsque le résultat de leur société est allé trop loin du côté des pertes.

L'état de la trésorerie

L'état de la trésorerie indique les flux de trésorerie, c'est-à-dire les entrées et les sorties d'argent. Inutile d'être Einstein pour comprendre que lorsque les entrées d'argent sont inférieures aux sorties pendant une longue période, la société est en mauvaise posture.

Exemple de compte de résultat

			Douze mois clos 31 janvier 2007
REVENUS			
Chiffre d'affaires brut		58 248 000 €	
Moins : retours		1 089 000 €	
Chiffre d'affaires net			57 159 000 €
COÛT DES VENTES			
Stock initial		4 874 000 €	
Achats	38 453 000 €		
Moins : remises sur achats	1 089 000 €		
Achats nets		36 867 000 €	
Coût des marchandises en vente		41 741 000 €	
Moins : stock final		6 887 000 €	
Coût des ventes			6 887 000 €
BÉNÉFICE BRUT			22 305 000 €
DÉPENSES D'EXPLOITATION			
Frais commerciaux		8 456 000 €	
Frais de gestion		1 845 000 €	
Dépenses d'exploitation			10 301 000 €
Bénéfices d'exploitation			12 004 000 €
Autres bénéfices et dépenses			
Charges financières		360 000 €	
Total autres bénéfices et dépenses			360 000 €
Revenu avant impôts			11 644 000 €
Moins : impôts			3 952 000 €
Revenu net			7 692 000 €
Nombre moyen d'actions			3 500 000 €
Bénéfice par action			2,20 €

Figure 18-2 : Un compte de résultat simplifié.

Analysez la situation financière de votre société grâce aux ratios comptables

Si vous ne savez pas exactement ce que vous cherchez, vous serez rapidement submergé par l'analyse de tous les états financiers de la société. Heureusement, après des années d'expérience, les analystes financiers ont mis au point une méthode efficace pour évaluer rapidement la santé financière d'une société. Cette méthode est basée sur la comparaison des ratios comptables avec ceux de sociétés concurrentes.

Ratio de liquidité générale : ce ratio représente la capacité d'absorption du passif exigible à court terme par l'actif réalisable à court terme. Un ratio de 2 ou plus est satisfaisant. Prenons un exemple :

Ratio de liquidité générale = actif réalisable à court terme ÷ passif exigible à court terme

= 100 millions ÷ 25 millions

= 4 millions

Ratio de liquidité immédiate : ce ratio (également appelé ratio de trésorerie réduite) est le même que le ratio de liquidité générale, sauf que le stock est soustrait de l'actif réalisable à court terme. Il donne une idée beaucoup plus juste de la capacité de la société à payer ses dettes exigibles à court terme, car le stock ne se réalise pas aussi rapidement que les autres éléments d'actif. Un ratio de 1 ou plus est acceptable.

Ratio de liquidité immédiate = (actif réalisable à court terme – stock) ÷ passif exigible à court terme

= (100 millions – 10 millions) ÷ 25 millions

= 90 millions ÷ 25 millions

= 3,6 millions

Ratio de rotation des comptes clients : ce ratio indique le temps nécessaire pour réaliser les comptes clients. Un ratio élevé indique que les clients paient leurs factures rapidement – ce qui est une bonne chose. Un ratio peu élevé reflète un recouvrement lent et un éventuel problème que les managers vont devoir régler – ce qui est mal, très mal. Votre patron ne va pas aimer ça.

Ratio de rotation des comptes clients = chiffre d'affaires net ÷ comptes clients

= 50 millions ÷ 5 millions

= 10 millions

Vous pouvez également obtenir une autre information intéressante à partir du ratio de rotation des comptes clients. En divisant la somme des jours de l'année (365) par le ratio de rotation des comptes clients, vous obtenez le nombre moyen de jours qu'il faut à votre société pour réaliser ses comptes clients, ce qu'on appelle le délai moyen de recouvrement. Un délai court favorise la santé financière de la société et la sécurité de l'emploi.

Délai moyen de recouvrement = 365 jours ÷ ratio de rotation des comptes clients

= 365 jours ÷ 10

= 36,5 jours

Ratio d'endettement : ce ratio permet de voir si la société dépend essentiellement d'emprunts contractés auprès de créanciers extérieurs ou de ses fonds propres. Un ratio supérieur à 1 est défavorable car il indique que la société risque d'avoir des difficultés à rembourser ses dettes. Et personne – surtout pas les banques ni les fournisseurs – ne veut prêter de l'argent à une société qui a des problèmes d'endettement. Un

Analysez la situation financière de votre société grâce aux ratios comptables *(suite)*

ratio particulièrement bas indique que la direction peut améliorer la rentabilité de la société en accroissant ses dettes.

Ratio d'endettement = passif : capitaux propres

= 50 millions : 150 millions

= 0,33 soit 33 %

Retour sur investissement : le retour sur investissement (RSI) indique la capacité de la société à dégager des bénéfices pour ses actionnaires et autres investisseurs. Ceux-ci souhaitent que leur investissement leur rapporte beaucoup d'argent et donc que le RSI soit le plus élevé possible.

Retour sur investissement = revenu net : capitaux propres

= 50 millions : 150 millions

= 0,33 soit 33 %

Les liquidités s'apparentent à l'essence d'une voiture. Votre voiture a besoin d'essence pour rouler. Si elle tombe en panne d'essence, elle s'arrête net sur la route. Vous êtes à 90 km/h et, dans la minute qui suit, vous vous retrouvez à 0 km/h. De la même façon, si votre société manque de liquidités, elle va s'arrêter de fonctionner. Sans liquidités pour payer les salaires, les factures, les remboursements d'emprunt, etc., toute activité cesse brusquement.

- **État de la trésorerie générale** : l'état de la trésorerie générale divise toutes les transactions en deux catégories : entrées et sorties.
- **État de la trésorerie d'exploitation** : l'état de la trésorerie d'exploitation limite l'analyse des flux de trésorerie aux transactions relatives à l'exploitation de la société et non à son financement.
- **État de la trésorerie prioritaire** : l'état de la trésorerie prioritaire répartit les entrées et les sorties par petits groupes, lesquels sont définis par le manager qui a demandé la préparation de l'état à des fins précises.

Testez vos nouvelles connaissances

Nommez trois différents types de budget.

A. Budget d'activité, budget d'inactivité et budget de revenus.

B. Budget salarial, budget commercial et budget d'investissement.

C. Budget mensuel, budget annuel et budget illimité.

D. Autres.

Quelle est l'équation comptable ?

A. Caisse + Crédit = Passif

B. Actif = Comptes clients + Stock

C. Capital = Actions x Prix par action

D. Actif = Passif + Capital

Chapitre 19

Maîtriser la technologie

Dans ce chapitre :

- Utiliser la technologie à votre avantage
- Identifier les avantages et les inconvénients de la technologie
- Améliorer le rendement et la productivité
- Mettre votre société en réseau
- Élaborer un programme de développement technologique

Vous ne pouvez pas ne pas aimer la technologie. Malheureusement, comme tous les outils, elle a des avantages mais aussi des inconvénients. Les managers et les employés disposent d'encore plus de moyens de perdre leur temps qu'auparavant. Bien sûr, les ordinateurs sont de formidables machines à écrire et de merveilleuses calculatrices (et un an après l'achat, ils peuvent servir d'ancres pour bateaux !), mais devons-nous absolument passer une demi-heure à taper, à éditer, à vérifier l'orthographe et à imprimer sur une imprimante laser un superbe mémo avec des trames grisées alors qu'une note écrite à la main ou un simple coup de fil ferait l'affaire ? Nous partons tous du principe que nos employés sont plus productifs depuis qu'ils disposent de l'outil informatique. Mais vous, savez-vous vraiment optimiser cette technologie à la fois innovatrice et onéreuse ?

Voilà la question que vous devez vous poser. D'après une étude récente réalisée auprès des trois mille cinq cents sociétés les plus performantes du monde, une entreprise dépense en moyenne 25 millions d'euros par an dans le domaine de la technologie de l'information.

Dans ce chapitre, vous allez apprendre à maîtriser la technologie de l'information – la technologie utilisée pour créer, stocker, échanger et traiter l'information sous toutes ses formes. Vous allez aussi découvrir en quoi le progrès technologique peut améliorer ou ralentir les processus au sein de l'entreprise pour mieux l'optimiser en vue d'augmenter la rentabilité et la productivité. Et pour finir, vous allez élaborer un programme de développement technologique.

Utiliser la technologie à votre avantage

Est-ce qu'on se fait des idées ou est-ce que la technologie de l'information a pris le pouvoir dans le monde entier ? En tout cas, l'informatique et les télécommunications ont pris le pouvoir dans l'entreprise. Même les P.-D.G. les plus récalcitrants ont pris l'autoroute de l'information. Ils sont de plus en plus nombreux à avoir un téléphone portable et à surfer sur le Web. La technologie de l'information peut vous donner, à vous et à votre société, un avantage considérable dont vous devez, en tant que manager, profiter avant que vos concurrents ne le fassent.

Le temps des débats sur les avantages de la technologie de l'information est révolu. C'est le moment d'agir. Mais encore faut-il savoir optimiser la technologie. Lisez les sections suivantes et vous ferez les bons choix.

Bien connaître votre société

Pour bien utiliser la technologie de l'information, c'est-à-dire élaborer et mettre en œuvre un programme efficace, vous devez d'abord bien comprendre le fonctionnement de votre entreprise. Quelles sont les tâches effectuées ? Qui les accomplit ? De quoi les employés ont-ils besoin pour effectuer leurs tâches ?

TRUC

La meilleure façon de bien connaître votre société consiste à l'aborder comme un étranger. Faites comme si vous étiez un client et observez la façon dont se met en place le service qui vous est offert. Faites la même chose avec vos concurrents. Quelles sont les différences ? Quels sont les points communs ? Comment utiliser la technologie de l'information pour améliorer votre société en fonction des résultats de votre analyse ?

Avoir un avantage technologique

Peu de managers ont compris que la technologie peut leur donner un avantage concurrentiel. Bien qu'ils conçoivent l'augmentation de la rentabilité et de la production qui peut en découler, ils ne savent pas exactement comment l'obtenir.

La technologie de l'information donne un avantage concurrentiel très important aux sociétés qui ont compris les atouts qu'elle procure, notamment :

- Concurrencer de grandes sociétés sur leurs marchés en jouant sur un terrain neutre : Internet.

- Contribuer à l'établissement de relations durables avec les clients.
- Avoir des contacts directs avec des partenaires stratégiques pour accélérer des processus essentiels tels que le développement et la fabrication.
- Faciliter l'accès de tous les membres de la société les uns aux autres et à toutes les sources d'information nécessaires à l'intérieur et à l'extérieur de la société.
- Fournir des informations en temps réel sur les prix, les produits, etc. aux fournisseurs, aux clients et aux constructeurs.

À RETENIR

À vous de vous forger un avantage sur vos concurrents. Aujourd'hui, ce qui compte le plus, ce n'est pas d'avoir un maximum d'informations mais de traiter l'information de façon optimale.

Élaborer un programme

Si vous voulez vraiment faire de la technologie de l'information un avantage concurrentiel pour votre société, vous devez élaborer un programme pour l'utiliser au mieux. Vous trouverez un peu plus loin dans ce chapitre toutes les informations nécessaires à la création de ce programme (voir section « Créer un programme (et le respecter) »), mais voici d'ores et déjà quelques points à garder à l'esprit au cours du processus d'élaboration :

- **N'achetez pas les yeux fermés le dernier cri de la technologie**. Vous êtes tenté d'acheter tout ce qui vient de sortir ? Nous en sommes tous là... Seulement, ce qui est nouveau n'est pas nécessairement ce qui convient le mieux à votre entreprise. Investissez uniquement dans l'intérêt de votre entreprise.
- **Délimitez votre programme dans le temps**. Toutes les entreprises ne planifient pas leur développement technologique pour la même durée. Si vous êtes dans un marché en constante évolution – la téléphonie sans fil, par exemple –, élaborez un programme pour les six mois à venir. Si, au contraire, vous êtes dans un marché stable – comme l'alimentation –, vous pouvez faire des projets pour trois à cinq ans.
- **Élaborez votre programme en équipe**. Vous n'allez pas être le seul à bénéficier du développement technologique de votre société. Pensez à impliquer vos employés, vos clients et vos fournisseurs dans le processus d'élaboration de votre programme.
- **Comparez le coût de la modernisation de votre ancien système avec celui de l'acquisition d'un nouveau système**. La durée de vie d'un système est limitée. Au lieu de rafistoler sans cesse un système de plus en plus cher à entretenir, repartez à neuf. Faites vos calculs et identifiez les options les plus adaptées à votre société avant de finaliser votre programme.

Demander de l'aide

Si vous êtes un passionné de technologie de l'information, vous êtes bien placé pour améliorer les systèmes de votre société. Si vous avez des connaissances limitées dans ce domaine, faites-vous aider par des experts. Peut-être en trouverez-vous au sein même de votre société. Dans le cas contraire, faites appel à un technicien ou à un consultant en technologie de l'information. Quoi qu'il en soit, n'essayez pas de faire cavalier seul. Même si vous êtes un crack en informatique et en télécommunication, ralliez votre entourage à votre cause.

Peser le pour et le contre de la technologie

Réfléchissez une minute aux progrès considérables de la technologie de l'information. Les outils informatiques à notre disposition sont si nombreux qu'il est difficile de croire qu'il y a seulement vingt ans, l'ordinateur personnel n'était pas encore arrivé sur le marché. Lorsque le traitement de texte a remplacé la machine à écrire, mais aussi le liquide correcteur et les feuilles de papier carbone, il a permis une manipulation du texte et des graphiques qui a révolutionné les rapports et autres documents. De même, le téléphone portable, le télécopieur, Internet et autres outils technologiques essentiels sont des innovations très récentes.

Comment la technologie de l'information peut-elle rendre votre société plus performante ? Son impact est axé autour de deux éléments aujourd'hui incontournables :

- **Automatiser les processus** : il y a encore quelques années, les processus administratifs s'effectuaient manuellement. Par exemple, la comptabilité et la distribution des salaires s'effectuaient à la main, à l'aide d'une simple calculette. Ce qui prenait des heures, des jours voire des semaines, peut désormais être accompli en quelques minutes. D'autres processus ont été automatisés, comme le suivi des stocks, le service clients, les achats et autres.
- **Automatiser la gestion d'informations personnelles** : comme nous l'avons vu au chapitre 2, de plus en plus de managers se détournent des calendriers et des agendas personnels en faveur de l'ordinateur. Bien qu'il soit peu probable que les agendas papier finissent par disparaître, l'ordinateur est un outil de gestion beaucoup plus efficace que ses homologues non automatisés. Les managers l'utilisent également pour organiser les réunions, gérer les projets, analyser les chiffres, gérer les contacts et réaliser les évaluations des performances.

Cela dit, avant d'automatiser tout ce qui se trouve autour de vous, gardez bien à l'esprit le principe suivant : si votre système actuel est inefficace, il le sera toujours une fois automatisé. Il le sera peut-être même plus que lorsqu'il était manuel. Avant de franchir le pas de l'automatisation, prenez le temps de revoir les processus en détail. Supprimez toute étape superflue et optimisez le système pour l'environnement automatisé. Croyez-nous, vous ne regretterez pas d'avoir pris le temps d'améliorer les processus avant l'automatisation.

Si la technologie de l'information peut être un atout pour votre société, elle peut aussi être un obstacle. Voici quelques exemples de l'aspect négatif de la technologie de l'information :

- L'utilisation abusive d'Internet a réduit la productivité des employés de 10 à 15 %. D'après une étude récente, 20 % du temps que les employés passent sur Internet au bureau n'a rien à voir avec le travail.
- Les pirates informatiques envoient régulièrement des virus qui coûtent très cher aux entreprises en termes de dommages réels et de perte de productivité.
- Les messages électroniques sont parfois confus et ambigus, ce qui fait perdre du temps aux employés obligés de les décrypter ou de s'en protéger en cas de problème.
- Les employés sont de plus en plus submergés par le spam et les pourriels.
- Les superbes présentations informatisées, en couleur, avec du son et des images vidéo, si courantes aujourd'hui, sont souvent plus longues à préparer que les textes et les graphiques utilisés il y a quelques années – surtout quand on ne connaît pas bien les logiciels de présentation.

Vous devez donc peser le pour et le contre. Mais ne vous laissez pas influencer négativement. Pour augmenter les points positifs et réduire les points négatifs, voici ce que vous pouvez faire :

- **Tenez-vous au courant des dernières innovations technologiques**. Vous n'êtes pas obligé de savoir monter un réseau ou de configurer vous-même la boîte vocale du standard de votre société. Cela dit, vous devez connaître la technologie utilisée par les différents systèmes de votre société.
- **Faites appel à des experts**. Bien que vous deviez avoir des connaissances de base en matière de technologie de l'information, n'hésitez pas à faire appel à des experts, qui vous conseilleront sur la conception et la mise en place des principaux systèmes technologiques de votre société.

- **Consultez vos employés**. Prenez l'habitude de passer voir vos employés – où qu'ils se trouvent – et observez la façon dont ils utilisent les technologies mises à leur disposition. Posez-leur des questions et incitez-les à faire des suggestions pour améliorer les systèmes. Adoptez les changements nécessaires dès que le besoin s'en fait sentir.

Une chose est sûre : vous ne pouvez pas tourner le dos à la technologie. Pour rester compétitif, vous devez vivre au rythme de la technologie et prendre toutes les mesures possibles pour augmenter la productivité de vos employés tout en améliorant les produits et les services, le service clients et les résultats financiers. Vous n'avez vraiment pas le choix.

Améliorer la rentabilité et la productivité

L'explosion de la technologie de l'information correspond au passage de l'ère industrielle à l'ère de l'information. Le secteur de l'informatique, qui n'existait pas il y a vingt-cinq ans, représente un marché de plus de 50 milliards d'euros par an.

À RETENIR

Il paraît évident que les sociétés qui gèrent le mieux l'information ont un avantage concurrentiel sur les autres. Plus tôt vous recevez l'information, plus tôt vous pouvez l'utiliser. Et mieux vous la gérez, plus vous pouvez y avoir accès facilement où et quand vous en avez besoin. Et enfin, plus vous la traitez efficacement, moins vous effectuez de dépenses.

PC ou Mac ?

Il y a quelques années, les managers s'arrachaient les cheveux pour savoir s'ils devaient s'équiper en PC (ordinateur personnel compatible IMB) ou en Mac (ordinateur personnel Macintosh d'Apple). Si le Mac – avec son interface intuitive et conviviale, ses icônes et sa souris – était autrefois bien plus performant que le PC, Microsoft Windows a changé la donne. Les PC utilisant ce logiciel sont aussi faciles à utiliser que les Macintosh et coûtent moins cher.

Si Apple a traversé une période difficile il y a quelques années, le Mac a retrouvé sa popularité auprès du grand public. Particulièrement performant pour certaines applications, comme la vidéo, le graphisme, le design et la composition musicale, il séduit également de plus en plus les entreprises – surtout depuis que les prix sont plus compétitifs.

Aujourd'hui, les réseaux informatiques sont compatibles PC et Mac et vous n'avez plus aucune raison de vous limiter à l'un ou à l'autre. Vos comptables peuvent faire leurs calculs sur PC tandis que vos graphistes donnent libre cours à leur créativité sur Mac.

Qui a dit que nous ne pouvions pas tous cohabiter en paix ? PC ou Mac : à vous de choisir.

Les cadres se basent sur les raisons précédentes et d'autres du même genre pour justifier les sommes considérables qu'ils investissent dans le matériel informatique, les messageries vocales, le courrier électronique et les formations destinées à familiariser les salariés avec les outils de l'ère de l'information. Toutes ces dépenses ont-elles rendu les salariés plus productifs ? Malheureusement, pendant des années, les chercheurs n'ont trouvé aucune preuve d'une éventuelle augmentation de la productivité due à l'automatisation des processus – phénomène que certains ont appelé le « paradoxe de la productivité ».

PERLE RARE

Pour Eliyahu Goldratt, auteur américain, l'information est « la réponse à une question ». Or, aujourd'hui, la plupart des systèmes informatiques fournissent beaucoup de données mais peu d'informations (selon cette définition). En tant que manager, vous devez d'abord consacrer beaucoup de temps à l'identification des « questions » qui attendent une réponse. Qui a besoin de cette réponse (les clients, les fournisseurs, les employés, les cadres) ? En combien de temps cette réponse doit-elle être disponible (en temps réel, en une minute, en une heure, en un jour) ? À quelle fréquence cette réponse doit-elle être donnée (tous les jours, toutes les semaines, tous les mois) ? Lorsque vous aurez effectué cette analyse, vous pourrez évaluer les technologies alternatives en fonction des critères fixés pour l'obtention de vos « réponses ». Beaucoup de systèmes technologiques semblent avoir été conçus pour fournir une réponse en temps réel à une question qui ne se pose qu'une fois par mois.

La technologie de l'information, lorsqu'elle est planifiée et mise en application avec discernement, peut améliorer la rentabilité et la productivité d'une entreprise. Des études plus récentes commencent à montrer un lien entre l'utilisation de la technologie de l'information et l'augmentation de la productivité. Voici quelques exemples allant dans ce sens :

- Duramet Corporation, fabricant américain de pièces en métal dur, a mis en place un système informatisé de gestion des stocks qui lui a permis de doubler son chiffre d'affaires en trois ans sans recruter de personnel supplémentaire.
- En utilisant la technologie de l'information pour fournir aux salariés des informations en temps réel concernant les commandes et la planification des tâches et ainsi supprimer les frontières internes de l'entreprise, M.A. Hanna, fabricant américain de polymères, a réduit son fonds de roulement d'un tiers et atteint le même chiffre d'affaires. Aussi incroyable que cela puisse paraître, Martin D. Walker, P.-D.G. de M.A. Hanna, est convaincu que sa société pourrait encore réduire son fonds de roulement d'autant, simplement en communiquant avec ses fournisseurs et ses clients par Internet.

- Weirton Steel Corporation, entreprise sidérurgique américaine, n'utilise que douze personnes pour faire fonctionner son laminoir, qui requérait autrefois l'intervention de cent cinquante ouvriers, grâce à une intégration pertinente de la technologie dans la chaîne de fabrication.

Si les preuves du gain de productivité sont de plus en plus nombreuses, des études montrent également qu'il ne suffit pas d'installer des ordinateurs et autres outils numériques pour accroître l'efficacité des employés. En tant que manager, vous devez prendre le temps d'améliorer les processus de travail *avant* de les automatiser. Si vous ne le faites pas, l'automatisation risque de réduire la productivité. En effet, au lieu des résultats plus ou moins bancals auxquels aboutit votre système manuel, vous obtiendriez un ramassis de foutaises à la vitesse de la lumière ! Ne faites pas cette erreur.

Optimiser la technologie de l'information

L'ordinateur personnel a représenté un progrès phénoménal, la puissance des immenses processeurs ayant été transférée sur le bureau de chaque salarié. Aujourd'hui, les réseaux informatiques bouleversent encore la gestion de l'information dans l'entreprise. Bien que chaque ordinateur personnel représente un îlot d'information autonome, lorsque tous les îlots sont en réseau, chacun a accès aux informations des autres.

Quels sont les avantages de la mise en réseau dans l'entreprise ? En voici quelques-uns :

- **Les réseaux améliorent la communication** : les réseaux informatiques permettent à n'importe quel membre de l'entreprise de communiquer rapidement et facilement avec les autres. D'un clic de souris, vous pouvez envoyer des messages à l'un de vos employés ou à l'ensemble de votre équipe. De plus, tous les salariés raccordés au réseau peuvent avoir accès aux informations concernant la comptabilité, le marketing ou les produits dont ils ont besoin pour faire leur travail.
- Les réseaux font gagner du temps et de l'argent : en affaires, le temps, c'est de l'argent. Si vous travaillez plus rapidement, vous effectuez davantage de tâches dans la journée. Le courrier électronique permet de créer des messages, des mémos et autres types de communication interne, d'y joindre des fichiers, et de transmettre le tout instantanément à autant de destinataires que vous le souhaitez. Et ces destinataires peuvent aussi bien se trouver de l'autre côté du couloir qu'à l'autre bout du monde.
- **Les réseaux améliorent la vision du marché** : les informations communiquées par réseau sont, par nature, fiables et directes. Avec les anciens modes de communication, l'information était filtrée, modifiée et ralentie par les frontières internes de l'entreprise. Avec la

communication directe, le message original est intact. La transmission est fidèle et rapide. Et plus vous obtenez rapidement l'information dont vous avez besoin, plus elle est fiable et plus votre vision du marché est correcte.

Les atouts de l'Intranet

Si vous pensez que, dans le cadre de l'entreprise, Internet est le dernier cri technologique, vous vous trompez. La présence sur Internet est déjà un acquis pour la plupart des sociétés. Non, la nouveauté, c'est l'*Intranet*. Certaines sociétés américaines, comme Federal Express Corporation, AT&T, Levi Strauss et Ford Motor Company, ont mis au point une version interne d'Internet à l'intérieur de leurs murs. Les salariés de Silicon Graphics, par exemple, peuvent accéder à quelque 144 000 pages Web issues de 800 sites Web internes. Ceux de DreamWorks SKG, la société de production créée par Steven Spielberg, Jeffrey Katzenberg et David Geffen, utilisent l'Intranet de la société pour produire des films et prendre en charge tous les détails de la production, notamment effectuer le suivi des projets.

Les réseaux internes comportent les mêmes outils qu'Internet – serveur, navigateur et pages Web. Conçus pour être utilisés exclusivement par les employés, ils ne sont pas accessibles aux internautes. Pour les sociétés qui ont déjà investi dans le matériel et les logiciels nécessaires à la navigation sur le Web, ils représentent un moyen efficace et peu coûteux de réunir tous les ordinateurs.

L'avènement de l'Intranet a véritablement démocratisé le développement des réseaux internes, dont l'utilisation n'est plus restreinte à une poignée d'initiés. Aujourd'hui, n'importe quel novice peut créer une page Web. Chez Federal Express, par exemple, parmi les 60 pages Web de la société, beaucoup ont été créées par et pour les employés. Selon Stephen Jobs, P.-D.G. de NeXT Computer, « l'Intranet a brisé les frontières internes de l'entreprise ». Et il sait de quoi il parle : en tant que cofondateur d'Apple Computer, il a brisé son compte de frontières…

Avoir un programme (et le respecter)

Pour tirer profit au mieux de la technologie, créez un programme d'acquisition et de développement de la technologie de l'information dans votre entreprise. Beaucoup de managers achètent au coup par coup des ordinateurs, des logiciels et autres équipements technologiques sans analyser les systèmes déjà en place et sans avoir une vision globale du résultat à obtenir. Et lorsqu'ils essaient de créer un système homogène à partir de toutes ces pièces rapportées, ils sont surpris de voir qu'il ne fonctionne pas.

Les managers qui prennent le temps d'élaborer un programme de développement technologique ne rencontrent pas ce problème et ne passent pas tout leur temps et leur argent à améliorer un système défaillant depuis le début.

Comment ? Vous n'avez jamais élaboré de programme de développement technologique ? Pas de panique – voici comment procéder :

1. **Créez le programme.**
2. **Renseignez-vous sur les fournisseurs et sélectionnez-en un.**
3. **Mettez le programme en œuvre.**
4. **Évaluez les performances.**

La technologie n'est plus une dépense facultative ; la technologie est un investissement stratégique susceptible de distinguer votre entreprise de ses concurrents. Or, tout investissement stratégique requiert l'élaboration d'un programme. La première étape, celle de la création, se décompose en six points :

1. **Notez les valeurs essentielles de votre entreprise.**
2. **Imaginez ce que sera votre entreprise dans dix ans (sans réserves).**
3. **Fixez un grand objectif pour l'année à venir en fonction de votre projet à long terme.**
4. **Définissez les stratégies à employer pour atteindre cet objectif.**
5. **Élaborez ces stratégies en détail.**
6. **Identifiez les technologies susceptibles de mettre en œuvre ces stratégies.**

Rassemblez vos idées – et celles de vos employés – et notez-les. Rédigez un document concis – pas plus de cinq à dix pages – décrivant vos stratégies en matière de technologie de l'information de la façon la plus simple et la plus précise possible. Après avoir créé votre programme, mettez-le en œuvre.

Chapitre 20

Développer les compétences des salariés

Dans ce chapitre :

- Comprendre l'importance du développement des compétences
- Élaborer des plans d'évolution de carrière
- Développer les compétences des salariés
- Maîtriser le processus de mentorat
- Développer les compétences des salariés malgré la réduction du personnel

Quel type de manager êtes-vous ? Après avoir recruté un nouvel employé, le laissez-vous se débrouiller seul ? (*C'est drôle, j'ai l'impression de vous avoir déjà vu quelque part.*) Ou vous impliquez-vous activement dans la progression et le développement des compétences de l'employé pour le guider tout au long de son parcours ? Savez-vous ce qu'est un mentor – une personne qui s'intéresse personnellement au développement de votre carrière ?

Dans chaque entreprise, il y a beaucoup à apprendre : politique intérieure et extérieure, hiérarchie formelle et informelle, procédures usuelles, personnes qui méritent votre attention, etc. Et cette liste ne tient même pas compte des compétences que vous devez avoir pour faire votre travail : maîtriser un certain type de tableur ou parler en public, par exemple. Bien sûr, chaque fois que vous passez à un niveau supérieur de la société ou assumez une nouvelle tâche, vous devez reprendre votre processus d'apprentissage.

À RETENIR

Le développement des compétences des salariés ne s'effectue pas par hasard. Il exige un effort conscient et concerté de la part du manager et des salariés. De plus, il demande du temps et un véritable engagement. Ne vous contentez pas d'en parler à vos employés une fois par an lors de l'évaluation des performances. Vous devez constamment soutenir et encourager les initiatives de vos employés. Toutefois, n'oubliez pas qu'il s'agit d'un développement personnel. Vous ne pouvez donc pas en assumer toute la responsabilité. Et vous ne pouvez contraindre vos employés à développer leurs compétences. Vous devez donc leur en donner envie.

Pourquoi aider vos employés à développer leurs compétences ?

Vous avez de nombreuses raisons d'aider vos employés à développer leurs compétences. Cela dit, elles se résument à la suivante : en tant que manager, vous êtes le mieux placé pour offrir à vos employés le soutien dont ils ont besoin pour développer leurs compétences au sein de votre société. Vous pouvez leur fournir les ressources nécessaires pour une formation, mais aussi des opportunités uniques d'apprentissage sur le terrain, avec notamment la participation à un travail en équipe et un système de mentorat. Le développement des compétences exige bien plus qu'une ou deux formations. En réalité, environ 90 % du développement s'effectue sur le terrain.

La notion de *développement des compétences* est différente de celle de *formation*. La formation fait référence à l'enseignement de savoir-faire nécessaire, dans l'immédiat, à l'accomplissement d'une tâche. Le *développement des compétences*, en revanche, fait référence à la transmission de compétences dont les employés auront besoin à l'avenir, au fur et à mesure qu'ils progresseront dans leur carrière. Cette notion a donc un rapport direct avec le *plan d'évolution de carrière*.

Si vous ne voyez toujours pas l'intérêt de développer les compétences de vos employés, voici quelques idées qui vous feront changer d'avis. Il existe probablement beaucoup d'autres raisons, selon la situation dans laquelle vous vous trouvez.

- **Vos employés ont peut-être des lacunes à combler**. Vous êtes-vous déjà demandé pourquoi vos employés continuent à bâcler les tâches dont vous êtes sûr qu'ils peuvent les accomplir correctement ? Que vous le croyiez ou non, il est fort possible qu'ils ne sachent pas comment effectuer ces tâches. Avez-vous vu comment ils s'y prennent ?

  Imaginons que vous communiquiez des chiffres à votre assistant et que vous lui demandiez de les organiser et de faire des totaux en une heure. Au lieu de vous présenter un beau tableau, votre assistant vous rend un fouillis incompréhensible. Non, ce n'est pas nécessairement une caricature d'incompétence. Il ne sait peut-être tout simplement pas utiliser un tableur. Identifiez le problème ! Il vous suffit peut-être d'accomplir une fois la tâche avec votre assistant avant de le laisser faire seul.

- **Les employés qui travaillent de façon intelligente sont les meilleurs**. Autrement dit, les plus intelligents sont les meilleurs. Si vous pouvez aider vos employés à développer leurs compétences pour qu'ils travaillent de façon plus intelligente et plus efficace – ce qui ne fait aucun doute –, pourquoi ne le feriez-vous pas ? Aucun employé ne sait *tout* ce qu'il a besoin de savoir sur son travail. Essayez de découvrir ce que vos employés ne savent pas sur leur travail et élaborez avec eux des plans déterminant comment et quand ils élargiront leurs connaissances. Lorsqu'ils auront atteint leurs objectifs de développement, ils travailleront de façon plus intelligente, votre société aura des employés plus productifs et plus efficaces, et vous dormirez mieux la nuit.

- **Quelqu'un doit être préparé à prendre votre place**. Vous arrive-t-il de penser à prendre des vacances, à décrocher une promotion ou à prendre votre retraite ? Comment pourrez-vous le faire si vous n'aidez pas vos employés à se préparer à assumer les responsabilités qui sont les vôtres ? Certains managers sont si inquiets lorsqu'ils sont en vacances qu'ils téléphonent plusieurs fois par jour au bureau pour vérifier que tout va bien. Résultat : ils passent plus de temps à se faire du souci qu'à se détendre.

  Les managers qui ne ressentent pas le besoin de téléphoner au bureau pendant leurs vacances ont l'esprit libre parce qu'ils ont mis un point d'honneur à développer les compétences de leurs employés pour que ceux-ci puissent prendre le relais en leur absence. Pensez à l'avenir de l'entreprise. Vous ne serez pas toujours là.

- **Tout le monde est gagnant**. Existe-t-il un meilleur moyen de dépenser les quelques euros qu'il vous reste de votre budget ! En allouant des fonds au développement des compétences, vous permettez à vos employés de progresser et à votre société d'être plus performante (en raison de la motivation et du perfectionnement de ses salariés). Votre investissement a un double effet. De plus, vous préparez vos employés à assumer les responsabilités des fonctions qu'ils seront amenés à remplir pour assurer l'avenir de la société.

- **Vos employés méritent l'investissement**. Le recrutement et la formation de nouveaux employés coûtent très cher. Ils représentent également un investissement en temps pour vous et l'ensemble de votre personnel.

  Il y a un ou deux ans, la secrétaire de Peter a accepté une promotion dans un autre service. Peter a eu trois ou quatre employées intérimaires avant de pouvoir recruter une remplaçante. Ce défilé de secrétaires a complètement chamboulé son organisation. Après avoir passé des heures, ainsi que son personnel, à former une intérimaire, il voyait arriver la suivante, avec laquelle il fallait tout recommencer. Et ainsi de suite.

Si vos employés voient que vous tenez compte de leurs intérêts personnels, ils auront envie de travailler et d'apprendre auprès de vous. Votre société attirera des personnes talentueuses. Investir dans vos employés maintenant ou perdre du temps et de l'argent à leur trouver des remplaçants plus tard : à vous de choisir.

Travailler à la mine

De nombreux emplois, réservés autrefois aux ouvriers les moins qualifiés, deviennent de plus en plus techniques. Par exemple, dans le secteur de l'exploitation minière, le développement des compétences consistait à apprendre à utiliser un nouveau type de pioche ou de foreuse. Aujourd'hui, les mineurs utilisent des ordinateurs portables pour surveiller la qualité de l'eau et identifier les pannes dans les équipements. Dans la Twentymile Mine, située au Colorado, les employés de la Cyprus Amax Mineral Company doivent maîtriser de nombreuses compétences outre le maniement d'une pelle et la conduite d'un tracteur. D'après un cadre de la société, Cyprus Amax Mineral recherche des employés ayant « des connaissances approfondies en mathématiques, une formation technique et des bases en électronique ». En effet, les ouvriers de la Twentymile Mine ont en moyenne un niveau bac+2.

- **Le défi est stimulant pour vos employés**. Reconnaissez-le : tous vos employés n'ont pas un emploi aussi palpitant que le vôtre. N'est-ce pas ?!? Par conséquent, certains s'ennuient et deviennent apathiques voire peu enclins à travailler. Ils ont besoin de défis et de nouveaux objectifs pour maintenir leur intérêt. Si vous ne leur donnez pas la possibilité de se dépasser, ils se démotiveront ou accepteront l'offre d'autres employeurs qui, eux, sauront les stimuler. Qu'est-ce que vous préférez ?

Élaborer des plans d'évolution de carrière

Les plans d'évolution de carrière sont à la base du développement des compétences. Malheureusement, de nombreux managers ne prennent pas le temps d'en élaborer avec leurs employés croyant que, lorsque le besoin s'en fera sentir, ils trouveront la formation adéquate. Ce type de comportement *réactif* entrave la capacité de l'entreprise à relever les défis qui se présentent à elle.

Vous devez vous préparer à l'avenir pour ne pas être pris au dépourvu. Êtes-vous vraiment si occupé que vous ne pouvez pas prendre le temps de semer ce que votre société récoltera dans quelques années ? Non. Bien sûr, vous devez gérer les crises qui surviennent ici et maintenant, mais l'avenir est tout aussi important. Pour être vraiment efficace, soyez visionnaire.

Tous les plans d'évolution de carrière doivent comporter au minimum les éléments suivants :

- **Objectifs d'apprentissage spécifiques** : imaginez, par exemple, que la carrière de votre employé commence au stade d'acheteur et progresse jusqu'à la fonction de responsable des achats. Les objectifs d'apprentissage de cet employé peuvent consister à suivre une formation concernant la planification des besoins en capacités, l'utilisation d'un tableur et la supervision.

  À RETENIR

  Lorsque vous discutez avec un employé de son plan d'évolution de carrière, vous devez lui fixer des objectifs d'apprentissage précis. N'oubliez pas que chaque employé de votre société peut avoir des objectifs d'apprentissage. N'excluez personne !

- **Ressources nécessaires pour atteindre les objectifs d'apprentissage** : après avoir défini les objectifs d'apprentissage de votre employé, vous devez vous demander comment celui-ci va pouvoir les atteindre. Les ressources de développement sont très variées. Il peut s'agir de participer à un travail en équipe, de suivre un supérieur dans son travail, d'élargir ses responsabilités ou de suivre une formation. La formation peut être assurée par un intervenant extérieur à l'entreprise, par un formateur interne ou par l'employé lui-même (guides, manuels, etc.). Si elle requiert un financement, prenez les mesures nécessaires pour l'obtenir.

- **Échéance pour la réalisation de chaque objectif d'apprentissage** : un plan doit avoir un calendrier qui permette d'évaluer la progression de l'employé vers ses objectifs. Chaque objectif doit avoir une échéance précise. Veillez à ce que les échéances ne soient pas trop rapprochées les unes des autres ni trop éloignées dans le temps. Il faut que l'employé comprenne la nécessité pour lui de développer rapidement ses compétences tout en ayant la possibilité d'effectuer ses tâches quotidiennes.

- **Critères d'évaluation des objectifs d'apprentissage** : vous devez être en mesure de déterminer si les objectifs d'apprentissage ont bien été atteints. Observez l'employé pour voir s'il applique les nouvelles connaissances qu'il a acquises. Assurez-vous de fixer des critères d'évaluation clairs et accessibles auxquels votre employé adhère pleinement.

Le plan d'évolution de carrière de votre jeune acheteur pourrait donc être le suivant :

Plan d'évolution de carrière

Arnaud Paire

Objectif d'apprentissage n° 1

- Maîtriser la planification des besoins en capacités.

Objectif d'apprentissage n° 2

- Apprendre les bases de la supervision.

Plan

- Suivre la formation « Bases de la planification des besoins en capacités » avant la fin du premier trimestre de l'exercice 2007. (550 € + frais de déplacement.)
- Suivre la formation « Planification des besoins en capacités : niveau moyen » avant la fin du deuxième trimestre de l'exercice 2007. (750 € + frais de déplacement.)
- Accompagner votre supérieur dans ses tâches quotidiennes par demi-journée à compter d'aujourd'hui.
- Participer au séminaire trimestriel de remise à niveau de votre supérieur les premiers mercredis de janvier, avril, juillet et octobre. (Coût zéro : sur site.)

Comme vous le voyez, ce plan d'évolution de carrière comporte chacun des quatre éléments décrits précédemment. Pour être efficace, un plan d'évolution de carrière n'est pas nécessairement compliqué. En fait, plus il est simple, mieux c'est. Bien sûr, la forme n'a pas vraiment d'importance. Ce qui compte, c'est que vous fassiez des plans d'évolution de carrière.

Aider vos employés à développer leurs compétences

Le développement des compétences exige les efforts délibérés et constants des employés *et* le soutien du manager. Si l'une ou l'autre des parties se désinvestit, les employés ne développeront pas leurs compétences et la société en subira les conséquences dans un avenir proche. En tant que manager, vous devez préparer le terrain pour que votre société ne cesse jamais d'être performante, quels que soient les défis auxquels elle sera confrontée.

Le rôle des employés consiste à identifier les domaines dans lesquels ils ont besoin de développer leurs compétences pour devenir plus productifs et transmettre cette information à leur manager. Une fois les opportunités de développement identifiées, managers et employés travaillent ensemble pour les planifier et les mettre en œuvre.

En tant que manager, votre rôle consiste à être à l'affût des besoins de vos employés en matière de développement et attentif aux opportunités de développement potentielles. Si vous travaillez dans une PME, vous êtes peut-être chargé de déterminer l'avenir de la société pour les prochaines années. C'est à vous de vous assurer de la capacité des employés à répondre aux besoins futurs de la société. Votre rôle est donc de fournir les ressources et le soutien nécessaires au développement des compétences des employés.

Pour développer les compétences de vos employés afin qu'ils puissent relever les défis à venir, procédez de la manière suivante :

1. **Rencontrez vos employés et discutez avec eux de leur carrière.**

   Après avoir évalué les besoins de vos employés, rencontrez-les pour discuter de la façon dont ils peuvent et veulent évoluer dans la société. Vous devez agir de manière concertée. Inutile d'élaborer un plan d'évolution de carrière vers le poste de responsable des ventes si votre employé déteste l'idée d'abandonner la vente pour diriger une équipe de vendeurs.

2. **Identifiez les points forts et les points faibles de vos employés.**

   Si, à l'étape précédente, votre employé et vous trouvez un terrain d'entente, vous devez ensuite identifier en toute franchise ses points forts et ses points faibles. Votre objectif principal est de découvrir les points faibles, c'est-à-dire les nouvelles compétences que votre employé devra développer pour progresser. Vos efforts de développement doivent porter sur l'avenir de l'employé au sein de la société.

3. **Évaluez les compétences actuelles de vos employés.**

   L'étape suivante du processus de développement consiste à évaluer les compétences actuelles de l'employé. Jérôme a-t-il un potentiel en matière de supervision ? Les techniciens de l'assurance qualité du pool informatique sont-ils suffisamment performants pour faire face à la concurrence ? Sinon, pouvez-vous développer leurs compétences ou serez-vous contraint de recruter de nouveaux employés ? L'évaluation des compétences de vos employés vous permet d'orienter vos efforts de développement.

4. Élaborez des plans d'évolution de carrière.

Un plan d'évolution de carrière est un accord passé entre votre employé et vous, qui stipule avec précision les ressources (financement, congé, frais de déplacement, etc.) mises à la disposition de l'employé pour le développement de ses compétences et la date de mise à disposition de ces ressources. Ce plan comporte des échéances pour la réalisation d'objectifs d'apprentissage et le descriptif de toute autre ressource nécessaire à la réalisation de ces objectifs.

5. Respectez les accords et veillez à ce qu'ils soient respectés par les employés.

Ne rompez pas vos accords ! Apportez les ressources nécessaires au moment où vous avez promis de les fournir. Et veillez à ce que votre employé respecte sa part du marché. Évaluez ses progrès régulièrement. S'il n'est pas en mesure de respecter une échéance en raison d'autres priorités, redistribuez ses tâches pour lui laisser le temps de se concentrer sur son plan d'évolution de carrière.

TRUC

Les dix meilleurs moyens de développer les compétences d'un employé

1. Être le mentor de l'employé.
2. Lui demander de prendre des notes à votre place lors des réunions du personnel.
3. L'intégrer dans une équipe.
4. Lui confier des tâches qui lui permettent de se dépasser.
5. Augmenter l'étendue et la difficulté de ses tâches.
6. L'envoyer à un séminaire.
7. L'emmener avec vous lorsque vous rendez visite à vos clients.
8. Le présenter aux cadres supérieurs de votre société et vous arranger pour qu'il travaille directement pour eux.
9. L'inviter à participer à une réunion de cadres en dehors de la société.
10. Lui permettre de vous suivre pendant toute une journée de travail.

Quand devez-vous discuter avec un employé de l'évolution de sa carrière ? Le plus tôt sera le mieux. Malheureusement, dans de nombreuses sociétés, le plan d'évolution de carrière est étroitement lié à l'évaluation annuelle des performances. Cette pratique présente l'avantage d'ouvrir une discussion sur les besoins de développement au moins une fois par an. Mais le sujet reste périphérique. De plus, l'évolution des marchés et de la technologie est si rapide qu'une discussion annuelle ne suffit pas. Faire un plan d'évolution de carrière une fois par an, c'est comme arroser une plante une fois par an !

Réfléchissez à la question deux à quatre fois par an. Ouvrez la discussion sur une brève évaluation des besoins de l'employé en matière de développement des compétences. Si ces besoins requièrent la mise à disposition de ressources supplémentaires, identifiez ces ressources et donnez-vous un délai pour les fournir. Ajustez le plan d'évolution de carrière et redéfinissez les ressources aussi souvent que nécessaire.

Trouvez un mentor et soyez un mentor

Un employé inexpérimenté qui souhaite gravir les échelons de la hiérarchie a parfois la chance inestimable d'être guidé par une personne plus expérimentée. Cette personne est déjà passée par le même chemin que lui et peut donc lui donner des conseils sur ce qu'il doit faire et ne pas faire. C'est ce qu'on appelle un mentor.

N'est-ce pas ce qu'un *manager* est censé faire ? Non. Un mentor est un individu plus haut placé que l'employé mais pas nécessairement son patron. Le rôle du manager est effectivement de guider ses employés, mais celui du mentor est aussi d'être un conseiller fidèle, voire un confident. Bien souvent, le mentor n'est donc pas un supérieur de l'employé.

Si un mentor vous prend sous son aile, estimez-vous heureux. Pourquoi ? Parce que tout le monde n'a pas la chance d'en avoir un. Et n'oubliez pas qu'un jour, vous aussi, vous pourrez être le mentor d'un employé. Lorsque ce jour viendra, ne manquez pas d'apporter à votre tour l'aide dont vous avez bénéficié.

Un mentor bénéficie non seulement à l'employé qu'il guide mais aussi, indirectement, à la société. Voici quelques exemples du rôle bienfaisant du mentor :

- **Expliquer le véritable fonctionnement de la société**. Il y a généralement une grande différence entre ce qui est annoncé aux employés et ce qui se passe vraiment dans la société, notamment dans les rangs des cadres supérieurs. Votre mentor connaît probablement les rouages de l'entreprise et peut vous fournir quelques informations (si elles ne sont pas confidentielles) qui vous éviteront de faire des expériences désagréables.
- **Enseigner par l'exemple**. Vous pouvez apprendre beaucoup simplement en regardant votre mentor travailler. Celui-ci vous fera part de méthodes qu'il a lui-même éprouvées. Pourquoi réinventer la roue si vous pouvez profiter de l'expérience d'autrui ?

- **Faire des suggestions de développement**. Votre mentor peut vous orienter vers des activités qui ne font pas partie de votre plan d'évolution de carrière mais contribueront également au développement de vos compétences. Par exemple, il peut vous encourager à suivre une formation pour apprendre à parler en public, même si cet objectif n'est pas inscrit sur votre plan officiel. S'il vous fait cette suggestion, c'est parce qu'il sait que c'est important pour l'avenir de votre carrière.
- **Faire part d'informations importantes**. Si votre poste n'offre aucune perspective d'évolution au sein de l'entreprise ou si votre patron a tendance à licencier les personnes qui ne sont pas d'accord avec lui, ne préféreriez-vous pas le savoir ? Votre mentor est sans doute en mesure de vous fournir ce genre d'information. Il ne vous dévoilera aucun élément confidentiel et ce qu'il vous dira ne sera pas toujours crucial pour votre carrière, mais il vous permettra de faire vos choix en connaissance de cause.
- **Orienter vers les débouchés**. Votre mentor a probablement vu beaucoup d'emplois apparaître et disparaître au fil des ans. Il connaît les postes sans avenir et ceux qui offrent des possibilités de promotion à relativement court terme. Lorsque vous ferez des choix de carrière, il pourra donc vous donner des conseils précieux pour vous orienter là où il existe des débouchés.

Une personne expérimentée qui s'intéresse à un employé nouveau ou inexpérimenté peut rapidement devenir son mentor. Parfois, c'est l'employé qui déclenche le processus à l'occasion d'un projet au cours duquel il demande des conseils. Conscientes de l'importance du développement des compétences, certaines sociétés ont même formalisé ce processus pour le rendre accessible à un plus grand nombre d'employés. S'il n'existe pas de programme de mentorat dans votre entreprise, pourquoi ne prendriez-vous pas l'initiative d'en élaborer un ?

Le développement des compétences et la réduction du personnel

Au cours des dernières années, les vagues de licenciements économiques se sont multipliées. Peut-être votre société a-t-elle, elle aussi, souffert de la restructuration et de la réduction du personnel. Si c'est le cas, vous vous demandez sans doute si le développement des compétences est compatible avec ce genre de situation. Vos employés n'auront peut-être même plus de carrière l'année prochaine... Ne serait-il pas déplacé de parler d'évolution ?

Absolument pas ! Au contraire. Le monde de l'entreprise évolue rapidement et le développement des compétences est plus important que jamais. À l'heure où les services sont dissous, réorganisés, fusionnés, les employés doivent être prêts à assumer de nouvelles responsabilités. Dans certains cas, ils doivent même rivaliser entre eux pour obtenir un poste ou se vendre à d'autres services pour conserver un emploi au sein de la société. En ces temps d'incertitude, de nombreux employés ont le sentiment de perdre le contrôle de leur carrière et parfois de leur vie.

Les plans d'évolution de carrière et le développement des compétences donnent aux employés des sociétés en pleine évolution les outils dont ils ont besoin pour reprendre le contrôle de leur carrière. Quelques grandes sociétés américaines l'ont compris et ont ainsi pu aider leurs employés à traverser des périodes difficiles de réduction du personnel et de restructuration.

- À la suite d'une profonde restructuration, General Electric a offert une formation ciblée à ses principaux ingénieurs. La société a également organisé des réunions informelles pour effectuer le suivi des formations.
- Raychem, fabricant de produits industriels basé en Californie, met à la disposition de ses employés un centre de gestion des carrières, sur site. Dans ce centre, les salariés peuvent apprendre à rédiger un CV ou à passer un entretien avec succès et rechercher des opportunités de promotion au sein de leur société. Le P.-D.G. de Raychem, Robert J. Saldich, a déclaré : « Nos employés sont pleinement engagés, motivés par ce qu'ils font et bien plus productifs. »
- La direction de AT&T a offert à ses employés un séminaire de trois jours sur les opportunités d'évolution de carrière à la suite d'une grande réduction du personnel.
- IBM a remanié les plans de carrière de milliers d'employés qui ont évolué au sein de la société à la suite d'une restructuration massive.

Malgré les effets négatifs évidents de la réduction du personnel sur le moral et la confiance des employés, cette période de changement donne aux managers l'opportunité unique de préparer l'avenir de la société. Très souvent, c'est la seule occasion pour les cadres de repartir sur de bonnes bases.

Le développement des compétences est crucial car les salariés sont de plus en plus souvent amenés à assumer de nouveaux rôles et davantage de responsabilités au sein de la société. Vos employés ont besoin de votre soutien dès maintenant – soyez disponible pour eux. C'est ce que vous pouvez leur offrir de plus précieux.

Testez vos nouvelles connaissances

Quels sont les quatre éléments du plan d'évolution de carrière ?

A. Objectifs d'apprentissage, ressources nécessaires, échéances et critères d'évaluation.

B. Objectifs d'apprentissage, programme, feuille de présence et dossier scolaire.

C. Déclaration d'intention, engagement, ressources allouées et résultats escomptés.

D. Spécifique, mesurable, accessible, rattaché à un projet.

Est-il important de poursuivre le développement des compétences au cours d'une réduction du personnel ?

A. Oui, l'avenir de la société en dépend.

B. Non, tout change trop vite de toute façon.

C. Non, mieux vaut attendre que le calme revienne.

D. Autres.

Chapitre 21

Suivre les dernières tendances du management

Dans ce chapitre :

- Faire un retour aux sources
- Faire de votre société une société apprenante
- Déhiérarchiser l'entreprise
- Jouer la transparence
- Améliorer la qualité avec la méthode Six Sigma

Dans le domaine du management, il ne se passe pas un jour sans qu'une nouvelle tendance fasse son apparition : le top du top pour motiver les employés, augmenter les résultats ou même faire de l'entreprise la plus morne un modèle éblouissant de productivité et de rentabilité. Malheureusement, si certaines de ces tendances ont un impact durable, d'autres ne sont que des modes amenées à disparaître du jour au lendemain.

Le cimetière de l'innovation managériale est jonché d'innombrables épaves de systèmes abandonnés aussi vite qu'ils ont été adoptés. Zéro défaut, management minute, cercles de qualité sont autant de concepts qui ont eu leur heure de gloire et sont tombés dans l'oubli. Chaque tendance a sa propre durée de vie.

La plupart de ces nouveaux concepts sont intéressants, mais peu de sociétés engagent les processus fondamentaux et opèrent les changements structurels nécessaires à une véritable transformation de l'entreprise. Une fois que l'attrait de la nouveauté est passé – généralement quelques semaines ou quelques mois plus tard –, les sociétés reprennent leurs anciennes habitudes. Pourtant, même les tendances les plus fugitives peuvent être bénéfiques à l'entreprise. Le secret, c'est de regarder au-delà du phénomène de mode et de leur faire une place sur le chemin qui mène au succès.

Dans ce chapitre, nous allons analyser les dernières tendances du management, c'est-à-dire le retour aux sources, la société apprenante, la société déhiérarchisée, la transparence et la méthode Six Sigma. Certaines de ces tendances seront peut-être encore là dans quelques années, tandis que d'autres disparaîtront dès que l'encre aura séché sur cette page.

Faire un retour aux sources

Le monde des affaires a évolué et créé de nouvelles opportunités dans tous les secteurs d'activité. Mais en même temps, il a dressé de nouveaux obstacles, que managers et employés doivent apprendre à franchir. Par exemple, comment diriger un employé qui n'a aucun contact physique avec son manager pendant plusieurs semaines ou plusieurs mois d'affilée ?

Les questions comme celles-ci ont conduit de nombreux managers à casser le rythme effréné qu'est celui de l'entreprise d'aujourd'hui pour opérer un véritable retour aux sources et retrouver les bases du management, notamment :

- **Consacrer du temps aux autres**. Rien ne vaut une discussion en tête à tête pour bâtir des relations de confiance. Être manager, c'est se consacrer aux autres. Prenez le temps de les écouter (pour améliorer la communication avec vos employés, reportez-vous au chapitre 12).
- **Augmenter la communication proportionnellement à la distance**. Plus la distance entre l'employé et son manager est grande, plus les efforts de communication doivent être importants des deux côtés. Cela dit, en tant que manager, n'attendez pas que les employés qui travaillent à distance prennent l'initiative de vous contacter. C'est à vous d'assurer la fréquence et la régularité de la communication (pour bien gérer les employés à distance, reportez-vous au chapitre 12).
- **Utilisez la technologie avec discernement**. La technologie est un atout inestimable, à condition que vous sachiez l'utiliser de façon optimale. Par exemple, au lieu de l'employer uniquement pour diffuser des informations, servez-vous-en pour améliorer la communication avec vos employés (pour utiliser la technologie efficacement, reportez-vous au chapitre 19).

Aujourd'hui, les managers doivent faire l'effort d'être disponibles pour les autres. Si vous attachez de l'importance aux relations interpersonnelles et à la communication (ce qui ne fait aucun doute !), retournez aux sources du management : passez plus de temps avec vos employés et soyez plus disponible.

Créer une société apprenante

Une *société apprenante* est une société qui sait développer et utiliser ses connaissances pour effectuer les changements nécessaires. Depuis la parution de *La Cinquième Discipline*, livre novateur de Peter Senge (Éditions First), la création d'une entreprise dans laquelle l'apprentissage serait constant est la priorité de la plupart des managers.

L'ancien modèle d'entreprise partait du principe que le monde, et tout ce qu'il comporte, est prévisible. Si l'on élaborait un modèle suffisamment vaste et complexe, on pouvait anticiper toute éventualité. Seulement, il faut bien l'admettre, le monde n'est pas prévisible. Le monde de l'entreprise est un chaos – ce qui est vrai aujourd'hui sera balayé demain par la prochaine vague de changements. Il n'existe qu'un seul facteur prévisible : le changement.

Le concept de société apprenante, en revanche, part du principe que les sociétés sont soumises à un changement rapide et que les managers doivent prévoir l'imprévisible. Ainsi, les managers qui travaillent dans une société apprenante, accueillent les événements imprévisibles avec bienveillance car ils les considèrent comme des opportunités et non comme des problèmes. Contrairement aux entreprises traditionnelles, la société apprenante est flexible et peu hiérarchique. Cette structure donne aux managers la possibilité d'être à la tête du changement au lieu de le gérer de façon réactive.

Comment concevoir concrètement une société apprenante ? Ce type de société comporte plusieurs caractéristiques. Plus vous développez ces caractéristiques, plus votre société est en mesure de prospérer dans les périodes de changement rapide (comme aujourd'hui !).

- **Encourager l'objectivité**. Au cours de notre carrière, nous avons vu des managers prendre de nombreuses décisions destinées uniquement à satisfaire l'ego et la soif de pouvoir d'un individu. Ces décisions subjectives – dictées non pas par examen des faits mais par l'émotion – sont rarement aussi bonnes que les décisions objectives. En tant que manager, vous devez faire preuve d'objectivité dans votre processus de décision, et encourager vos employés et vos collègues à être objectifs.
- **Favoriser le dialogue**. Pour que la société apprenne, les employés doivent être prêts à tout se dire. Pour favoriser le dialogue, vous devez créer un environnement dans lequel vos employés se sentent libres de donner leur opinion et de vous communiquer de mauvaises nouvelles sans craindre de sanction. La priorité d'un manager qui souhaite créer une société apprenante est de chasser la peur.

- **Insister sur le travail en équipe**. Le développement du travail en équipe est très important dans le processus de création d'une société apprenante. Si vos employés travaillent individuellement, certains s'adaptent au changement mais d'autres non. En revanche, s'ils travaillent en équipe, ils sont tous mobilisés. De plus, une équipe trouve plus facilement la meilleure solution car elle bénéficie de la contribution de *tous* ses membres. Dans un environnement économique en constante évolution, la rapidité d'adaptation est cruciale.
- **Fournir les outils nécessaires**. Dans une société apprenante, les managers doivent fournir à leurs employés des outils qui leur permettent d'obtenir rapidement et facilement les informations dont ils ont besoin pour faire leur travail. Par exemple, ils doivent mettre en place un réseau informatique auquel tous les employés auront accès, et communiquer toutes les données financières, économiques et budgétaires nécessaires à une prise de décision éclairée. Les meilleurs outils sont ceux qui transmettent les bonnes informations au bon moment et aux bonnes personnes.
- **Réfléchir au comportement que vous souhaitez récompenser**. Quelles sont les actions que vous récompensez et quels comportements obtenez-vous en retour ? Si vous voulez créer une société apprenante, vous devez récompenser les comportements qui favorisent la création d'une société apprenante. Arrêtez de récompenser les comportements contraires à l'apprentissage, comme la subjectivité et l'individualisme. Accomplissez cette mission au plus vite.

Déhiérarchiser l'entreprise

La tendance à la déhiérarchisation de l'entreprise par la suppression de niveaux de management s'affirme de plus en plus. La déhiérarchisation accroît l'ampleur du contrôle des managers qui restent (en augmentant le nombre de personnes directement supervisées) et étend l'autorité aux niveaux les plus bas de la chaîne de contrôle.

La réduction des niveaux de management ainsi que l'augmentation de la participation et de la prise de décision des employés ont les conséquences suivantes :

- Une diminution de la bureaucratie
- Une accélération du processus de prise de décision
- Un assouplissement de l'entreprise, plus apte à réagir à l'évolution des marchés
- Une plus grande confiance dans les équipes autonomes

- Une augmentation de la responsabilisation et de la satisfaction des employés
- Une augmentation de la satisfaction des clients
- Une réduction des coûts
- Une augmentation des bénéfices

Loin de s'attacher aux structures et à la préservation de la hiérarchie – services, fonctions et titres –, l'entreprise déhiérarchisée a d'autres priorités :

- Se concentrer sur les clients, internes et externes.
- Encourager tous les employés à répondre directement aux besoins des clients.
- Promouvoir la prise de décision de ces employés plus proches des clients.
- Éliminer les obstacles à la communication.
- Favoriser le partage des informations en toute transparence.

De plus en plus de sociétés s'affranchissent des contraintes liées à la hiérarchie et se tournent tout naturellement vers un modèle moins hiérarchisé pour rebondir plus vite face à des marchés en constante évolution.

Jouer la transparence

Il y a encore quelques années, la plupart des entreprises considéraient les informations comptables – chiffres des ventes, recettes, dépenses, bénéfices, etc. – comme des secrets que seuls les cadres devaient connaître. Cette approche avait pour but de renforcer le pouvoir au sommet de la hiérarchie et d'empêcher les employés de donner leur avis sur les processus financiers.

Cette pratique a évolué. Dans l'espoir de rendre sa société plus compétitive sur un marché très difficile, Jack Stack, P.-D.G. de la société américaine de reconstruction SRC Corporation, a fourni à ses employés les rapports financiers de l'entreprise, les résultats de chaque service et les statistiques de production. Il les a aidés à déchiffrer ces documents avant de les inviter à s'y référer avec l'objectif de rendre l'entreprise plus performante.

Et c'est ce qu'ils ont fait. SRC a réussi au-delà de ses espérances. Depuis, la tendance est à la transparence. Des milliers d'entreprises fournissent à leurs employés tous les documents dont ils ont besoin pour améliorer leur travail et leur société. Cette responsabilisation des employés est bénéfique pour tout le monde.

D'après Stack, la vraie transparence repose sur trois facteurs :

- Tout le monde doit connaître les règles et les attentes
- Tout le monde doit disposer de suffisamment d'informations pour prendre des décisions et assurer un suivi
- Tout le monde doit être intéressé aux résultats

Stack a présenté le concept de comptabilité à livre ouvert à de nombreux managers à travers divers livres, séminaires et vidéos. À chaque fois, il met l'accent sur la nécessité de créer un environnement dans lequel les employés aient beaucoup de responsabilités :

- Rédiger les états financiers
- Créer un système de primes pour récompenser leurs propres progrès
- Apprendre à anticiper les résultats financiers
- Partager ce qu'ils apprennent avec les autres
- Partager les récompenses quand les performances sont satisfaisantes

La fin justifie-t-elle les moyens ? Absolument ! Mid-States Technical, cabinet américain de recrutement, a vu son chiffre d'affaires augmenter de 79 % dans les deux années qui ont suivi la mise en œuvre d'un programme de comptabilité à livre ouvert, tandis que les bénéfices ont triplé. Peut-être les managers ne sont-ils pas les seuls à comprendre les informations comptables et à pouvoir les utiliser pour améliorer les résultats…

Adopter la méthode Six Sigma

La qualité est sans doute l'un des domaines du management les plus soumis aux tendances du moment. La dernière en date est la méthode Six Sigma, un système d'amélioration de la qualité mis au point par Motorola il y a une vingtaine d'années et récemment remis au goût du jour.

Qu'est-ce que la méthode Six Sigma et pourquoi a-t-elle tant d'adeptes ?

La méthode Six Sigma est un programme de formation qui offre aux managers des instruments de mesure spécifiques et des outils d'analyse statistiques pour les aider à réduire les défauts dans les produits et les processus tout en diminuant les coûts (et en augmentant la satisfaction des clients !). Cette méthode a notamment été adoptée par General Electric (GE).

La méthode Six Sigma repose sur six concepts clés :

- **Les fondements de la qualité**. Les caractéristiques les plus importantes pour le client.
- **Le défaut**. L'incapacité à fournir au client ce qu'il attend.
- **Le potentiel des processus**. Ce que les processus peuvent fournir.
- **Les fluctuations**. Ce que le client voit et ressent.
- **La stabilité des opérations**. Des processus cohérents et prévisibles susceptibles d'améliorer la perception du client.
- **La conception Six Sigma**. Une conception compatible avec les besoins du client et le potentiel des processus.

D'après Mikel Harry, qui est à l'origine de la méthode Six Sigma, l'application des principes de cette nouvelle forme de management a pour conséquences :

- Une amélioration de la satisfaction du client
- La réduction du temps de cycle
- L'augmentation de la productivité
- L'amélioration du potentiel et des résultats
- La réduction des défauts
- L'augmentation de la fiabilité du produit
- La réduction des « travaux en cours »
- L'accélération de l'enchaînement des opérations

Les chiffres semblent parler en faveur de la méthode Six Sigma. GE affirme qu'elle a économisé 500 millions de dollars grâce à l'application de cette méthode. La société est si convaincue qu'elle déclare dans une de ses brochures : « Six Sigma a modifié l'ADN de GE – c'est désormais comme ça que nous travaillons – dans tout ce que nous faisons et dans tous les produits que nous concevons. »

Septième partie

La partie des dix

« Nous offrons un environnement SIG créatif, basé sur un équipement de traitement et de communication conforme à l'état de l'art, de nombreux avantages en nature, un intéressement aux bénéfices généreux, des stock-options et, si vous avez besoin de vous détendre et de bavarder, nous pouvons le faire aussi. »

Dans cette partie...

Ces chapitres courts sont remplis de petites idées qui vous aideront à devenir un meilleur manager. Lisez-les dès que vous avez une minute ou deux devant vous.

Chapitre 22

Dix erreurs de management courantes

Dans ce chapitre :

- Ne pas accepter que le changement fasse partie du travail
- Ne pas fixer des objectifs clairs
- Ne pas prendre le temps de communiquer avec les employés
- Ne pas déléguer
- Ne pas reconnaître les succès des employés
- Oublier ce qui compte vraiment

Les managers commettent des erreurs. Les erreurs sont là pour vous montrer que vous apprenez. Edison a affirmé qu'il fallait commettre 10 000 erreurs avant de trouver une solution. Le moniteur de ski de Peter lui a dit quelque chose qui l'a bien fait réfléchir à ce sujet : « C'est ton nez, là-bas, dans la neige ? » Non, blague à part, sa leçon était bien plus convaincante : « Si tu ne tombes pas, tu n'apprends pas. » Vous saisissez l'idée ?

Ce chapitre dresse la liste des dix pièges dans lesquels les managers, expérimentés ou non, peuvent tomber.

Ne pas faire la transition entre technicien et manager

En tant que technicien, vous avez une tâche et vous vous contentez de l'accomplir. Même si vous travaillez en équipe ou en collaboration étroite avec d'autres employés, vous n'êtes responsable que de vous-même. Avez-vous atteint vos objectifs ? Avez-vous effectué votre travail correctement ? Êtes-vous arrivé au bureau à l'heure ? Lorsque vous devenez manager, tout change. Soudainement, vous êtes responsable des résultats de tout un groupe de personnes. *Vos employés* ont-ils atteint leurs objectifs ? *Vos employés* ont-ils effectué leur travail correctement ? *Vos employés* sont-ils arrivés au bureau à l'heure ?

Pour devenir manager, vous devez développer de nouvelles compétences, qui ont trait à la gestion des personnes. Les techniciens les plus talentueux peuvent s'avérer de piètres managers s'ils ne négocient pas bien la transition entre ces deux différentes professions.

Ne pas déléguer

Malgré les efforts constants des managers pour prouver le contraire, vous ne pouvez pas tout faire vous-même. Et même si vous le pouviez, ce ne serait pas la meilleure façon pour vous d'utiliser votre temps et votre talent. Vous êtes peut-être le meilleur statisticien du monde mais, aujourd'hui, vous êtes le manager d'une équipe de statisticiens et votre travail a changé. Votre rôle ne consiste plus à faire des analyses statistiques, mais à gérer un groupe d'employés et à développer ses compétences.

Lorsque vous déléguez des tâches à vos employés, vous multipliez la quantité de travail que vous pouvez effectuer. Un projet qui semble très lourd à première vue est tout à fait gérable dès lors que vous le divisez entre douze employés. De plus, en déléguant des tâches, vous donnez à vos employés la possibilité de développer leurs compétences. Lorsque vous avez une nouvelle tâche à accomplir, demandez-vous si l'un de vos employés peut la prendre en charge.

Ne pas fixer d'objectifs à vos employés

Une société sans objectifs, c'est comme un bateau sans gouvernail. La performance commence par la définition d'objectifs clairs. Si vous n'en fixez pas à vos employés, ceux-ci n'auront pas de défis à relever et perdront peu à peu leur motivation jusqu'à se présenter au bureau uniquement pour toucher leur salaire. De plus, la société n'aura aucune orientation. Les employés doivent avoir une vision de ce qu'ils veulent être à l'avenir. En tant que manager, vous devez définir avec eux des objectifs réalistes et réalisables qui les guideront dans leurs efforts pour concrétiser la vision de l'entreprise. Ne les laissez pas dans l'obscurité. Aidez-les à vous aider et à aider votre société en leur fixant des objectifs et en les assistant dans leur progression vers ces objectifs.

Ne pas communiquer

La plupart du temps, c'est un miracle que quelqu'un sache ce qui se passe vraiment dans la société. L'information, c'est le pouvoir. Certains managers l'utilisent et la contrôlent pour rester les personnes les plus informées et donc les plus précieuses de la société. D'autres redoutent les rencontres et évitent naturellement de communiquer avec leurs employés. D'autres encore s'estiment tout simplement trop occupés. Ils ne font aucun effort pour informer régulièrement leurs employés, préférant se consacrer à des tâches qu'ils jugent plus importantes.

La diffusion de l'information à tous les niveaux de l'entreprise, autrement dit la communication, est essentielle à la santé de l'entreprise – surtout en période de changement (c'est-à-dire à tout moment). Les employés doivent être informés afin de pouvoir prendre les meilleures décisions rapidement et sans l'approbation de leurs supérieurs.

Ne pas apprendre

La plupart des managers sont habitués au succès. Ils ont d'ailleurs beaucoup appris pour parvenir à ce succès. C'est pour cette raison qu'ils ont été promus au poste de manager alors qu'ils étaient encore dans les rangs des techniciens. Et pourtant, dès qu'ils assument cette nouvelle fonction, ils attrapent une maladie redoutable – la rigidité – et veulent absolument que les choses soient faites à leur manière.

Ils cherchent le meilleur moyen d'atteindre leurs objectifs, le trouvent, et mettent au point des processus et des politiques qui institutionnalisent leur approche. Cette méthode est efficace tant que l'environnement de la société ne change pas. Mais en période d'évolution, si les managers ne changent pas de méthode – s'ils n'apprennent pas – la société en pâtit.

Cette situation est particulièrement difficile pour les managers qui ont connu le succès en travaillant d'une certaine façon. Mais, lorsque l'environnement économique change, ils doivent changer eux aussi pour s'y adapter. Ils doivent constamment apprendre, expérimenter et essayer de nouvelles méthodes, sinon ils seront menacés d'extinction – comme le *Tyrannosaurus Rex* de *Jurassic Park* !

Résister au changement

Si vous pensez pouvoir arrêter le changement, vous vous faites des idées. Vous pouvez tout aussi bien vous mettre sur le passage d'un cyclone pour essayer d'en dévier la trajectoire. Bonne chance ! Vous devez admettre que le monde change, que cela vous plaise ou non. Concentrez vos efforts sur ce qui peut améliorer votre façon de travailler. Apprenez à vous adapter au changement pour l'utiliser à votre avantage au lieu de le combattre.

Au lieu de réagir aux changements *après* que ceux-ci surviennent, soyez proactif et anticipez-les *avant* qu'ils affectent votre société. Ce n'est pas en ignorant le besoin de changement que ce besoin disparaîtra.

Ne pas consacrer de temps à vos employés

Pour certains employés, vous êtes une ressource. Pour d'autres, vous êtes un associé de confiance. D'autres encore vous considèrent comme leur mentor ou leur coach. Mais ils ont tous quelque chose en commun : ils ont besoin que vous leur consacriez du temps pour les guider tout au long de leur carrière. Le management est une affaire de personnes. Vous devez être disponible pour vos employés. Certains ont peut-être davantage besoin de votre soutien que d'autres. Il est important que vous évaluiez les besoins de chacun et que vous y répondiez de façon adéquate.

TRUC

Si certains de vos employés ont beaucoup d'expérience et demandent peu de supervision de votre part, d'autres ont besoin d'une attention quasi constante, surtout s'ils doivent effectuer une tâche nouvelle. Lorsqu'un employé a besoin de parler, montrez-vous disponible. Mettez votre travail de côté pour un moment, ignorez votre téléphone et accordez toute votre attention à votre employé. En vous concentrant ainsi, vous lui témoignez votre intérêt et vous vous donnez les moyens d'être véritablement à son écoute.

Ne pas exprimer votre reconnaissance à vos employés

En cette période d'évolution constante, de réduction du personnel et d'incertitude pour les salariés, il est essentiel que vous sachiez exprimer votre reconnaissance à vos employés pour le travail qu'ils accomplissent. La plupart des managers ont mis au point un système formel de récompense, mais ils ne prennent pas le temps d'exprimer personnellement leur reconnaissance.

Outre les augmentations et les primes, qui se font d'ailleurs de plus en plus rares, vous pouvez faire un geste qui demande peu de temps et ne coûte pratiquement rien. En réalité, les récompenses les plus appréciées – remerciements écrits et formulés personnellement – sont gratuites. Prenez toujours une minute ou deux pour exprimer votre reconnaissance – cela ne pourra qu'accroître le moral, les performances et la loyauté de vos employés.

Choisir la solution de facilité

Les managers se donnent pour objectif personnel de résoudre les problèmes le plus rapidement possible. Ils sont attirés par les défis (et par les bureaux du dernier étage !). Malheureusement, ce zèle les empêche de prendre le temps de chercher des solutions durables aux problèmes de la société.

Au lieu de diagnostiquer le cancer et d'entreprendre un traitement de fond, la plupart des managers se bornent à traiter les symptômes. Bien que ce ne soit pas aussi valorisant dans un premier temps, vous devez prendre en compte tout le système et trouver l'origine du problème au lieu d'apporter une simple parade. Une solution doit avoir un effet durable, sans quoi ce n'est pas une véritable solution.

Vous prendre trop au sérieux

Oui, le management est une affaire sérieuse. Si vous en doutez, demandez-vous ce qui se passerait si vous dépassiez considérablement votre budget et provoquiez un grand déficit qui mettrait votre société en faillite. En dépit ou plutôt en raison des lourdes responsabilités qui pèsent sur vos épaules, vous devez entretenir un certain sens de l'humour et créer un environnement agréable à la fois pour vous et pour les salariés. Invitez vos employés à manger un morceau dans votre bureau, à vous accompagner à la brasserie du coin ou à faire un barbecue chez vous. Surprenez-les en leur offrant une cravate originale à titre de récompense. Plaisantez avec eux. Soyez enjoué.

À RETENIR

Lorsqu'un manager prend sa retraite, ce que l'on retient de lui, ce n'est pas la facilité avec laquelle il a créé des budgets pour chaque service ou discipliné ses employés. On se souvient plus volontiers de son humour, de sa légèreté et de sa capacité à rendre le travail plus agréable. Ne soyez pas rigide. Vivez chaque jour comme si c'était le dernier.

Chapitre 23

Dix moyens d'exprimer votre reconnaissance à vos employés

Dans ce chapitre :

- La reconnaissance qui ne coûte rien
- Les récompenses financières

Exprimez-vous à vos employés toute la reconnaissance qu'ils méritent ? Nous l'espérons ! Pourquoi ? Parce que la reconnaissance est l'un des meilleurs moyens de motiver vos employés et d'obtenir un véritable engagement de leur part. De plus, la reconnaissance ne coûte rien. Il existe de nombreuses façons de remercier un employé pour son travail. Inutile de l'envoyer aux Bahamas ou de lui offrir une prime de 1 000 euros.

Soutien et implication

Vos employés ont besoin d'informations et de tout votre soutien pour bien travailler. Donnez-leur ce dont ils ont besoin quand ils en ont besoin pour qu'ils travaillent dans des conditions optimales. S'ils font une erreur, soutenez-les et aidez-les à tirer les leçons de cette erreur. Les erreurs sont inévitables, mais la façon dont vous les gérez lorsqu'elles surviennent est déterminante en termes de confiance, d'apprentissage et d'amélioration des performances. Tout employé a besoin du soutien de son manager après avoir fait une erreur.

De même, impliquez vos employés lorsque vous prenez des décisions importantes, surtout lorsque ces décisions les concernent. Demandez-leur leur opinion et incitez-les à faire des suggestions. Ainsi, ils verront que vous les respectez et que vous leur faites confiance. Du reste, ils ont sans doute des idées qui valent la peine d'être connues !

Remerciements en personne

Près de soixante pour cent des employés affirment que leur manager ne leur dit jamais merci lorsqu'ils font du bon travail. Pourtant, cela fait des années que les salariés mettent les remerciements en tête des facteurs de motivation.

Prenez le temps de remercier vos employés en personne pour leur montrer que, même si vous êtes très occupé, rien ne compte plus à vos yeux que votre équipe. En les remerciant, vous leur dites qu'ils sont votre priorité dans votre vie professionnelle. D'ailleurs, ne dit-on pas que les employés constituent « le meilleur atout de l'entreprise » ?

Pour que vos remerciements aient le maximum d'impact, faites-les au bon moment, avec sincérité. Soyez précis. Cherchez activement vos employés lorsque vous souhaitez les féliciter et n'ayez pas peur d'exprimer votre reconnaissance devant les autres – supérieurs, collègues ou même clients.

Autonomie et autorité

Les salariés apprécient beaucoup d'avoir la possibilité de faire leur travail comme ils l'entendent. Ils n'aiment pas que leur manager leur rappelle sans cesse comment ils doivent effectuer telle ou telle tâche ou qu'il les corrige chaque fois qu'ils s'écartent de la norme. N'oubliez pas que vos employés ont peut-être de meilleures idées que vous concernant la réalisation de leurs propres tâches !

Lorsque vous confiez une tâche à un employé, fournissez-lui la formation nécessaire et laissez-le travailler à sa guise. La formation est la meilleure garantie d'une performance à la hauteur de vos attentes – ou même au-delà.

Horaires flexibles

Pour exprimer votre reconnaissance à vos employés sans le moindre coût pour votre société, pensez aussi à leur offrir des horaires de travail flexibles : possibilité d'arriver et de partir à l'heure de leur choix, de quitter le bureau plus tôt en cas de besoin et de prendre des jours de congé. La plupart de vos employés essaient de redéfinir leurs priorités pour trouver un équilibre entre leur vie privée et leur vie professionnelle. Le temps est donc un facteur très important. Pour eux, les horaires flexibles et les jours de congé sont des récompenses non négligeables.

Tout le monde a envie de passer plus de temps avec sa famille et ses amis et moins de temps au bureau. Évidemment, avec la réduction du personnel et la restructuration des entreprises, les employés ont davantage de travail. Mais s'ils ont des horaires flexibles, ils seront frais et dispos au bureau !

Apprentissage et développement

L'emploi garanti est un concept sans doute disparu à jamais, mais l'employabilité garantie reste possible sur le marché du travail actuel. Par conséquent, de plus en plus d'employés souhaitent acquérir de nouvelles compétences sur leur lieu de travail. Ils veulent renforcer leurs aptitudes et la valeur ajoutée qu'ils représentent pour leur société. N'oubliez pas que le développement des compétences se fait sur le terrain et non à l'école. De nouveaux défis, de nouvelles responsabilités et la possibilité de représenter son manager ou son équipe sont autant de moyens, pour un employé, de développer et de maîtriser de nouvelles compétences.

L'apprentissage et le développement des compétences sont très motivants. Vous ne motiverez pas vos employés en leur faisant peur. Au contraire, vous devez faire en sorte qu'ils puissent se valoriser dans le cadre de leur travail. Discutez avec eux de leurs projets à long terme, de leur plan de carrière, pour nouer des relations de confiance avec eux. Quand un employé vous fait part de son objectif d'ici aux cinq prochaines années, vous pouvez réfléchir aux aspects de son poste actuel qui l'aideront à préparer son avenir.

Disponibilité du manager

Avoir accès à son manager est un facteur de motivation important. L'accès, ce n'est pas la possibilité d'être localisé physiquement sur son lieu de travail. Aujourd'hui, l'accès, ou plutôt l'accessibilité, n'est pas tant une affaire de proximité physique que d'aptitude, de la part du manager, à prendre les questions et les préoccupations des employés au sérieux pour fournir des informations, des ressources et une assistance adéquates, au bon moment.

Lorsqu'il était manager, Bob Nelson, coauteur de ce livre, s'est engagé personnellement à communiquer à son équipe toutes les informations dont il disposait dans les vingt-quatre heures suivant chaque réunion à laquelle il participait, et à répondre à toutes les questions éventuelles. Résultat : la confiance, le respect et le travail en équipe se sont développés et son service a atteint des niveaux de performances plus élevés. Les employés ont également affirmé qu'ils appréciaient que leur manager fasse l'effort de les connaître et passe du temps avec eux.

Félicitations par écrit

Pour les salariés, les félicitations par écrit constituent aussi une forme de reconnaissance. Qu'il s'agisse d'une lettre glissée dans le dossier personnel d'un employé, d'une note de remerciement de la part d'un manager ou d'un collègue, ou bien d'une simple carte, les félicitations par écrit ont l'avantage de laisser des traces.

De plus, les félicitations par écrit ont un effet multiplicateur, puisque l'employé peut s'y référer de temps à autre, les afficher dans son bureau ou les mettre de côté dans un dossier prévu à cet effet. Il peut aussi les montrer à sa famille ou à ses amis.

Félicitations par courrier électronique

Semblables aux félicitations par écrit, les félicitations par courrier électronique renforcent la communication positive. Ne vous servez pas des technologies actuelles uniquement pour traiter l'information. Pensez à les utiliser pour entrer en contact avec vos employés et les féliciter lorsqu'ils ont fait du bon travail.

D'après une enquête que Bob Nelson a récemment effectuée sur Internet, environ 28 % des employés affirment qu'il est « extrêmement important » pour eux de recevoir directement des e-mails positifs et 65 % déclarent qu'il est « extrêmement ou très important » pour eux de recevoir une copie des e-mails positifs qui circulent au sein de la direction.

TRUC

N'oubliez pas le répondeur, sur lequel vous pouvez aussi laisser un message de félicitations quand vous voulez éviter d'interrompre un autre projet en cours.

Félicitations en public

La plupart des employés apprécient les félicitations en public. Dans ce domaine, vous avez l'embarras du choix. Vous pouvez, par exemple, lire en public une lettre positive d'un client ou afficher celle-ci sur un tableau d'affichage, ou bien faire entrer des clients importants dans le bureau d'un employé pour qu'ils lui expriment leur reconnaissance. Avec ce genre de pratique, vous pouvez montrer à tous vos employés que vous attachez de l'importance à leur travail.

Prenez également le temps, au début ou à la fin des réunions avec votre équipe, de remercier vos employés ou de permettre à ceux-ci de se remercier mutuellement. Pensez enfin au bulletin de la société, dans lequel vous pouvez indiquer des informations positives, nommer les employés que vous souhaitez féliciter, ou remercier votre équipe. Faites tout pour que ceux qui font du bon travail aient un véritable sentiment d'accomplissement.

Primes et autres récompenses financières

Dans certaines circonstances, les employés peuvent recevoir des primes, qui constituent un facteur de motivation. Mais l'argent, ce n'est pas tout. En réalité, il a très peu de valeur en tant que « trophée » et ne reste souvent pas gravé dans la mémoire de ceux qui le reçoivent. En général, lorsque les employés se voient accorder une prime, ils la dépensent rapidement et finissent par oublier le motif de leur récompense. D'autres types de récompense financière s'avèrent plus efficaces. Les bons ou les billets pour un spectacle offrent une plus grande variété, une plus grande flexibilité, et peuvent être partagés avec un ami ou un membre de la famille, ce qui accroît l'impact émotionnel et le souvenir de la récompense.

Il est inutile de dépenser beaucoup d'argent pour montrer à vos employés que vous appréciez leur travail. Toutes les méthodes précédentes suffisent à créer un environnement motivant, dans lequel chaque employé se sente valorisé, digne de confiance et respecté.

Bibliographie

Langue française

La Dimension humaine de l'entreprise, Douglas McGregor (Gauthier-Villars, 1969)

Le Principe de Peter, Laurence Peter et Raymond Hull (Éditions de l'Homme, 1992)

Faites décoller vos hommes et votre entreprise, Robert Townsend (Seuil, 1985)

Le Manager minute, Kenneth Blanchard et Spencer Johnson (Éditions d'Organisation, 2001)

Le Prix de l'excellence, Thomas Peters et Robert Waterman (Dunod, 1999)

Le But, Eliyahu Goldratt et Jeff Cox (Afnor, 2002)

La Cinquième Discipline : guide de terrain, Peter Senge (Éditions First, 2000)

Les Équipes haute performance, Jon R. Katzenbach et Douglas K. Smith (Dunod, 1994)

Les sept habitudes de ceux qui réalisent tout ce qu'ils entreprennent, Stephen R. Covey (Éditions First, 1996)

Langue anglaise

The Human Side of Enterprise, Douglas McGregor (McGraw-Hill, 1960)

The Peter Principle, Laurence Peter et Raymond Hull (Morrow, 1969)

Up the Organization, Robert Townsend (Knopf, 1970)

The One Minute Manager, Kenneth Blanchard et Spencer Johnson (Morrow, 1982)

In Search of Excellence, Thomas Peters et Robert Waterman (Harper & Row, 1982)

The Goal, Eliyahu Goldratt et Jeff Cox (North River Press, 1992)

The Fifth Discipline : The Art and Practice of the Learning Organization, Peter Senge (Doubleday/Currency, 1990)

The Wisdom of Teams, Jon R. Katzenbach et Douglas K. Smith (Harvard Business School Press, 1993)

Managing for Results, Peter F. Drucker (Harper & Row, 1964)

Leadership Is an Art, Max Du Pree (Doubleday, 1989)

The Game of Work, Charles Coonradt (Deseret, 1984)

Index alphabétique

Disponibles dans la collection « Pour les Nuls »

Culture générale

Histoire

Titre	*Auteur*	*ISBN*
Versailles	Mathieu da Vinha, Raphaël Masson	978-2-7540-1552-3
La Seconde Guerre mondiale	Robert Belot, Klaus-Peter Sick	978-2-7540-0818-1
L'Histoire du monde	Philippe Moreau Defarges	978-2-7540-1265-2
L'Histoire de la Belgique	Fred Stevens, Axel Tixhon	978-2-7540-1482-3
La Préhistoire	Gilles Gaucher	978-2-7540-2185-2
La Rome antique	Guy de la Bédoyère, Catherine Salles	978-2-7540-1822-7
La Grèce antique	Stephen Batchelor, Marie-Dominique et Marc Porée	978-2-7540-1602-5
Le Gaullisme	Chantal Morelle	978-2-7540-0821-1
La Chine	Angélina Boulesteix	978-2-7540-1145-7
La Culture générale, 2e édition	Florence Braunstein, Jean-François Pépin	978-2-7540-1628-5
La Culture générale illustrée, 2e édition	Florence Braunstein, Jean-François Pépin	978-2-7540-1275-1
La Révolution française	Alain-Jacques Czouz-Tornare	978-2-7540-0811-2
Les Années 60	Stéphane Benhamou	978-2-7540-0610-1
La Mythologie illustrée	Collectif	978-2-7540-0989-8
Les Grandes Civilisations	Florence Braunstein, Jean-François Pépin	978-2-7540-0605-7
La Première Guerre mondiale	Jean-Yves Le Naour	978-2-7540-0616-3
La Ve République	Nicolas Charbonneau, Laurent Guimier	978-2-7540-0620-0
Le Moyen Âge	Pierre Langevin	978-2-7540-0563-0
Paris	Danielle Chadych, Dominique Leborgne	978-2-7540-0168-7
L'Égypte ancienne	Florence Maruéjol	978-2-7540-0256-1
La Mythologie	Christopher W. Blackwell, Amy Hackney Blackwell	978-2-7540-0257-8
L'Histoire de France illustrée	Jean-Joseph Julaud	978-2-7540-0110-6
L'Histoire de France	Jean-Joseph Julaud	978-2-8769-1941-9

Religions et spiritualité

Titre	*Auteur*	*ISBN*
Le Coran	Malek Chebel, Sohaib Sultan	978-2-7540-0982-9
La Torah	Arthur Kurzweil, Victor Malka	978-2-7540-0978-2
Le Christianisme	Richard Wagner, Père Denis Metzinger	978-2-7540-0991-1
L'Islam	Malcolm Clark, Malek Chebel	978-2-7540-0531-9
Le Judaïsme	Josy Eisenberg	978-2-7540-0596-8
La Bible illustrée	Éric Denimal	978-2-7540-0274-5
Le Catholicisme	John Trigilio, Père Pierre Lartigue	978-2-7540-0182-3
Le Bouddhisme	Jonathan Landaw, Stephan Bodian	978-2-7540-0062-8
La Bible	Éric Denimal	978-2-8769-1800-9
Zen ! La Méditation, 2e édition	Stephan Bodian	978-2-7540-0322-3
Sagesse et Spiritualité	Sharon Janis	978-2-8769-1769-9

Ésotérisme

Titre	*Auteur*	*ISBN*
Le Tarot divinatoire	Didier Colin	978-2-7540-1826-5
La Franc-Maçonnerie	Christopher Hodapp, Philippe Benhamou	978-2-7540-0150-2

Société

Titre	*Auteur*	*ISBN*
L'ONU	Yves Berthelot, Jean-Michel Jakobowicz	978-2-7540-1411-3
La Mondialisation	Francis Fontaine, Sylvie Goulard, Brune de Bodman	978-2-7540-0778-8
L'Instruction civique	Guillaume Bernard, Frédéric Monera	978-2-7540-0979-9
L'Europe, 2e édition	Sylvie Goulard	978-2-7540-1213-3
L'Écologie	Franck Courchamp	978-2-7540-0554-8
La Géopolitique	Philippe Moreau Defarges	978-2-7540-0623-1
La Justice	Emmanuel Pierrat	978-2-7540-0553-1
La Philosophie, 2e édition	Christian Godin	978-2-7540-0460-2
L'Économie	Michel Musolino	978-2-7540-0351-3
La Politique	Philippe Reinhard	978-2-7540-0335-3
La Géographie française	Jean-Joseph Julaud	978-2-7540-0245-5

Sciences et techniques

Titre	*Auteur*	*ISBN*
L'Histoire de l'aviation	Philippe Benhamou	978-2-7540-1146-4
L'Histoire des sciences	Vincent Jullien	978-2-7540-0977-5
La Physique	Dominique Meier (sous la dir. de)	978-2-7540-0915-7
La Conquête spatiale	Michel Polacco	978-2-7540-1143-3
Les Maths	Jean-Louis Boursin	978-2-7540-0093-2
L'Astronomie	Stephen Maran, Pascal Bordé	978-2-8769-1634-0

Beaux-arts

Titre	*Auteur*	*ISBN*
L'Humour	Gordon Zola	978-2-7540-1956-9
Le Louvre	Daniel Soulié	978-2-7540-1404-5
La Télévision	Marie Lherault, François Tron	978-2-7540-0976-8
Les Séries télé	Marjolaine Boutet	978-2-7540-0912-6
Le Rock	Nicolas Dupuy	978-2-7540-0819-8
L'Histoire de la peinture	Jean-Jacques Breton, Dominique Williatte	978-2-7540-0812-9
La Danse classique	Evelyne Cisneros, Scott Speck, Florence Balique	978-2-7540-1045-0
L'Histoire du cinéma	Vincent Mirabel	978-2-7540-0609-5
Le Jazz	Dirk Sutro, Stéphane Koechlin	978-2-7540-0779-5
L'Histoire de l'art illustrée	Jean-Jacques Breton, Philippe Cachau, Dominique Williatte	978-2-7540-0493-0
L'Histoire de l'art	Jean-Jacques Breton, Philippe Cachau, Dominique Williatte	978-2-7540-0229-5
L'Opéra	David Pogue, Claire Delamarche	978-2-7540-0244-8
La Musique classique	David Pogue, Claire Delamarche	978-2-7540-0151-9

Langue française

Titre	*Auteur*	*ISBN*
La Dictée	Jean-Joseph Julaud	978-2-7540-2415-0
La Poésie française	Jean-Joseph Julaud	978-2-7540-1700-8
La Littérature française	Jean-Joseph Julaud	978-2-7540-0061-1
Le Français correct	Jean-Joseph Julaud	978-2-8769-1640-1

Régions

Titre	*Auteur*	*ISBN*
L'Alsace	Pierre Kretz, Astrid Ruff	978-2-7540-1994-1
La Corse	Thierry Ottaviani	978-2-7540-1546-2

... en Poche

Titre	*Auteur*	*ISBN*
La Musique classique	David Pogue, Claire Delamarche	978-2-7540-2417-4
L'Histoire de la Suisse – tome 1 Des origines à 1815	Georges Andrey	978-2-7540-2262-0
L'Histoire de la Suisse – tome 2 De 1815 à nos jours	Georges Andrey	978-2-7540-2263-7
Zen ! La Méditation	Stephan Bodian	978-2-7540-0000-0
Sagesse et Spiritualité	Sharon Janis	978-2-7540-1758-9
L'Égypte ancienne	Florence Maruéjol	978-2-7540-1739-8
L'Histoire de France – tome 1 Des origines à 1789	Jean-Joseph Julaud	978-2-7540-0180-9
L'Histoire de France – tome 2 De 1789 à nos jours	Jean-Joseph Julaud	978-2-7540-0181-6
Paris Rive droite	Danielle Chadych, Dominique Leborgne	978-2-7540-0694-1
Paris Rive gauche	Danielle Chadych, Dominique Leborgne	978-2-7540-0695-8
La Culture générale – tome 1 Histoire, géographie, art et littérature	Florence Braunstein, Jean-François Pépin	978-2-7540-0798-6
La Culture générale – tome 2 Sciences, sports, loisirs et spiritualité	Florence Braunstein, Jean-François Pépin	978-2-7540-0799-3
La Franc-Maçonnerie	Philippe Benhamou	978-2-7540-0696-5
Le Bouddhisme	Jonathan Landraw, Stephan Bodian	978-2-7540-03148
La Philosophie – tome 1 Antiquité, Moyen Âge et Renaissance	Christian Godin	978-2-7540-0796-2
La Philosophie – tome 2 Du XVIIe siècle à nos jours	Christian Godin	978-2-7540-0797-9
L'Astrologie	Rae Orion	978-2-8769-1999-0
La Littérature française – tome 1 Du Moyen Âge au XVIIIe siècle	Jean-Joseph Julaud	978-2-7540-0611-8

Titre	*Auteur*	*ISBN*
La Littérature française – tome 2 Du XVIIIe siècle à nos jours	Jean-Joseph Julaud	978-2-7540-0612-5
Le Français correct	Jean-Joseph Julaud	978-2-8769-1924-2

Vie pratique

Cuisine

Titre	*Auteur*	*ISBN*
Coffret Cuisine	Collectif	978-2-7540-2055-8
La Cuisine, 2e édition	Bryan Miller, Hélène Darroze	978-2-7540-1989-7
Le Vin, 5e édition	Ed McCarthy, Mary Ewing-Mulligan, Éric Beaumard	978-2-7540-1547-9
Les Cuisines du monde	Philippe Chavanne	978-2-7540-0103-8

Santé

Titre	*Auteur*	*ISBN*
Maigrir avec la méthode Montignac + livret	Michel Montignac	978-2-7540-2435-8
Maigrir avec la méthode Montignac	Michel Montignac	978-2-7540-1586-8
Le Cancer	Pr Jean-François Morere, Dr Thierry Bouillet, Pr Laurent Zelek, Pr Michel Crépin	978-2-7540-2131-9
Contrôler son cholestérol	Carol Ann Rinzler, Pr Éric Bruckert	978-2-7540-1751-0
Le Cerveau	Dr Frédéric Sedel, Pr Olivier Lyon-Caen	978-2-7540-2072-5
L'Homéopathie	Dr Daniel Scimeca	978-2-7540-1761-9
Les Maladies cardiovasculaires	Dr Philippe Abastado	978-2-7540-1591-2
Le Sexe, 2e édition	Dr Ruth K. Westheimer, Dr Marianne Pauti	978-2-7540-1497-7
Le Corps humain	Dr Patrick Gepner	978-2-7540-1121-1
La Maladie d'Alzheimer	Christian Derouesne, Jacques Selmes	978-2-7540-1058-0
Améliorer sa mémoire	John B. Arden	978-2-7540-0323-0
Maigrir	Jane Kirby, Dr Jocelyne Raison	978-2-7540-0005-5
Bien s'alimenter	Carol Ann Rinzler	978-2-8769-1897-9

Bien-être

Titre	*Auteur*	*ISBN*
Coffret Massages	Collectif	978-2-7540-2064-0
Les Huiles essentielles	Elske Miles	978-2-7540-1596-7
Shiatsu et Réflexologie	Synthia Andrews, Bobbi Dempsey, Michel Odoul	978-2-7540-0981-2
Le Tai-Chi	Therèse Iknoian	978-2-7540-0137-3
Les Massages	Steve Capellini, Michel Van Welden	978-2-7540-0060-4
La Méthode Pilates	Ellie Herman	978-2-8769-1767-5
Le Yoga	Georg Feuerstein	978-2-8769-1752-1
Le Feng Shui	David Kennedy	978-2-8769-1687-6

Psychologie

Titre	*Auteur*	*ISBN*
Le Développement personnel	Collectif	978-2-7540-0865-5
L'Interprétation des rêves	Didier Colin	978-2-7540-2318-4
L'EFT (Technique de libération émotionnelle)	Helena Fone, Jean-Michel Gurret	978-2-7540-2067-1
La Pensée positive	Averil Leimon, Gladeana McMahon, Béatrice Millêtre	978-2-7540-1821-0
L'Adolescence	Michel Fize	978-2-7540-1412-0
Exercices de programmation neuro-linguistique	Romilla Ready, Kate Burton, Béatrice Millêtre	978-2-7540-1593-6
Exercices de thérapies comportementales et cognitives	Rhena Branch, Rob Willson, Béatrice Millêtre	978-2-7540-1592-9
Les Relations amoureuses	Florence Escaravage, Kate M. Wachs	978-2-7540-1499-1
Apprendre mieux	Marie Joseph Chalvin	978-2-7540-1261-4
Le Langage des gestes	Joseph Messinger	978-2-7540-0597-5
La Confiance en soi	Kate Burton	978-2-7540-0647-7
Le Coaching	Jeni Mumford	978-2-7540-0353-7
La PNL	Romilla Ready, Kate Burton	978-2-7540-0169-4
L'Hypnothérapie	Mike Bryant, Peter Mabbutt	978-2-7540-0504-3
Les Thérapies comportementales et cognitives	Rob Willson, Rhena Branch	978-2-7540-0246-2
La Psychologie	Dr Adam Cash	978-2-8769-1802-3